全国红色基因传承研究中心重大委托课题成果

毛泽东与

红军的创建发展

罗平汉 著

人民出版社

# 出 版 说 明

中共中央党校（国家行政学院）历来重视中共党史的教学，在不同的班次都开设有中共党史专题课。这是一门学员比较感兴趣的课程，因而在教学过程中他们也会提出这样或那样的问题。笔者多年在中央党校（国家行政学院）从事中共党史教学工作，在备课的过程中，曾围绕毛泽东是如何创建和发展红军的问题收集了一些材料，并就相关问题的来龙去脉作了一点简单的梳理，现将之汇集成这本小册子。需要说明的是，本书不是对毛泽东与红军的关系进行全面的介绍，而只是选取了其中的几个点或几个侧面，希望以此展现中国革命的艰辛历程和毛泽东对人民军队的贡献。

# 目　录

# 一、从一介书生到工农革命军统帅

中国共产党成立后，毛泽东从事过工人运动、农民运动，在中央领导机关当过秘书，做过国民党中宣部代理部长，后任中央农委书记，但这些工作都与军队、打仗不沾边，手里拿的是笔杆子。由于大革命的失败，共产党人意识到枪杆子的重要，于是纷纷投笔从戎，开始了书生从军打仗。在这样的背景下，毛泽东组织领导了著名的湘赣边界秋收起义，担任前敌委员会书记，成为工农革命军第一师的统帅，在经历初期的挫折之后，率部到井冈山落脚，开始了对中国革命新道路的探索。

## （一）枪杆子里面出政权

### 党对武装斗争的最初认识

中国共产党成立之初，把工作重点放在工人运动上，同时对青年运动、妇女运动、农民运动也日渐重视，唯独对军事工作关注甚少，虽然个别的党员同志开始论及武装斗争的重要性，如1922年9月，蔡和森在《向导》周刊上撰文说："假使能够鼓起人民武装的自卫和抵抗，使各大城市的市民全副武装或工人全副武装，那末，民主革命没有不成功，封建的武人政治没有不崩倒的。"① 同年 12 月，周恩来在《少年》杂志上发表的《评胡适的"努力"》一文也指出："真正革命非要有极坚强极有组织的革命军不可。没有革命军，军阀是打不倒的。"② 但从中共一大到中共四大通过的各种决议案、议决案中，几乎没有关于军事工作的专门性决定，就全党而言，对武装斗争还谈不到用"重视"二字来表述。

相反，当时党内一些人对军事工作还有某些看不起。1924 年10 月，林育南在《中国青年》上发表一篇题为《军事运动与革命》的文章，其中明确提出："现在有许多有志之士，他们很热心于革命事业，但他们一说到革命，脑筋里就充满了军事运动的观念。他们的意思似乎除了军事运动就无所谓革命，换言之，革命就是'流血'的军事行动。实在，这是错误了。"③ 当时，中共不但自己对军事工作不重视，甚至认为国民党也不应把太多的精力放在军事工作上。1924 年 10 月，陈独秀在《国民党的一个根本问题》一文中说："国民党在国民革命的策略上，目前应否停止军事行动及放弃广州政府，乃是一个重要的根本问题。""国民党此时绝对没有做革命的军事行动之可能"。④ 陈独秀认为，中国的国民革命要成功，要打倒军阀和帝国主义，"现在有一条虽较远而可通的路给我们走，就是只有全国工人、农民、兵士之联合的大暴动"⑤。其理由是"应该

---

① 《蔡和森文集》上卷，人民出版社 2103 年版，第 115 页。

② 《周恩来早期文稿（1912 年 10 月—1924 年 6 月）》下卷，中央文献出版社、南开大学出版社 1998 年版，第 485 页。

③ 中共中央文献研究室、中央档案馆编：《建党以来重要文献选编》第 2 册，中央文献出版社 2011 年版，第 149 页。

④ 中共中央文献研究室、中央档案馆编：《建党以来重要文献选编》第 2 册，中央文献出版社 2011 年版，第 144—145 页。

⑤ 中共中央文献研究室、中央档案馆编：《建党以来重要文献选编》第 2 册，中央文献出版社 2011 年版，第 147 页。

先有了强大的革命党，然后才能有革命军队；有了革命军队，然后才能有革命政府"①。

1925 年五卅运动之后，中共对军事问题的态度有所改变。一方面，五卅惨案中帝国主义利用武力对中国人民的镇压，使一部分共产党人认识到利用和平的方式打倒帝国主义是不可能的。另一方面，由于国共合作实现后，孙中山吸取了过去依靠一派军阀去打倒另一派军阀而总是不能成功的教训，高度重视建立国民党自己的武装，开办了黄埔军校，建立了国民党的"党军"即国民革命军，取得了东征讨伐陈炯明、平息广州商团叛乱、南征邓本殷等战争的胜利，统一了广东革命根据地，有了武装之后国民党的力量大增。因此，从此时起共产党人开始认识到武装斗争也很重要。

在中国共产党的早期领袖中，瞿秋白是出类拔萃的理论家，也是对武装斗争的重要性有较早论述的领导人。他在五卅运动后就明确指出："我们应当赶紧进行全国工商学农各界的大联合，以人民的力量促成全国政治的统一和军事的统一，使政府真正成为人民的政府，武力真正成为人民的武力；各阶级都应当和工人阶级一样的决心牺牲和奋斗，那时我们最终的胜利才有希望。"他认为，"五卅"以来两个多月的"困苦的斗争"之所以仍没有取得胜利，"就是因为：一、资产阶级等只顾私利而破坏联合战线；二、没有统一的人民政府；三、没有真正人民的武力"。因此，要使革命取得胜利，就必须实现全国各界广泛的联合，建立平民的政权，尤其要"武装平民，成立全国统一的国民革命军"。②1926 年 4 月，瞿秋白专门撰写了《中国革命

---

① 中共中央文献研究室、中央档案馆编：《建党以来重要文献选编》第 2 册，中央文献出版社 2011 年版，第 145 页。

② 《瞿秋白文集（政治理论编）》第三卷，人民出版社 2013 年版，第 314 页。

中之武装斗争问题——革命战争的意义和种种革命斗争的方式》一文，认为中国人民进行的反帝反封建斗争的方式，已经从过去的示威、抵制、罢工等，转变到了"武装直接决战的准备时期"，即以革命战争为主要方式的时期。因此，"中国国民革命里极端需要革命的正式军队"，准备革命战争已成为"现时革命运动的中心问题"。①

与此同时，共产国际也开始指示中共应当重视军事。1925年8月，共产国际东方部作出《关于中国共产党军事工作的指示草案》，要求中共将中央委员和地方委员会中最有威望的成员组成专门的军事部，并且"近期应把最大的注意力放在组建国民党军队和人民军（指冯玉祥的军队——引者注）的部队上"。同时要求中共"争取使共产党（中央、地区、省和地方）的军事部的领导人成为相应的国民党军事部的领导人"，"小心谨慎地但又坚定不移地争取使（军队）实际领导权一定掌握在我们党手里"。②

根据共产国际的指示，1925年10月，中共中央执行委员会扩大会议通过《中国现时的政局与共产党的职任议决案》，指出："应当继续扩大工人自卫军的组织，不但在铁路上矿山里，而且在稍大些的工厂里也要进行这种工作，要组织青年工人的武装十人队、百人队等，因此中央委员会之下必须设立军事委员会。"③同年12月，中共中央执委会决定将军事委员会改为军事部，并于1926年2月正式成立。第二年7月，中共中央执委会通过《军事运动议决案》，

---

① 《瞿秋白文集（政治理论）编》第四卷，人民出版社2013年版，第50页。
② 中共中央党史研究室第一编研部译：《联共（布）、共产国际与中国国民革命运动（1920—1925）》第1卷，中共党史出版社2019年版，第648—649页。
③ 中央文献研究室、中央档案馆编：《建党以来重要文献选编（一九二一——一九四九）》第2册，中央文献出版社2011年版，第519页。

强调"本党是无产阶级革命的党，随时都须准备武装暴动的党，在民族革命的进程中，应该参加武装斗争的工作，助长进步的军事势力摧毁反动的军阀势力，并渐次发展工农群众的武装势力"①，并且作出了"军事工作是党的工作的一部分"②的重要论断。

在思想认识上开始重视武装斗争的同时，中共也开始军事工作的实践，尝试建立一些民众武装，如在组织工人罢工时建立工人纠察队，在广州举办的农民运动讲习所把军事训练纳入教学内容，将一批党团员派往黄埔军校工作或学习，派遣干部到国民革命军和冯玉祥的国民军中从事政治工作，并且在个别部队（如著名的叶挺独立团）中建立党的组织，直接掌握一部分武装力量。正因为在大革命时期一些中共党员开始了武装斗争的初步实践，掌握了一部分军队，这就为后来走上武装夺取政权之路准备了一部分基干力量，培养和储备了最初的人才。

对于中共在创立阶段和大革命时期的军事工作，毛泽东后来有过一段客观的评价："我们党虽然在一九二一年（中国共产党成立）至一九二四年（国民党第一次全国代表大会）的三四年中，不懂得直接准备战争和组织军队的重要性；一九二四年至一九二七年，乃至在其以后的一个时期，对此也还认识不足；但是从一九二四年参加黄埔军事学校开始，已进到了新的阶段，开始懂得军事的重要了。经过援助国民党的广东战争和北伐战争，党已掌握了一部分军队。"③

① 中央文献研究室、中央档案馆编：《建党以来重要文献选编（一九二一——一九四九）》第3册，中央文献出版社2011年版，第317页。
② 中央文献研究室、中央档案馆编：《建党以来重要文献选编（一九二一——一九四九）》第3册，中央文献出版社2011年版，第318页。
③ 《毛泽东选集》第二卷，人民出版社1991年版，第547—548页。

朱德后来也说:"大革命时代,许多进行军事运动的同志,当时中央军委的负责人周恩来、聂荣臻、李富春等同志,以及党所举办的秘密军事训练班的同志,对我军的创建是有功劳的。没有他们所进行的军事运动,就不能有独立团,就不能有南昌、秋收、广州、湘南等起义。党的军委当时也曾选派干部到黄埔军校学习,好些人后来成了红军的骨干。"[1]

同时也要看到,在大革命时期,虽然中共对武装斗争有了一定的重视,并且也有相当数量的党员从事军事工作,但总的来说,还没有把军事工作放到应有的地位,党的重要干部从事武装斗争的还不多,直接掌握的革命武装力量还比较弱小。1926年7月,广州国民政府决定北伐之时,直属国民政府被称为国民革命军的部队已经达到了8个军约10万人,而中共能够真正掌握的部队只有隶属于第四军的叶挺独立团。到1927年春,北伐军占领了南京、上海,随着北伐的胜利进军,归属于国民革命军的队伍迅速增加,达到25万人左右,而中共直接领导的武装力量仍只有叶挺独立团扩编而成的第十一军第二十四师,以及由独立团抽出的一部分骨干组成的第四军第二十五师第七十五团和第二方面军总指挥部警卫团。此外还有朱德为团长的国民革命军第三军军官教育团一部,以叶剑英兼团长的国民革命军第二方面军军官教育团等零星队伍。以贺龙为军长的国民革命军第二十军,虽然不是中共直接领导的武装,贺龙也还不是党员,但贺龙积极向党组织靠拢,在大革命失败的关键时刻坚定跟着共产党走,亦可视为是中共能够掌握的武装力量。因此,与国民党控制的军队相比,共产党掌握的军队数量过少,可以

---

① 《朱德选集》,人民出版社1983年版,第126页。

说不成比例。

与建党之初对军事工作的轻视相比，在大革命时期中共对武装斗争重要性的认识已经有了很大的提高，但开展军事工作仍然是从配合国民革命的角度出发，工作的重心放在宣传鼓动和动员民众工作上，主要精力用在开展工人、农民运动，即便派去军队工作的党员也大多从事政治工作，实际上主要是开展兵士运动。

由于对军事工作重要性的认识还处于朦朦胧胧的阶段，所开展的军事工作也主要是对国民党军事工作的配合，从事军事工作的人员不多，掌握的军队数量有限，没有建立一支具有相当力量、能够同蒋介石和汪精卫的反动军队抗衡的革命武装，这是蒋介石和汪精卫敢于发动反革命政变的重要因素。毛泽东在 1938 年写的《战争与战略问题》中指出：对于武装的革命反对武装的反革命，"我们党从一九二一年成立直至一九二六年参加北伐战争的五六年内，是认识不足的。那时不懂得武装斗争在中国的极端的重要性，不去认真地准备战争和组织军队，不去注重军事的战略和战术的研究。在北伐过程中，忽视了军队的争取，片面地着重于民众运动，其结果，国民党一旦反动，一切民众运动都塌台了。"①

1927 年 4 月 12 日，蒋介石在上海发动反革命政变，公开对共产党人和革命群众进行大屠杀。在此前后，四川、江苏、浙江、安徽、福建、广西、广东等地，也发生了以"清党"为名捕杀共产党人和革命群众的事件。在北方，奉系军阀张作霖逮捕了中共主要创始人和领导人之一的李大钊，随后将包括李大钊在内的 20 多名革命者杀害。在这些地方，由于中共基本上没有自己的武装力量，面

---

① 《毛泽东选集》第二卷，人民出版社 1991 年版，第 544 页。

对反革命的大屠杀无法以武力相对抗，曾经轰轰烈烈的革命运动顿时陷入低潮。

## "拿起枪杆子进行斗争"

四一二反革命政变后，中国革命遇到严重危机。在国共关系即将破裂、大革命即将失败的紧急关头，一部分共产党人意识到开展武装斗争的紧迫性。这年6月初，中共湖北省委召开党员代表大会，制定了关于工农运动的策略要点，提出要在鄂北组织武装农民上山，在鄂南积极协助革命军讨蒋，以及争取地方武装等策略。6月6日，中共湖北省委书记张太雷在《向导》上发表《武汉革命基础之紧迫的问题》一文，明确指出："因为敌人是有组织的有计划的来进攻我们，而我们自己是无组织的抵抗，因此我们现在落在很困难的地位。那末，我们现在应付的方针，就不应是撤退或解散我们的队伍，而应是整顿与强固我们的队伍，并一变以前无组织的反抗，使成为有组织的抵抗反革命的进攻。"[1] 中共湖北省委还在武昌举行紧急会议，提出发动工农兵武装起义，推翻国民党右派政权的建议，但为陈独秀和中共中央所否决。

这时，毛泽东也提出了保存工农武装"上山"的思想。在领导秋收起义之前，毛泽东除在辛亥革命时曾在驻长沙的新军二十五混成协五十标第一营左队当过不到半年的列兵外，几乎没有任何军事工作和武装斗争的经历，但国民党右派利用武力镇压工农、日益走向反动的现实，迫使毛泽东开始关注军事问题。马日事变后，湖南一批共产党员和国民党左派人士跑到武汉，向武汉国民政府请愿，

---

① 《张太雷文集》，人民出版社2013年版，第490页。

要求惩办许克祥等人。毛泽东要求大家回到原来的工作岗位，长沙站不住，城市站不住，就到农村去，下乡组织农民。要发动群众，恢复工作，山区的人上山，滨湖的人上船，拿起枪杆子进行斗争，武装保卫革命。①

6月24日，中共中央政治局常委会召开第三十一次会议，决定成立以毛泽东为书记的新的中共湖南省委。会后，他回到湖南，"对不能公开存在的各地工农武装作出'上山'安排"，并且前往衡山进行具体指导。②在衡山召开的党员干部和附近几县农会、工会、青年团、妇运会的负责人会议上，毛泽东指出，马日事变是上海事件（即四一二反革命政变）的继续，随之而来的将有无数个马日事变在全国发生，对不能合作已经反动的国民党分子要严加处置。强调各县工农武装一律迅速集中，不要分散，要用武力来对付反动军队，以枪杆子对付枪杆子，不要再徘徊观望。③很可惜，毛泽东的这个湖南省委书记只当了10天就被中共中央召回武汉，理由是毛泽东组织暴动反对唐生智，而唐生智当时是掌握武汉政府军队最多的实权人物，在武汉可谓炙手可热，是各方竞相争取的对象，陈独秀等人正将大革命免遭失败的希望寄托于唐生智不向右转。

从湖南返回武汉后，毛泽东出席了7月4日中共中央政治局常委会召开的第三十四次会议。在讨论湖南农民自卫军如何对付敌人的搜捕和屠杀时，他提出两个应对之策：一个是改成"挨户团"等

① 中共中央文献研究室编：《毛泽东年谱（1893—1949）》（修订本）上卷，中央文献出版社2013年版，第201页。

② 中共湖南省委党史研究院：《中国共产党湖南历史》第一卷，中共党史出版社2021年版，第248页。

③ 中共中央文献研究室编：《毛泽东年谱（1893—1949）》（修订本）上卷，中央文献出版社2013年版，第202页。

形式合法存在，如果此条实难办到，则尚有两条路，一是上山，二是投入到军队中去。他认为"上山可造成军事势力的基础"，"不保存武力则将来一到事变我们即无办法"。① 为此，他还主张举办军事训练班，培训军事人才。当然，毛泽东此时提出"上山"，还不能说明他已经有了深入农村建立农村革命根据地的思想，而是为保存革命力量的一种权宜之计，但表明毛泽东开始在思考大革命一旦失败的出路问题，如果在城市立不住脚，上山也是一种保存革命力量的选择。

7月12日，根据共产国际的指示，中共中央进行改组，由张国焘、李维汉、周恩来、李立三、张太雷组成临时中央常务委员会，陈独秀从此离开中央领导岗位。7月15日，汪精卫等人控制的武汉国民党中央召开"分共"会议，决定同共产党决裂，随后在两湖地区对共产党人和革命群众进行大镇压大屠杀，轰轰烈烈的大革命宣告失败。新成立的临时中央常务委员会决定实行土地革命和发动武装起义，组成了以周恩来为书记，李立三、恽代英、彭湃等为委员的前敌委员会，准备组织发动南昌起义。

随后，毛泽东、张太雷等人提出的"上山"思想开始得到中共中央的重视。7月20日，中共中央发出通告，强调由于武汉国民党中央、国民政府的叛变，中国革命已进到一个新阶段——土地革命阶段。各省农民运动要人力财力集中在政治军事或交通重要的区域，以树立领导全省运动的中心基础。实行土地革命，必须夺取政权，建立农民的革命政权，并以革命的武装保障其胜利。通告提出农民武装可以三种形式存在：（一）以合法的名义存在，如"挨户

---

① 中共中央文献研究室编：《毛泽东年谱（1893—1949）》（修订本）上卷，中央文献出版社 2013 年版，第 203 页。

团"、保卫团、联庄会之类；（二）平时分散，秘密训练，一遇战事
则随时集中；（三）两种形式都不可能时，则可以"上山"。①

8月1日，南昌起义爆发，中国共产党人打响了武装反抗国民
党反动派的第一枪。在组织南昌起义的同时，中共中央决定发动湘
鄂赣粤4省的农民举行秋收起义。8月5日，中共中央就秋收起义
的问题致信中共湖南省委，强调南昌起义与湘鄂粤赣秋收起义的意
义是一致的，南昌起义给了4省秋收起义以有力的帮助，"在此时
四省应给南昌政变以有力的响应，这一响应一方面即是开始秋收暴
动"。中共中央认为，南昌起义和秋收起义"汇合起来一致向前发
展，则土地革命的胜利是有大大的希望的"。因此，湖南省委应把
南昌起义的意义"向城市和乡村作广大的宣传，鼓动农民开始秋收
暴动"，并"定出一个秋暴的军事计划"。② 正式提出了开展秋收起
义的问题。

8月3日，中共中央发出《关于湘鄂粤赣四省农民秋收起义大
纲》，明确指出："中国革命正转向一个新的前途——工农德谟克拉
西独裁，土地革命将占最重要的过程。在这里党的政策需要新的变
更，革命的社会势力需要新的聚集和训练。现时反动的统治始终没
有稳定，农民群众满心期望秋收胜利，因为新遭了挫折，正在寻找
他们新的奋斗的方略，'秋收暴动'是对于这个客观情势的适当的
答案。"③ 中共中央号召4省党组织"勇往直前的领导秋收的暴动"，

---

① 中共中央文献研究室编：《毛泽东年谱（1893—1949）》（修订本）上，中央文
献出版社2013年版，第204页。

② 中国人民解放军历史资料丛书审委员会编：《土地革命战争时期各地武装起
义·湖南地区》，解放军出版社1997年版，第39页。

③ 中共中央文献研究室、中央档案馆编：《建党以来重要文献选编（一九二一——
一九四九）》第4册，中央文献出版社2011年版，第382页。

并要求这 4 省以农会为中心，号召一切接近农民的社会力量于其周围，实行暴动，宣布农会为当地的政府。除夺取乡村政权之外，于可能的范围应夺取县政权，联合城市工人贫民（小商人）组织革命委员会，使之成为当地的革命中心，对各地的暴动及革命的政权尽可能地联络，向反革命势力进攻。

8 月 7 日，中共中央在汉口秘密举行紧急会议，这就是在中共历史上具有重大转折意义的八七会议。这次会议总结了大革命失败的教训，确立了实行土地革命和武装反抗国民党反动派的总方针。会议通过的《最近农民斗争的议决案》指出，中国共产党"应当转变过去的方向，坚决的发动与提高农民革命"，"共产党现时最主要的任务是有系统的、有计划的、尽可能的在广大区域中准备农民的总暴动，利用今年秋收时期农村中阶级斗争剧烈的关键"。会议要求"应当在极短期间，调最积极的、坚强的、革命性稳定的、有斗争经验的同志，尽量分配到各主要的省份做农民暴动的组织者"。①会议还强调工人运动要与农民武装暴动相结合，要注意武装工人及其暴动巷战等军事训练，时刻准备响应乡村农民的暴动，推翻反革命的政权。

在八七会议上，毛泽东是共产国际代表作报告后第一发言的。他着重讲了两个问题，一个是军事问题，另一个是农民问题。

关于军事问题，毛泽东尖锐地指出："从前我们骂中山专做军事运动，我们则恰恰相反，不做军事运动专做民众运动。蒋、唐都是拿枪杆子起的，我们独不管。现在虽已注意，但仍无坚决的概念。比如秋收暴动非军事不可，此次会议应重视此问题，新政治局

---

① 中共中央文献研究室、中央档案馆编：《建党以来重要文献选编（一九二一——一九四九）》第 4 册，中央文献出版社 2011 年版，第 441—442 页。

的常委要更加坚强起来注意此问题。湖南这次失败，可说完全由于书生主观的错误，以后要非常注意军事。须知政权是由枪杆子中取得的。"① 可以说，这是经历大革命失败后得出的深刻教训。后来毛泽东曾总结出中国革命有三大法宝，即统一战线、武装斗争和党的建设。经过 1923 年二七大罢工的失败，中国共产党人懂得了统一战线的重要性；经历了大革命的失败，又懂得了武装斗争的重要性，由此开始走上了武装夺取政权之路。

关于农民问题。大革命后期，随着蒋介石和汪精卫集团的日益右倾，国民党内和社会上对农民运动的指责之声不绝于耳，陈独秀等人从维持国共关系出发也认为农民运动"过火"。客观地说，当时湖南农民运动中确实有某些比较极端之处，如提出"有土皆豪，无绅不劣"的口号就有些扩大打击面，但这不是运动的主流，对农民运动应加以引导而不是冷落甚至打压，而陈独秀等出于迁就国民党右派的目的，对农民运动试图一味采取压制的办法。

为了解答农民运动究竟是"好得很"还是"糟得很"的疑惑，1927 年初毛泽东作了为期一个多月的对湖南农民运动的调查，使他看到了农民所蕴含的革命力量，认识到动员组织农民参加革命，组织农民武装，建立革命政权的极端重要性，并为此写作了《湖南农民运动考察报告》，对农民运动的积极作用进行了充分的肯定，但陈独秀却对此很冷淡。正因为如此，毛泽东在发言中说，"农民要革命，接近农民的党也要革命，但上层的党部则不同了。当我未到长沙之先，对党完全站在地主方面的决议无由反对，及到长沙后仍无法答复此问题，直到在湖南住了三十多天，才完全改变了我的

① 《毛泽东文集》第一卷，人民出版社 1993 年版，第 47 页。

态度。我曾将我的意见在湖南作了一个报告，同时向中央也作了一个报告，但此报告在湖南生了影响，对中央则毫无影响。广大的党内党外的群众要革命，党的指导却不革命，实在有点反革命的嫌疑"①。

　　大革命失败后，中共中央作出了组织动员农民举行秋收暴动、进行土地革命的决策，这无疑是正确的。要解决农民的土地问题，就要没收地主的土地分配给农民。因此，毛泽东主张应规定大中小地主的标准，而中共中央曾提出不没收小地主的土地，问题是有不少地方大地主很少甚至没有，如果不没收小地主的土地，就难以解决农民土地问题，因而他认为"要根本取消地主制，对小地主应有一定的办法，现在应解决小地主问题，如此方可以安民"，而且对于富农和中农也应有不同的规定。② 发言中，毛泽东还提出"土匪问题是非常大的问题"，而党内有些人认为对土匪会党只可利用，而毛泽东提出"我们不应如此。只要我们实行土地革命，那一定是能领导他们的。我们应当他们是我们自己的弟兄，不应看作客人"③。正如中共中央文献研究室编撰的《毛泽东传》所评价的："他比其他人高明的地方在于：在事实的教育下，能够迅速看清问题的实质，作出合乎实际的新的理论概括，用来改正自己原有的思想，指导今后的行动。"④ 八七会议只开了一天，毛泽东在会上被增补为中央政治局候补委员，而此前在 5 月召开的中共五大上，毛泽东仅当

① 《毛泽东文集》第一卷，人民出版社 1993 年版，第 46 页。
② 中共中央文献研究室、中央档案馆编：《建党以来重要文献选编（一九二一——一九四九）》第 4 册，中央文献出版社 2011 年版，第 402 页。
③ 《毛泽东文集》第一卷，人民出版社 1993 年版，第 46 页。
④ 中共中央文献研究室编：《毛泽东传（1893—1949)》，中央文献出版社 1993 年版，第 140 页。

选为候补中央委员。

8月9日，中共中央临时政治局召开第一次会议，毛泽东出席了这次会议。在讨论湖南秋收暴动时，他在发言中指出，湖南省委要组织一个师的武装去广东是很错误的。大家不应只看到一个广东，湖南也是很重要的。湖南民众组织比广东还要广大，所缺的是武装，当前处在暴动时期更需要武装。他还说："前不久我起草经常委通过的一个计划，要在湘南形成一师的武装，占据五六县，形成一政治基础，发展全省的土地革命，纵然失败也不用去广东而应上山。"① 中共中央曾考虑南昌起义的部队南下广东，湖南的革命力量也向广东集中，夺取一个或多个沿海城市，以此作为新的革命基地，争取苏联的援助，伺机组织新的北伐，故而毛泽东提出不要只看到广东而应该也关注湖南的问题。

当时，在土地革命的问题上，中共湖南省委负责人曾主张不没收小地主的土地，只没收大地主的土地，而且只作政治上的没收，中共中央临时政治局认为这个主张与中央的新方针相冲突，决定改组湖南省委。因此，这次会议最后决定，由毛泽东、彭公达回湖南传达八七会议精神，并全权负责改组湖南省委，指定彭公达为新的湖南省委书记。

### 前敌委员会书记

1927年8月12日，毛泽东从武汉动身返回长沙。8月16日，中共湖南省委改组，毛泽东担任新成立的省委委员。8月18日，改组后的中共湖南省委在长沙市郊沈家大屋召开会议，选举省委常委

---

① 《毛泽东军事文集》第一卷，军事科学出版社、中央文献出版社1993年版，第6页。

并讨论如何贯彻八七会议精神组织秋收暴动的问题。会上，毛泽东就秋收起义的问题系统地发表了自己的意见。

一是关于起义举什么旗的问题。八一南昌起义打响了中共武装反抗国民党反动派的第一枪，但举的是国民党左派的旗帜，八七会议仍然主张用这样的旗帜。中共中央认为，湖南国民党左派的下级党部比其他各省都有基础，更需要团结国民党左派与之共同斗争。毛泽东则主张必须放弃国民党的旗帜，而"高高地打出共产党的旗帜"。这次会议提出，国民党在七一五反革命政变后已经死了且臭了，"国民党这个工具完全为军阀夺去，变成军阀争权利抢地盘的工具。从唐生智、蒋介石、汪精卫，甚至到张作霖都可以拿了这块招牌来作他压迫民众、屠杀民众的工具，国民党变成军阀党了""因此湖南对于此次暴动，是主张用 C.P.（当时中共的简称——引者注）名义来号召"。[①]8 月 20 日，毛泽东以中共湖南省委的名义给中共中央写信，更是明确提出："我们不应再打国民党的旗子了。我们应高高打出共产党的旗子，以与蒋、唐、冯、阎等军阀所打的国民党旗子相对。国民党旗子已成军阀的旗子，只有共产党旗子才是人民的旗子。"[②] 由于蒋介石、汪精卫等人相继背叛革命，国民党已经从一个具有一定革命性的政党演变为地主大资产阶级的工具，成为反革命政党和中国反动派的象征。国民党这面旗帜已不能起到组织动员人民革命的作用，唯有打出共产党的旗帜才能组织新的革命队伍。

二是关于起义后的农民土地问题。八七会议规定只没收大地主

---

① 中共中央文献研究室、中央档案馆编：《建党以来重要文献选编（一九二一——一九四九）》第 4 册，中央文献出版社 2011 年版，第 542 页。

② 中共中央文献研究室编：《毛泽东年谱（1893—1949）》（修订本）上，中央文献出版社 2013 年版，第 209—300 页。

的土地，毛泽东从武汉回长沙后，通过对长沙县清泰乡的调查和与韶山农民的座谈，了解到了农民对于土地问题的态度。因此，毛泽东在会上提出：中国大地主少，小地主多，若只没收大地主的土地，则没收的土地不会很多。被没收的土地既少，贫农要求土地的又多，单只没收大地主的土地，不能满足农民的要求和需要。要想得到农民的支持，就必须没收地主的土地交给农民。不没收包括小地主在内地主的土地分配给农民，就无法满足农民的土地要求，也就难以调动农民参加革命的积极性，但毛泽东又同时强调："对被没收土地的地主，必须有一个妥善的方法安插。因此主张在不能工作或工作能力不足及老弱的地主，应由农协在农业税之内征收若干农产物平均分配给此等分子。"[1]

毛泽东这个主张无疑是正确的。地主阶级必须打倒，只有如此才能解放农民，但被打倒了的地主也必须给予其生活出路，否则就会造成相当一部分的地主因为生活没有着落，而把他们逼到与革命尖锐对立的状态去。在后来中央苏区开展土地革命时，"左"倾教条主义者提出"地主不分田，富农分坏田"，毛泽东主张采取抽多补少、抽肥补瘦的办法，按人口平均分配土地。他的这个政策思想可以追溯到这次发言。中国革命离不开组织动员农民，而农民问题的中心是土地，所以要组织动员农民革命必须开展土地革命，把地主的土地没收分配给农民，这样才能激发农民革命的积极性。但是，为了更好地组织农民革命，就必须尽可能地减少革命的阻力，这就要留给地主一定数量的土地，以利于他们生存，也利于他们在劳动中得到改造。

---

[1] 中共中央文献研究室、中央档案馆编：《建党以来重要文献选编（一九二一——一九四九）》第 4 册，中央文献出版社 2011 年版，第 539 页。

三是关于起义中的军事问题。在八七会议上毛泽东虽然提出"政权是由枪杆子中取得的",但当时党内普遍存在把争取军事力量参加起义同发动农民起义对立起来的观点,把争取军队与争取土匪等同起来,认为"土地革命必须依靠真正的农民群众力量,军队与土匪不过是农民革命的一种副力,坐待军队与土匪的行动,或许纯全依靠军队的行动而忽略农民之本身之组织力量与行动,这也是机会主义的一种形式的表现。这样领导暴动,暴动无疑义的要归于失败。这不是暴动,这是一种军事的冒险,或者军事投机"[①]。毛泽东则明确指出:要发动秋收暴动,单靠农民的力量是不行的,必须有一个军事的帮助。有一两团兵力就可起义,否则将终归于失败。他强调:"暴动的发展是要夺取政权,要夺取政权,没有兵力的拥卫或去夺取,这是自欺的话。我们党从前的错误,就是忽略了军事,现在应以百分之六十的精力注意军事运动。实行在枪杆上夺取政权,建设政权。"[②] 形成了"枪杆子里面出政权"的明确观念。会议接受了毛泽东的意见,认为秋收起义必须是农民与军事的结合,决定调动同情革命的两个湘军团为起义的先导,组织"工农革命军",派毛泽东去平江、浏阳的农军中去当师长。

按照中共临时政治局原定的计划,湖南将在全省范围内举行秋收起义,对此,中共湖南省委一开始没有提出不同意见,因而在 8 月 18 日的会议上制订一个全省同时起义的计划,并确定起义分为湘中、湘南、湘西和湘西南 4 个区域,分别以长沙、衡阳、常德和

---

① 中共中央文献研究室、中央档案馆编:《建党以来重要文献选编(一九二一——一九四九)》第 4 册,中央文献出版社 2011 年版,第 488 页。

② 中共中央文献研究室、中央档案馆编:《建党以来重要文献选编(一九二一——一九四九)》第 4 册,中央文献出版社 2011 年版,第 540—541 页。

宝庆（今邵阳）为中心。8 月 19 日，中共湖南省委向中共中央报告说，湖南的秋收起义"决定以长沙暴动为起点，湘南、湘西等亦同时暴动，坚决地夺取整个的湖南，实行土地革命，建立工农兵苏维埃的政权"。随后湖南省委"经过几次讨论，以党的精力及经济力量计算，只能制造湘中四围各县的暴动，于是放弃其他几个中心"，而"缩小范围的暴动计划，泽东持之最坚"。[1]

但是，湖南省委的这个计划却遭到了中共中央的批评。8 月 23 日，中共中央复信湖南省委说：你们决以长沙为暴动起点的计划，在原则上是对的，但计划中有两个错误：一、靠外面军事力量夺取长沙，这样偏重于军力，其结果只是一种军事冒险；二、专注于长沙工作，忽略了各地的秋收暴动工作（如放弃湘南计划，并没有积极地有组织地去准备长沙、湘潭、浏阳、醴陵、湘乡、宁乡等处暴动）。中共中央认为，湖南的秋收起义可以湘南为一发动点，长沙为一发动点，在宝庆一带如有可能亦可做一暴动点；"湘中发动，集中军力，扑城取长沙"；湘南、湘中的暴动尽可能地同时发动，免陷一地于孤立。中共中央也不同意湖南省委提出的抛弃国民党旗帜的意见，而是认为"此时我们仍然要以国民党名义来赞助农工的民主政权"，并且土地革命中还是只能提没收大地主土地的口号，但革命发展的结果将会是没收一切土地。[2]

8 月 22 日，鉴于蒋介石因内部派系之争被迫下野，武汉掌握实权的唐生智主张继续东征，而汪精卫等人则主张南下，企图在消灭

① 中共中央文献研究室、中央档案馆编：《建党以来重要文献选编（一九二一——一九四九)）》第 4 册，中央文献出版社 2011 年版，第 544 页。

② 中共中央文献研究室编：《毛泽东年谱（1893—1949)》（修订本）上卷，中央文献出版社 2013 年版，第 210 页。

南昌起义部队后夺取广东，加之"武汉三镇米粮绝市，店歇业者百分之七十以上"，于是中共中央认为"民众的革命情绪亦异常激昂"，此时"实是土地革命暴动的好机会"，① 乃要求湖南全省的起义于 8 月底前开始。8 月 29 日，中共中央临时政治局常委会通过《两湖暴动计划决议案》，又规定两湖的农民起义必须开始于 9 月 10 日，湖南以长沙、衡阳和宝庆三处为中心在全省范围进行。

　　8 月 30 日，中共安源市委向湖南省委报告了湘赣边界工农武装力量的情况，湖南省委立即召开常委会议，讨论湖南秋收暴动的最后计划。会议确定，首先集中力量在条件较好的平江、浏阳、醴陵等县和安源发起暴动，放弃其他几个中心，同时成立两个起义领导机关，一个是由各军事负责人组成中共湖南省委前敌委员会，以毛泽东为书记；另一个由各地党组织负责人组成行动委员会，以易礼容为书记。为了准备起义，湖南省委作了分工，决定由省委书记彭公达去汉口向中共中央报告湖南起义计划；毛泽东去平江、浏阳农军中去当师长，组织前敌委员会；省委委员何资深到岳州（今岳阳）去组织湘北起义，并与鄂南联系；省委委员兼组织部长夏明瀚到平江组织起义。

## （二）秋收起义与文家市转兵

### "霹雳一声暴动"

由于中共中央对军事工作没有给予足够的重视，大革命高潮中

---

① 中共中央文献研究室、中央档案馆编：《建党以来重要文献选编（一九二一——一九四九）》第 4 册，中央文献出版社 2011 年版，第 486 页。

湖南的农民运动风起云涌，"但是当时的共产党虽则组织尚好，但只是一个太平时代的党，没有斗争的经验，不能应付这个斗争的环境，而只是一个反攻，不是知道事变将至，取积极进攻的计划。因此事变临头，手忙足乱，一切计划全归失败。仅有长沙附近数县有一个于五月三十一日进攻长沙的计划，同时屯驻了万余工农义勇队于湘潭附近三十里的姜畬地方，但因没有适当的指挥人才，结果是被敌人各个的击破"①。虽然在马日事变前，湖南的农民义勇军或农民自卫军数量不少，但武器基本上是梭镖、大刀甚至木棒，没有经过专门训练，又没有坚强的组织领导，结果马日事变一来，大批共产党员和农民运动积极分子被捕杀，各地的农民武装大多轰然瓦解。实际上，马日事变时，反动军官许克祥仅有一个团的兵力，如果当时中共湖南省委掌握有一定的正规武装，结局恐怕不致如此。

鉴于马日事变的教训，虽然此时中共中央强调组织发动秋收起义主要是依靠农民群众，而不是偏重于依靠军事力量，并批评湖南省委是进行军事冒险，但湖南省委和毛泽东深知，如果起义没有一定的武装力量相配合，单靠组织发动农民恐怕不会有大的成效。当时，湖南省委能够掌握或联系上的，只有在湘赣边界的几支武装力量：一支是由共产党员卢德铭任团长的国民革命军第二方面军总指挥部警卫团，这支部队原本是要去参加南昌起义的，因为没有赶上而停留在江西修水一带；另一支是平江、浏阳等地的工农义勇军或农民自卫军；还有一支是安源路矿工人纠察队和矿警队。

8月下旬，警卫团和平江、浏阳的工农义勇军负责人在修水县的水口镇举行会议，决定以江西省防军的名义编为一个师，余洒度

---

① 直筍：《马日事变的回忆》，载《第一次国内革命战争时期农民运动资料》，人民出版社1983年版，第447页。

为师长，以警卫团为第一团，浏阳工农义勇队为第三团，平江的工农义勇队分别编入这两个团，并计划将安源路矿工人纠察队、矿警队以及江西安福、莲花、萍乡和湖南醴陵、衡山的农民自卫军合编成一个团。

因为毛泽东已经被中共湖南省委任命为起义前敌委员会书记，所以 8 月 30 日的湖南省委党委会议之后，便乘火车经株洲前往安源。9 月初，毛泽东在安源的张家湾以中共中央特派员和前委书记的名义召开军事会议。参加会议的有中共浏阳县委书记潘心源，中共安源市委书记蔡以忱、委员宁迪卿和杨俊，以及赣西农民自卫军总指挥兼安福县农军负责人王兴亚等。毛泽东在会上传达了八七会议精神，介绍了湖南省委改组及新省委制订的秋收暴动计划，通报了各地秋收暴动的准备情况；潘心源汇报了平江、浏阳工农义勇军的情况；王兴亚汇报了宁冈、莲花、安福农民自卫军和袁文才、王佐的情况，这也是毛泽东第一听到袁文才、王佐的名字。

这次会议决定组建以毛泽东为书记的中共湖南省委前敌委员会，作为起义的指挥机关，决定正式组建工农革命军第一军第一师，因为卢德铭去武汉向中共中央汇报工作，师长由余洒度担任，副师长余贲民，参谋长钟文璋，下辖三个团。第一团以警卫团第一、二营为基础，加上平江工农义勇军和湖北崇阳、通城的农军；第二团以安源工人纠察队和矿警队为骨干，加上江西萍乡、安福、莲花和湖南醴陵、衡山等地的农军；第三团以警卫团的第三营为主力，加上浏阳的工农义勇军和平江的部分工农义勇军；起义前刚由警卫团收编的贵州军阀王天培残部邱国轩团被编为第四团。

中共中央决定发动秋收起义的目的是"坚决地夺取整个的湖南"，而长沙作为湖南省会自然是首要目标。在组织领导起义之初，毛泽东对此并没有提出异议。可见世上并没有先知先觉而只有后知后觉，区别在于有的人在遭受挫折之后能够吸取教训及时觉醒，而有的人却在碰壁后仍然执迷不悟。毛泽东后来上了井冈山，但在组织秋收起义之时，考虑的还是如何占领长沙的问题。因此，这次会议初步拟定起义军分三路向长沙攻击前进：以第二团为第一路，进攻萍乡与醴陵，向长沙采取包围态势，但无论如何不能放弃萍乡、安源，以防敌人断绝自己的退路，同时要中共株洲区委发动株洲工人扰乱敌人后方，配合醴陵农民起义；以第一团为第二路，从修水向平江进攻，并发动平江农民在全县起义，夺取平江后再向长沙推进；以第三团为第三路，由铜鼓向浏阳进攻，并发动浏阳农民在四乡起义，逼近长沙。①

在毛泽东前往安源进行军事部署的同时，以彭公达为首的中共湖南省委和行动委员会，也在开始指导预定起义区域的党组织开展起义的准备。9月5日，中共湖南省委决定9日开始破坏铁路，11日各县起义，15日长沙起义。毛泽东在得知这一情况后，以前敌委员会的名义，向在铜鼓的第三团下达了起义的计划与部署，通知其将参加起义的部队名称统一为工农革命军第一军第一师，并令其将这个决定向在修水的师部和第一团转达。

9月9日，在起义行动委员会的统一布置下，铁路工人破坏了长沙至岳阳、长沙至株洲的铁路，使粤汉铁路长岳段和株洲至萍乡的铁路一时陷于瘫痪。同一天，驻修水的工农革命军第一师师部和第一团宣布起义，由从武汉赶回的卢德铭担任起义总指挥，随后向平江方向进军，并于11日占领了平江县城。10日，第二团在安

---

① 中共中央文献研究室编：《毛泽东年谱（1893—1949）》（修订本）上，中央文献出版社2013年版，第213页。

源宣布起义，先攻萍乡县城未克，11 日改向醴陵进军，并于 12 日占领醴陵县城。10 日，毛泽东到达驻在江西铜鼓的第三团，11 日，他指挥第三团向浏阳进军。在工农革命军向长沙方向进军的同时，长沙、醴陵、株洲、平江、湘阴、湘潭等地的工农群众在中共组织的领导下也纷纷起义。毛泽东为此兴奋地写诗一首《西江月·秋收起义》："军叫工农革命，旗号镰刀斧头。修铜一带不停留，便向平浏直进。地主重重压迫，农民个个同仇。秋收时节暮云沉，霹雳一声暴动。"

## "农民并未起来"

参加秋收起义的工农革命军第一师虽然有 5000 人之众，但战斗力较强的只有以警卫团为基础组成的第一团，第二团和第三团主要是安源的工人和湘赣边界各县的农军，没有经过专门的军事训练，战斗力较弱。而且起义之时，三个团分散在各处，未能集中兵力，对敌情估计亦不足，一些部队领导人原本是地方干部，没有指挥过部队，更没有作战经验。加之大革命刚刚失败，在反革命的白色恐怖中群众还没有发动，"这次我军所到之地农民并未起来，远不及北伐军到时农民的踊跃。大多数农民甚恐慌不敢行动，恐怕军队失败、大祸临来的心理充满了农民的脑筋"[1]。本来，之所以要发动秋收起义，顾名思义就是要在秋收之际组织开展，参加起义的主体应当是农民，但实际上农民并没有发动起来，所以后来被中共中央批评为"军事冒险"，这个批评固然有些武断，但农民没有广泛参与倒也是事实。

---

[1] 中共中央文献研究室、中央档案馆编：《建党以来重要文献选编（一九二一——一九四九）》第 4 册，中央文献出版社 2011 年版，第 513 页。

秋收起义之时，农民并没有事先预想的那么踊跃是有缘由的。"马日事变后，各级农协均无形消失，党亦未去做秘密农协工作，土豪劣绅的势力均渐形恢复，各地团防局均为土豪劣绅把持。所有前在农协工作的农民，除一部分外，已被土豪劣绅解省城县署枪决、囚禁外，余均逃了不能回籍，妻离子散，居所被封者极多，情形非常凄惨。"① 在这样的情况下，如果没有耐心细致的组织动员，农民存在"恐慌不敢行动"的情绪是完全正常的。加之起义爆发之后急于夺取城市，来不及组织动员农民开展土地革命，所以起义变成了单纯的军事行动，而没有得到所经之处农民的响应。彭公达在这年 10 月 8 日就秋收起义的经过给中共中央的报告中说，"安源军到醴陵时仅出了几张布告，宣布没收土地及恢复农民协会等事，农民群众并没有起来响应。此次的行动，所以在醴陵不能站住脚，到浏阳，浏阳农民将起来，旋失败。没收土地的事，在此一种广大的力量之下，都没有做过，这是须特别注意的"②。

由于队伍庞杂、未集中用兵、沿途农民没有发动等诸多因素的影响，起义爆发之后，各路起义军几乎都是先胜后败，相继遭受严重挫折。第一团到达平江的金坪时，刚刚收编的黔军邱国轩团突然叛变，在背后袭击第一团，第一团仓促应战遭受重大损失，部队被打散，只得退往平、浏边界向第三团靠拢。第二团攻占醴陵后由于面临敌人三面进攻，决定改变由醴陵取道株洲进攻长沙的计划，从醴陵县城撤出秘密开赴浏阳，并于 16 日占领了浏阳县城，但随之

---

① 中国人民解放军历史资料丛书编审委员会编：《土地革命战争时期各地武装起义·湖南地区》，解放军出版社 1997 年版，第 96 页。

② 中国人民解放军历史资料丛书编审委员会编：《土地革命战争时期各地武装起义·湖南地区》，解放军出版社 1997 年版，第 111 页。

遭到从湘中、湘东赶来的敌军的包围，团长王兴亚麻痹轻敌，忙于在县城向商人筹款，拒绝了潘心源提出的及时撤离浏阳县城的建议，结果陷入敌人的包围之中，队伍被打散，兵力损失三分之二，被迫退往浏阳东面紧临江西的文家市。第三团曾攻占了浏阳的东门市，但随之遭到敌人的反扑，加之第一团在平江金坪失利失去配合，与敌激战数小时后失败，部队只得向大围山方向的上坪撤退。

湘赣边界秋收起义的失利表明，大革命失败后，革命从高潮一下跌进低谷，为了反抗国民党反动派对革命者的镇压屠杀政策，八七会议确定的开展土地革命、进行武装斗争的方针无疑是正确的。正因为革命低潮的到来，敌我力量悬殊，中共能够掌握和领导的武装力量与国民党新军阀掌握的武力相比过于弱小，根本不可能攻占敌人力量强大的中心城市。

当然，在中共开展武装斗争之时，一开始确定以夺取城市为目的的斗争方针是可以理解的。当时，世界上只有一个国家的无产阶级通过武装斗争的方式取得了政权，那就是俄国的十月革命，而十月革命显然走的是从城市到乡村的道路，先在彼得格勒、莫斯科这样的大城市组织群众，在军队的配合下发动武装起义，进而占领城市，然后向乡村扩散。中国共产党刚刚走上武装斗争道路时，想到的自然也是这样的革命路径。八七会议后，武装斗争的方针是确立下来了，但开展武装斗争无疑还是十月革命的模式，先在城市组织动员工人，辅之以乡村的农民和能够领导的武装力量的配合。

问题是，中国是个农业国，这些城市大都属于消费型城市，很少有工业城市，产业工人的数量甚少。即便有一部分产业工人，在大革命失败后一片白色恐怖的环境下，中共党组织被迫全部转入地下，中共直接领导的工会组织基本瓦解瘫痪，工人领袖或被屠杀或被关押或被迫逃亡，工人运动陷入低谷，难以有效地组织动员，进行政治罢工进而发展为武装起义。而且中国的产业工人有一个特点，即大多是刚刚扔下农具的农民，虽然他们在城市生活在底层，但其生活状态一般好于原来老家的农村，否则他们就不会留存城市而会返回乡村，所以相对而言，他们参加革命的要求其实并不如农村的贫苦农民强烈。有学者研究，当时雇佣工人的最高工资是农村劳动者的7—10倍，到1933年时全国制造业工人年平均工资为178元，甚至上海的人力车夫年收入也有100多元，而农村劳动者的平均年收入只有26元。① 而且城市中看病就医、子女接受教育等也比农村相对容易。加上大革命失败时国民党反动派对革命的残酷镇压，革命是一件十分危险的事情。因此，要将工人组织发动起来开展武装起义并非易事。

湘赣边界秋收起义爆发之时，虽然铁路工人一度破坏了铁路，但参加破路的人数很少，破坏的程度亦有限。林育南在这年9月22日关于秋收起义情况给中共中央的一个报告颇能说明问题。报告说："十一日××由株萍路回长，晤谈株萍方面破坏工作及罢工均在积极进行，颇有把握，军事方面之准备也很好。是日粤汉株萍两路均停车。是晚在新河召集粤汉路党团会，我和××等均参加，约十余人，报告及讨论罢工问题。工人同志中有表现畏缩犹豫及期待之倾向者，经再三解释，始决定积极宣传准备，同时进行破坏铁路、暗杀工贼、造成恐怖等办法。当晚即派人去作破坏工作，但并未作到。次日破坏铁路车头及桥梁事亦未见多大实效，前所破坏之路轨，当即修好试行通车。虽我们决定宣传阻止

---

① 熊月之：《光明的摇篮》，上海人民出版社2021年版，第37页。

工人修路，因不能积极执行之故，不生效力，暗杀工贼事亦无人去干。破坏工作不能做好，据云因事先无弹药等炸毁器械，后虽物色到，亦不甚多，且力量薄弱，故无多大效力。又加之作此项工作者，不能继续不断的做去。闻作此种工作之同志，做成一次者给洋一百元，但仍未见能勇〔踊〕跃从事，尤以电线之破坏不甚得力。"①"给洋一百元"在当时不是一个小数目，是相当于一个普通工人一年的收入，但响应者仍不"踊跃"，说明工人并没有充分发动起来，除了组织工作仓促外，主要还在于当时工人对反动派制造白色恐怖的顾忌。

任弼时在这年 10 月 4 日关于湖南农运、工运和军事工作给中共中央的报告中也说："自马日事变，各种工人中的尚未被杀之领袖分子，均不能立足。全省总工会及各产业工会等于消灭，水口山、锡矿山工人组织等于消灭。""长沙工运因缺少下层领袖分子，多数亦无组织，仅车夫与一部分铁路工人尚能受我们的指挥行动，泥木与码头工人中仅有很少数同志在里面活动。缝纫工人中虽有些同志，但他们非常害怕不敢行动。"② 彭公达 10 月 8 日给中共中央的报告亦说："工人的力量虽然没有消灭，因反动政府严厉执行屠杀工农镇压的政策之故，大部分工人领袖均在要捕之列，工人运动亦因之受许多摧折，暴动的勇气也就消灭了许多。"③ 这也从一个侧面表明当时组织动员革命之艰难。

---

① 中国人民解放军历史资料丛书编审委员会编：《土地革命战争时期各地武装起义·湖南地区》，解放军出版社 1997 年版，第 69—71 页。

② 中国人民解放军历史资料丛书编审委员会编：《土地革命战争时期各地武装起义·湖南地区》，解放军出版社 1997 年版，第 97 页。

③ 中国人民解放军历史资料丛书编审委员会编：《土地革命战争时期各地武装起义·湖南地区》，解放军出版社 1997 年版，第 112 页。

　　城市除了有组织的工人不多外，更重要的是敌我力量过于悬殊。任弼时给中共中央的报告中说："现在长沙城内据军部统计尚有六千一百余人，枪支近四千六百左右。主要部队即为张国威之某团约二千人，枪支一千三百；第三分校一千二百人，枪支一千左右；党校五百枪数足，周斓一营四百枪支、三百五十支手枪，并手机关枪很多。余系杂色队伍，数近二千，手枪约一千五百。"此外，国民党军在湘东有 4700 余人，湘西有 13600 余人，湘北岳阳有 3500 余人，这些都属于唐生智系统，共计有 35000 余人，而此时唐生智部队的主力还尚未回湘。① 此外，在湘南有附属于蒋介石和李济深系统的军队 7000 余人，湘西有反唐的军队近万人。虽然各派军阀之间存在矛盾，但在反共问题上是一致的。

　　而此时作为计划中秋收起义中心的长沙，中共湖南省委能领导的武装力量"有盒子炮二十支，手枪六支，预备暴动时编工军一团，四郊编农军二团（系以前的计划）。现城内编好二百余人，另组一特别营，约六十人，由失业和勇敢同志组合的，并每人月薪十二元（这样与雇用军队无异，正设法改变），近郊二团尚未成立"②。可见，城市里能组织领导的工人甚少，直接领导的武装力量更是微不足道。而此时，参加起义的三个团都受到了程度不同的损失。在这种情况下，工农革命军再按预定的计划向长沙方向进军，配合长沙起义进而夺取长沙已完全不可能。9 月 14 日，毛泽东在上坪召开第三团干部会议，决定暂时放弃原定占领长沙的

---

① 中国人民解放军历史资料丛书编审委员会编：《土地革命战争时期各地武装起义·湖南地区》，解放军出版社 1997 年版，第 98—99 页。

② 中国人民解放军历史资料丛书编审委员会编：《土地革命战争时期各地武装起义·湖南地区》，解放军出版社 1997 年版，第 99 页。

计划，第一团和第三团向文家市集中，与退到这里的第二团余部会合，先退到萍乡再作下一步打算，同时建议湖南省委取消9月16日的长沙暴动。

### "改道退萍乡再说"

1927年9月15日，毛泽东率第三团从上坪到达铜鼓县的排埠。17日回到浏阳境内，经双坑到达孙家段，与第一团会合，并在这里召开前委会议，研究部队的现状和下一步的行动问题，初步确定经萍乡前往湘南地区，先做"山大王"站住脚再说，但会议没有形成统一意见。第三团团长苏先俊事后给中共中央的报告中说："是日前敌委员会议决退往湘南。"[①] 这份题为《苏先俊关于湘赣边界秋收起义情况向中共中央的报告》，曾刊登在《中央政治通讯》第12期上，所署时间为1927年9月17日。这个日期应该有误，因为这份报告还提到"二十四日抵芦溪（距安源三十里）宿营"，如果报告写于17日，就不可能记上24日到达芦溪的情况。9月19日，第一团和第二团先后到达文家市，此时全军已由起义时的5000余人锐减到1500余人。

当天晚上，毛泽东在文家市的里仁学校主持召开前敌委员会会议，讨论工农革命军的行动方向问题。会上，师长余洒度等坚持"取浏阳直攻长沙"的意见，而毛泽东则认为现在敌强我弱，城市敌人的力量集中，攻打中心城市已不可能，主张向南转移到敌人力量相对薄弱的农村山区，寻求落脚点，以保存实力再图发展。毛泽东的意见得到了总指挥卢德铭等人的支持。前敌委员会通过表决

---

① 中国人民解放军历史资料丛书编审委员会编：《土地革命战争时期各地武装起义·湖南地区》，解放军出版社1997年版，第67页。

认可了毛泽东的主张，决定起义部队经萍乡退往湘南。对此，余洒度在 10 月 19 日给中共中央的报告中说："第一团整理后，即绕道进攻浏阳，方至其界，闻三团不利，决心援助该团反攻浏阳东门之敌，至中途毛泽东以前敌书记名义来信，嘱度即将部队改道退萍乡再说，度因情形不明，不得已，乃将部队回头，跟着三团退。""十九日抵文家乡，距浏阳城九十里，度仍主张取浏阳直攻长沙（当时取浏有把握）。后以前敌委员会决议，以保存实力，应退萍乡，次日部队即向萍乡退却。"①

那么，秋收起义部队在夺取长沙无望的情况下，为何决定经萍乡前往湘南呢？这与湘南被中共中央和湖南省委作为湖南秋收起义另一个中心点有关。因为在准备秋收起义之前，中共中央和湖南省委就有以湘南的汝城为中心建立革命政权的考虑，而毛泽东还被中共中央任命为湘南特委书记。

这年 8 月初，中共中央委托毛泽东起草《湘南运动大纲》，核心内容是强调武装夺取政权、实行土地革命。毛泽东在《大纲》中提出：在湘南以汝城为中心进而占领桂东、宜章、郴州等四五县，形成一政治形势，组织一政府模样的革命指挥机关，实行土地革命，与长沙的唐生智政府对抗，与湘西的反唐部队取得联络；军事方面请求中共中央命令彭湃不要将现在汝城的广东农军他调，浏阳、平江农军千人立即由郭亮率领赴汝城，从江西革命军中调一团兵力赴汝城，这三部分组成一师的武装，以革命军一个团作中坚，至少有占领五县以上的把握。"党的湘南特别委员会，受湖南省委

---

① 中国人民解放军历史资料丛书编审委员会编：《土地革命战争时期各地武装起义·湖南地区》，解放军出版社 1997 年版，第 121—122 页。

的指挥，在交通阻隔时候得独立行使职权"①。

毛泽东提出的成立湘南特委，占领以汝城为中心的湘南地区，建立革命政权的主张，得到了中共中央的认可。8月3日，中共中央发出《关于湘鄂粤赣四省农民秋收起义大纲》，明确指出："准备于不久时期内在湘南计划一湘南政府，建设革命政权及一切革命团体，在广东革命委员会指挥之下。现即须组织湘南特别委员会受省委指挥，于交通不灵通时得有权独立指挥此委员会所能活动的地方工作。"并规定湘南特委由夏曦、郭亮、毛泽东、任卓宣（后名叶青）组成，以毛泽东为书记。②

南昌起义军从南昌撤出向南转移后，中共中央又于8月8日指示领导南昌起义的前敌委员会："分兵一团或二团交由郭亮处，希率领到湘南占据郴、宜、汝（即郴县、宜章、汝城——引者注）一带，组织湘南革命政府，受前方革命委员会指挥，并供给相当的饷弹。党内由毛泽东、郭亮、夏曦、卓宣组织湘南特别委员会，以泽东为书记。在湘省委指导下主持之。同时与前委发生关系，除派泽东克日动身往湘南工作。望兄处即遵照此信抽调兵力交郭亮即日率领前往目的地为要。"③第二天，中共中央又致信湖南省委："中央又决定从南昌暴动的军事力量中抽调一团或二团交湘南特别委员会指挥，集合湘南现有的工农军等，夺取郴、宜、汝一带，设立革命委员会，帮助全省农民暴动规复全省政权。"中共中央同时强调："湘

---

① 中共中央文献研究室编：《毛泽东年谱（1893—1949）》（修订本）上，中央文献出版社 2013 年版，第 205 页。

② 中共中央文献研究室、中央档案馆编：《建党以来重要文献选编（一九二一——一九四九）》第 4 册，中央文献出版社 2011 年版，第 38 页。

③ 中国人民解放军历史资料丛书编审委员会编：《土地革命战争时期各地武装起义·湖南地区》，解放军出版社 1997 年版，第 41 页。

南计划只是全省暴动计划中之一部分，只有在全省暴动之下，湘南计划才能实现，才有意义"。①

8月19日，鉴于此时发生了许克祥与唐生智之间的战争，长沙与湘南的交通已经断绝，中共湖南省委只得放弃长沙起义，向中共中央提出"另组织一个湘南指导委员会指挥湘南暴动，目的在夺取湘南，至万不可能时，决夺取桂东、汝城、资兴三县，建立工农兵的政权"②。因此，秋收起义进攻长沙受挫后，毛泽东首先想到的自然是如何率部前往湘南再图发展。

9月20日，在文家市的里仁学校操坪，毛泽东向工农革命军第一师全体人员讲话，宣布中共前敌委员会关于不打长沙转兵向南的决定。对于此次毛泽东讲话的内容与意义，许多著述都有记载，这里就不作赘述了。

曾有人回忆说："当部队到达文家市后，立即召开了会议，研究当前的革命形势。毛主席认为，现在不是进攻的时候，是退却的时候，应该很好地组织退却，找安定的地方，建立根据地，保存革命力量。毛主席打开地图一看，决定在罗霄山脉中段（井冈山）建立军队和政权。"③这恐怕是将事后的事实记忆成当时的决定了。在文家市的时候，毛泽东并没有作出前往井冈山建立根据地的决策。虽然有回忆表明在安源张家湾主持召开军事会议，布置秋收起义时，毛泽东从王兴亚口中听到过袁文才和王佐的名字，但未必留下

---

① 中国人民解放军历史资料丛书编审委员会编：《土地革命战争时期各地武装起义·湖南地区》，解放军出版社1997年版，第42—43页。

② 中国人民解放军历史资料丛书编审委员会编：《土地革命战争时期各地武装起义·湖南地区》，解放军出版社1997年版，第44页。

③ 何长工：《跟毛主席上井冈山》，载《亲历井冈山革命根据地》，江西人民出版社2007年版，第58页。

很深的印象。在文家市作出向湘南进军的决定倒是合情合理的，因为早在秋收起义前，不论是中共湖南省委还是毛泽东，都把湘南作为秋收起义的一个重要战略支点在考虑，并且得到了中共中央的认可，毛泽东本人还被批准为中共湘南特委书记。

事实上，文家市转兵的许多亲历者，都在其回忆中认为在文家市没有作出到井冈山去建立革命根据地的决策。时任工农革命军第三团组织委员的张启龙回忆说："从文家市到井冈山是逐步明确的，当时在文家市还不明确，不知道有个井冈山，我记得毛委员在文家市向部队讲话时，没有明确说到井冈山去。"① 时任第一团第二营第六连连长的张宗逊也回忆说："在文家市部队集合后，是不是有了这个情况，部队想跟南昌起义的部队靠拢。当时并不知道南昌起义失败了，10 月中旬在水口从报纸上得知了南昌起义失败的消息，部队一直在山区转，报纸不易看到。""确定在井冈山建立根据地，起码是在水口以后。""建立井冈山根据地的思想是逐步形成的，是根据斗争的情况和需要逐步形成的。"② 在第一团参谋处任职的熊寿祺亦回忆说："在文家市没有提到要上井冈山，也没有提到要搞根据地。"③ 这些回忆可能更接近历史事实。其时，毛泽东和起义军其他领导人对井冈山的情况可谓知之甚少，更不可能有后来大家所形成共识的农村包围城市的思想，虽然此前毛泽东也有过"上山"的说法，但当时提出的"上山"或"下湖"都只是保存革命力

---

① 中国井冈山干部学院编：《井冈山革命根据地史料大全——军事斗争卷》第 6 卷，党建读物出版社、中共党史出版社 2019 年版，第 3589 页。

② 中国井冈山干部学院编：《井冈山革命根据地史料大全——口述历史卷》第 2 卷，党建读物出版社、中共党史出版社 2019 年版，第 777、779 页。

③ 中国井冈山干部学院编：《井冈山革命根据地史料大全——军事斗争卷》第 6 卷，党建读物出版社、中共党史出版社 2019 年版，第 3440 页。

量的一种策略考虑，而并非有了建立农村革命根据地的自觉。共产党人不是先知先觉的神仙，对于中国革命规律的认识和把握需要一个过程。

# （三）开创中国革命新路

### "江西的敌人要脆弱些"

文家市在湖南浏阳县，而从浏阳前往湘南，自然可以从湖南境内的醴陵、攸县、茶陵方向前往，而工农革命军为何要从江西境内的萍乡、莲花去湘南呢？主要是因为湘军的战斗力比赣军强，而且湖南境内的反革命势力也比江西的反革命势力更顽固、更反动。

在大革命高潮中，湖南与江西的工农运动都有了很大的发展，但与江西相比，湖南的国民党右派公开反共要比江西早，马日事变后由于反动军官许克祥在长沙对革命者的镇压屠杀，湖南各地的反动势力群起响应，湖南全境顿时陷入一片白色恐怖之中。与许克祥公开杀戮革命者不同，当时统治江西的朱培德（国民党江西省主席兼第五路军总指挥及第九军军长）在决定反共之时，采取的是"礼送""共产及左派分子离境"。"朱的这种反共行动，既不同于蒋介石发动四一二反革命政变，也不像许克祥发动的马日事变，他将被送者召集起来，希望他们离开江西，以免妨碍他的反动统治"。对于一些公开身份的共产党人没有离开江西，从南昌去了别的地方，"他也未加深究"。① 他的这种反共方式，虽然"更能迷惑人，更具

---

① 中共江西省委党史研究室：《中国共产党江西历史》第一卷，中共党史出版社2021年版，第127页。

欺骗性"，但毕竟给革命造成的直接损失比蒋介石和许克祥之流公开发动反革命政变要小一些。总的来说，在大革命高潮时期工农运动有较大发展的湘鄂赣粤4省中，江西的反革命力量相对较弱，而且朱培德本是滇军将领，他手下的官兵也大多来自云南，与当地土豪劣绅的关系不如湘鄂粤的军阀那么密切。

相对而言，湖南在大革命失败后白色恐怖的程度要比江西严重。当时，湖南的国民党反动派"遇有CP分子，可以格杀勿论，即亲戚朋友都可以牵连。——各县成立清乡委员会，创设清乡军队或团防军。现就湘潭一县而论，清乡军共有枪千余支，其余梭标大刀等尚不计。同时大举清乡，他们的口号是杀尽共产党。清乡军首领多用毒辣的手段，处以极残酷的刑罚（如钉两掌悬于墙上，以为烘背，吊半边猪，不招供者每昏几次还不放手），至于遭杀戮者亦复不少。湘潭在一月之内，杀一百二十余人，同学（即中共党员——引者注）达七十人。并设桶许人暗报，受牵连者更多。……这些方法同时施行，所以我们党的组织受打击最大，同时受害者最多。醴陵被杀地者二千以上，耒阳杀者万计，其余各县不可胜计"[1]。虽然这是1928年5月中共湖南省委在一份文件中说到的情况，但当时湖南的白色恐怖由此可见一斑。而且湘赣边界湖南一侧离长沙、衡阳这些中心城市较近，这里的农民运动和农民武装受到国民党反动派的严重摧残；而江西一侧离南昌、赣州这些中心城市相对较远，并且还保存一定数量的农民武装。因此，假道江西然后再进入湘南，阻力相对要小一些，也会更顺利些。

同时，秋收起义是在南昌起义后一个多月才爆发的，当工农革

---

① 中国井冈山干部学院编：《井冈山革命根据地史料大全——军事斗争卷》第2卷，党建读物出版社、中共党史出版社2020年版，第1013页。

命军在文家市决定退往湘南之时，南昌起义的部队已到广东东江地区的三河坝。相对于湘赣边界的秋收起义，当时南昌起义的声势影响更大，参加起义的基本都是中共领导和掌握的正规部队，而且人数也比秋收起义要多得多，起义之时达 3 万人，到达三河坝时还有 1 万余人。虽然此时南昌起义的部队已经离开江西，但这一个多月来南昌起义军主要在江西境内活动，江西的反动力量包括军队的注意力更多地放到南昌起义军身上。由于湘赣边界江西一侧国民党的统治比较薄弱，其正规武装也较少，而秋收起义后工农革命军大张旗鼓地向长沙方向进军，并且一度占领过醴陵、浏阳等县城，自然引起湖南反动势力的高度警戒，湖南国民党当局这时已调兵到浏阳一带"追剿"工农革命军。因此，总体来说"敌人的力量，湖南的要厉害，江西的敌人要脆弱些，湖南的土劣要狡猾些，军队的作战能力也要强"①。这恐怕也是工农革命军决定从湘赣边界江西一侧前往湘南不能不考虑的一个因素。

从浏阳到湘南走江西一侧，需经萍乡、莲花、永新、宁冈等县。9 月 21 日，工农革命军从文家市出发，开始沿罗霄山脉直线南下，向江西萍乡、莲花方向前进。22 日到达萍乡县的上栗市（今上栗县），得知萍乡县内驻有国民党军，毛泽东与师部决定部队转东向南，绕道芦溪进入莲花。24 日，工农革命军到达芦溪。25 日清晨，工农革命军从芦溪出发，向莲花前进。由于事先没有注意军事侦察，敌情不明，部队从芦溪出发不久，后卫第三团遭到国民党军的袭击，造成人枪各二三百的损失，部队在向莲花方向突围时，总指挥卢德铭为掩护主力撤退而英勇牺牲。

---

① 中国井冈山干部学院编：《井冈山革命根据地史料大全——军事斗争卷》第 2 卷，党建读物出版社、中共党史出版社 2020 年版，第 1643 页。

9月26日，工农革命军得知莲花县城没有国民党正规军，只有一些战斗力不强的保安团队，于是一举攻克莲花县城。当天下午，毛泽东在县城的宾兴馆召集莲花县党组织负责人开会，听取当地党组织负责人朱亦岳等人的汇报，得知"莲花县党组织、农民武装以及永新、宁冈农民武装斗争等情况，证实井冈山确有两支地方武装"①。

第二天，工农革命军从莲花县城出发，向永新方向前进。29日，部队来到永新的三湾村宿营。三湾这个地方四面群山环抱，地方偏僻，附近又没有地方民团，相对安全。毛泽东决定在这里对部队进行整顿，因为自起义爆发以来，部队一再遭受挫折，减员严重，一些意志薄弱的人看不到革命的前途不辞而别，有的甚至公开拖枪离队。除此之外，部队内部问题也很严重，一是党的组织不健全，支部只建立在团一级，营连没有党组织，起不到核心作用；二是存留浓厚的旧军队习气，官长随意打骂士兵，官兵关系紧张；三是部队名义上仍保留一个师的架子，但实际人数不足千人，第二团已名存实亡，第一、第三两个团也是残缺不全。毛泽东决定利用在三湾休整的机会，对部队进行整顿和改编。这就是著名的三湾改编。

三湾改编的内容，一是缩编，将工农革命军第一师缩编为第一师第一团，由陈浩任团长，何挺颖任党代表，实际上取消了余洒度的指挥权，加强了前敌委员会对部队的领导。第一团下辖第一、第三两个营，另有特务营、卫生队、军官队、辎重队各一，采取愿留则留愿走则走的原则，虽然个别人由此离开了部队，但纯洁了队

---

① 中共中央文献研究室编：《毛泽东年谱（1893—1949）》（修订本）上，中央文献出版社2013年版，第219页。

1927 年 9 月 30 日，毛泽东在三湾枫树坪向全体指战员宣布中共前敌委员会关于部队改编的决定，并作动员讲话

伍，提高了部队的凝聚力。

二是规定部队实行各项民主制度，强调官兵平等，官长不得打骂士兵，士兵有开会说话和批评官长的自由，废除烦冗的礼节，官兵待遇平等，经济公开，伙食由士兵参加管理；连以上建立士兵委员会，参加对部队的行政管理和经济管理，官长要接受士兵委员会的监督。这些规定，克服了旧军队的许多不良习气，改善了部队的官兵关系，克服了士兵的雇佣思想。

三是全军由党的前敌委员会统一领导。部队分别建立党的组织，团、营建立党的委员会，支部建立在连队，排班设党的小组；连以上设党代表，由同级党的书记担任。部队的一切重大问题都必须经党组织集体讨论决定。这一制度规定，提高了党组织在部队的职权与威信，初步确立了党对军队的领导地位。

三湾改编体现了毛泽东的政治建军思想。毛泽东虽然不是军人出身，没有带兵打仗的经验，也正因为如此，毛泽东身上没有旧军人出身的人那种思维，更多的是从党对军队的领导角度去思考如何巩固和扩大队伍的问题。因此，三湾改编被誉为"建设新型人民军队的重要开端"。正如经历过三湾改编的罗荣桓后来所回忆的："三湾改编，实际上是我军的新生，正是从这时开始，确立了党对军队的领导。当时，如果不是毛泽东同志英明地解决了这个根本性的问题，那么，这支部队便不会有政治灵魂，不会有明确的行动纲领，旧式军队的习气、农民的自由散漫作风，都不可能得到改造，其结果即使不被强大的敌人消灭，也只能变成流寇。当然，三湾改编也只是开始奠定了新型的革命军队的基础，政治上、思想上的彻底改

位于江西永新县三湾村的三湾改编纪念馆

造，是一个长期斗争的过程。"①

## "上了井冈山"

三湾改编虽然对巩固工农革命军起到了十分重要的作用，但仍有一个重大的问题需要解决，就是这支不足千人的队伍去何处落脚，然后再图发展。按照预定的计划，工农革命军要前往湘南。就在三湾改编期间，毛泽东见到了前来接头的中共宁冈县委负责人龙超清，以及在广州农民运动讲习所曾听过毛泽东讲课的袁文才代表陈慕平，对占据井冈山的袁文才、王佐的情况有了进一步的了解。受到袁、王在井冈山能够生存发展的启发，在三湾时，"毛泽东提出了就地想办法，不能走远了，商议要与井冈山的袁文才合作"②。于是，毛泽东向龙超清和陈慕平"说明工农革命军的政治主张和来意，希望同袁文才部合作，一道开展革命斗争"。龙超清向毛泽东表示欢迎工农革命军进驻宁冈，可以先到离此地 30 里地的古城。③

能够从实际出发是毛泽东一个显著的特征。虽然前往湘南是他此前的主张，原来计划到湘南特别是汝城，是因为那里有一支彭湃领导的广东农民武装，而南昌起义的部队南下也是试图回到广东，以广东为基础再图发展，到了湘南会合彭湃的队伍还可以与南昌起义的部队互相配合，等待时机再次经湘南而北伐。但当时情势多变，南昌起义部队和湘南的情况都不明了，前往湘南是否有作为是

---

① 《罗荣桓军事文选》，解放军出版社 1997 年版，第 562 页。

② 中共湖南省委党史研究院：《中国共产党湖南历史》第一卷，中共党史出版社 2021 年版，第 315 页。

③ 中共中央文献研究室编：《毛泽东年谱（1893—1949）》（修订本）上，中央文献出版社 2013 年版，第 220 页。

一个未知数。在这样的情况下，要紧的是有一个立足之处，使现有的革命力量得以保存，而与井冈山的袁文才、王佐合作不失为一个比较现实的选择。

10 月 3 日，毛泽东率部到达宁冈的古城。当天晚上，毛泽东在古城文昌宫主持召开有宁冈县党的负责人参加的前委扩大会议（即古城会议）。会议开了两天，主要为"传达了八七会议精神，初步总结湘赣边界秋收起义以来的经验教训，着重讨论了'安家'和开展游击活动的问题"，自然也讨论了如何对待袁文才、王佐这两支地方武装的问题，决定对其"采取团结改造方针"。①

毛泽东最初决定与袁文才打交道主要是伤病员的安置问题。"当时摆在部队面前的中心问题是安置伤员，首先要把伤病员安置好。"②自秋收起义以来，部队一路转战，战斗减员和非战斗减员都很多，同时负伤患病者亦不少。由于部队几乎整天流动，没有后方，伤病员得不到及时的救治与安置，影响了部队的战斗力和行动能力，而伤病员如果长期得不到有效安置，又会影响部队的军心与士气。古城位于井冈山脚下，离袁文才驻守的茅坪和王佐驻守的茨坪都不是很远，如果将伤病员和一些非战斗人员留在袁文才处，部队向湘南方向进军或在湘赣边界游击就没有了后顾之忧。因此，在对袁、王有了初步的了解之后，毛泽东决定亲自去见见袁文才。

袁文才和王佐虽然参加过大革命，袁文才还曾加入过共产党，

---

① 中共中央文献研究室编：《毛泽东年谱（1893—1949）》（修订本）上，中央文献出版社 2013 年版，第 221 页。

② 中国井冈山干部学院编：《井冈山革命根据地史料大全——口述历史卷》第 2 卷，党建读物出版社、中共党史出版社 2019 年版，第 778 页。

井冈山的茅坪。袁文才和王佐部是井冈山的两支农民武装，各有一百余人，几十支枪。袁部驻井冈山北麓的茅坪，王部驻井冈山上的茨坪

但此时自然不是隶属于中共的武装，与当地的地方党组织只能说是一种若即若离的关系，客气的说法是绿林式的农民武装，实际上还是绿林武装。也正因为他们都是农民出身，参加过大革命，与土豪劣绅及反动政府间有尖锐的矛盾，并且与党组织还有一定的联系，这又是他们与一般的绿林武装有所不同的地方。毛泽东通过当地党组织的介绍，对袁、王有了一定的了解，但袁、王对毛泽东和工农革命军此前顶多是有所耳闻，他们最为担心的恐怕是工农革命军来一个大鱼吃小鱼，这也是过去绿林武装和大小军阀相互之间的惯用做法。在古城会议期间，袁文才的代表就曾表示，可以给工农革命军一些接济，但请工农革命军"另找高山"。袁文才也给毛泽东写

信："弊地民贫山瘠，犹汪池难容巨鲸，片林不栖大鹏。贵军驰骋革命，请另择坦途。"① 似乎对工农革命军并不怎么欢迎，而且还有些戒备。

袁文才和王佐的担心也并非没有理由。工农革命军内部就有人认为袁、王所部不过各有一百来号人、几十条枪，以工农革命军数百人之众，将其包围缴械便可完事。毛泽东认为，对待袁、王不能简单地使用吞并方针，而是要采取交朋友的政策。他的看法是："三山五岳的朋友还多呢！历史上有哪个能把三山五岳的土匪消灭掉？三山五岳联合起来总是大队伍。"在毛泽东看来，这不是几十个人、几十杆枪的问题，而是一个政策问题；对袁、王只能用文，不能用武。② 当时，工农革命军由于一路转战减员严重，出现了枪多人少的局面，而袁、王则正好相反，人多枪少，所以对枪特别珍惜，甚至看得比人还重要。于是，毛泽东说服工农革命军内部人员，决定一次性送给袁文才 100 支枪，让袁的人员都武装起来。

10 月 6 日，毛泽东只带了少数随员在宁冈的大仓村顺利地见到了袁文才，毛泽东的坦荡和慷慨大方，初步打消了袁文才的顾虑，使得袁答应全力帮助工农革命军，并回赠了工农革命军 600 块银元，同意在他的驻地茅坪建立工农革命军后方医院与留守处，还答应上山做王佐的工作。对于毛泽东赠枪给袁文才一事，余洒度在给中共中央的报告中说："军至宁冈县，有同志袁文才率本地农军二百余，战斗力不弱。我部以枪不能动，乃送枪一百枝交袁同志收

---

① 余伯流、陈钢：《井冈山革命根据地全史》，江西人民出版社 2007 年版，第 63 页。

② 何长工：《改造袁、王与"双枪兵"》，载《井冈山革命根据地》（下），中共党史资料出版社 1987 年版，第 247 页。

用，以为将来扩充农民自卫团之用。"①

毛泽东对袁、王的统一战线政策获得了初步的成功。事实证明，毛泽东此举无疑是正确的，虽然从实力上讲，工农革命军具有用武力解决袁、王队伍的能力，但一旦采取这个办法，很可能两败俱伤。更为重要的是难以稳定井冈山地区的民心，袁、王虽然是绿林武装，但已经在井冈山站稳脚跟，具有群众基础，而采取这个办法不但得到了袁、王的理解与支持，也为下一步改造袁、王部队，创建井冈山革命根据地奠定了基础。

但是，这毕竟是毛泽东同袁文才的第一次相见，双方的了解还需要一个过程。因此，在大仓，袁文才一方面对工农革命军的到来表示欢迎，另一方面又委婉地表示："你们既然来了，就有福同享，有难同当，伤员和部队的粮油我管，但钱宁冈有限，还需要到酃县、茶陵、遂川一带去打土豪。"②话虽委婉，实则有送客之意。毛泽东没有强人所难，决定将伤病员和留守单位放在茅坪请袁文才代管，自己率领工农革命军第一师第一团主力到靠近宁冈的湖南省酃县（今炎陵县）进行活动，"打击反动势力，发动群众，联络友军，解决经济给养问题"③。酃县的南边就是湘南的桂东县，桂东再往南即是汝城县。

在酃县活动期间，毛泽东曾派何长工去长沙、衡阳等地向中共湖南省委和湘南特委汇报秋收起义部队的情况，打听南昌起义部队

---

① 中国人民解放军历史资料丛书编审委员会编：《土地革命战争时期各地武装起义·湖南地区》，解放军出版社 1997 年版，第 121—122 页。

② 苏兰春：《回顾宁冈的革命斗争》，载《井冈山革命根据地》（下），中共党史资料出版社 1987 年版，第 91 页。

③ 中共中央文献研究室编：《毛泽东年谱（1893—1949）》（修订本）上，中央文献出版社 2013 年版，第 221 页。

的下落。同时，他也在考虑下一步的行动方向问题，那就是按原计划继续前往湘南，还是暂到井冈山立足。就在这时，他从报纸上获悉南昌起义的部队已经在潮汕失败，这使毛泽东意识到再去湘南已无意义。文家市转兵后毛泽东率工农革命军沿湘赣边界江西一侧向南前行，目的地本是湘南。前往湘南的无疑是为了配合南昌起义部队重回广东，开创新的局面。现在南昌起义部队南下已经失败，占领广东再次北伐已无可能，何况湘南情况如何又不甚明了，这几百人的工农革命军再去湘南难以打开新的局面，当务之急是先将这点革命力量保存下来。

井冈山茅坪八角楼毛泽东旧居。井冈山斗争时期，毛泽东经常在茅坪八角楼居住和办公。因为楼房里有一个八角形的天窗，所以当地群众都习惯把这栋房子叫作八角楼

正在此时，毛泽东得到了王佐同意工农革命军上山的表态，这促使毛泽东下决心率部上井冈山。10 月 24 日，毛泽东率部到达井冈山的大井，"受到王佐及其部队的欢迎"[①]。10 月 27 日，毛泽东率工农革命军到达井冈山的茨坪。随后，宛希先率领的一营两个连从茶陵来到茨坪。就这样，毛泽东来到了井冈山，开始以宁冈为大本营创建井冈山革命根据地。

井冈山革命根据地是中国共产党人在大革命失败后创建的第一块农村革命根据地，虽然它的面积、人口和军队的人数与后来的革命根据地相比都不是很大，但这块根据地的开辟，在事实上开启了对中国革命新道路的探索。毛泽东自己后来说："我搞过国民革命军政治部的宣传工作，在农民运动讲习所也讲过打仗的重要，可就是从来没有想到自己去搞军事，要去打仗。后来自己带人打起仗来，上了井冈山。"[②]

### 历史的必然与偶然

大革命失败后，面对突如其来的白色恐怖，共产党人没有被吓倒，没有退缩，而是勇敢地站起来继续斗争，组织发动一系列的武装起义，体现了共产党人所特有的勇往直前的斗争精神，从此走上了武装革命、武装夺取政权之路。

然而，直到此时，世界上尚未有一个国家的无产阶级通过从农村积聚力量、最后实现农村包围城市进而取得全国政权的先例，唯有十月革命这种从城市到乡村的模式。在组织发动秋收起义的过程

---

① 中共中央文献研究室编：《毛泽东年谱（1893—1949）》（修订本）上，中央文献出版社 2013 年版，第 223 页。

② 《毛泽东文集》第八卷，人民出版社 1999 年版，第 392 页。

中，毛泽东一开始也是率领工农革命军第一师向长沙方向进军，试图配合长沙城内的起义以实现夺取长沙。但是在夺取长沙无望的情况下，毛泽东果断地作出放弃继续进军长沙的计划，进入敌人力量相对弱小的江西，然后沿湘赣边境南下湘南，以达到与南昌起义军互相呼应的目的。在南下过程中，逐渐对井冈山及袁文才、王佐的情况有所了解，在得知南昌起义部队已经在潮汕失败的消息后，毛泽东毅然放弃了继续前往湘南的计划，改在井冈山地区先落脚，以保存力量再图发展，这充分体现了毛泽东的务实精神。从实际出发、实事求是后来被总结为中国共产党的思想路线，毛泽东是这条路线杰出的开创者和践行者。

选择井冈山作为落脚点，开辟井冈山革命根据地，可以说既是历史的必然也是历史的偶然。说其是必然，这是中国革命的特点所决定的。中国是一个农业国，绝大多数人口是农民，中国革命的中心问题无疑是农民问题（当然，这样的认识是后来才有的，在大革命失败之时人们还不可能得出这样的结论）。同时，也正因为中国是一个农业国、工业落后，即便在工矿企业铁路码头有一定数量的产业工人，不但总体数量偏少，而且由于他们也是刚刚离开农村的农民，虽然在城市他们生活在最低层，但他们的生活状况普遍好于老家的农民恐怕也是事实，因而他们革命的意愿甚至不如贫苦农民强烈。这是中国革命所面临的一个实际问题。

中国的农民数量庞大且十分贫穷，不但能为革命提供源源不断的人力资源，而且更容易动员其参加革命。同时，由于中国广大农村尚处在封闭半封闭的自然经济状态，特别是省与省交界甚至县与县交界的一些偏僻的山区，山高林密，交通不便，回旋余地大，官府难以对其实施有效的管理，相对来说，反动力量没有城市那样集中而强大，这就为革命力量在农村提供了生存与发展的空间。如此等等，决定了中国革命的重心不在城市而在农村，也决定了中国革命力量的集聚地应当在农村而不在城市。因此，不但毛泽东领导的湘赣边界秋收起义，在攻打长沙无望后转入了井冈山这样的山区，而且其他各地党组织领导的武装起义部队也同样在夺取城镇的目标实现不了后不约而同地转入农村，并由此开辟了大大小小的农村革命根据地。这既是中国革命的特点，也是中国革命发展的必然。

但是，毛泽东选择井冈山又具有历史的偶然性。如前所述，秋收起义失利毛泽东决定取消进攻长沙的计划后，原本是要向湘南发展的，鉴于反革命力量湖南大于江西的现实，工农革命军沿湘赣边界的江西一侧南行，这就得经过莲花、永新、宁冈的县境，正因为如此，才有地方党组织对袁文才、王佐的介绍。在此之前，毛泽东对井冈山和袁文才、王佐顶多只有耳闻，并未有要在井冈山立足的考虑。到了井冈山下，听了地方党组织负责人的介绍，毛泽东才与袁文才在大仓会面。应该说，到此时毛泽东还没有下定决心留在井冈山。一方面，袁文才对毛泽东和工农革命军还有一个了解的过程，而毛泽东与袁文才第一次见面时，袁委婉地表达了送客之意，不能强人所难；另一方面，当时还没有了解到南昌起义部队的确切消息，他还没有完全放弃前往湘南的计划。到了这年 10 月中旬，毛泽东得知南昌起义部队已在潮汕失利，加之袁、王的态度与最初相比更加友善，而湘军又分两路从茶陵开来进攻工农革命军，毛泽东才下决心率部返回江西来到井冈山。

对于井冈山革命根据地的创建，袁文才、王佐具有独特的贡献。在当时的情况下如果没有袁、王的支持，井冈山革命根据地要顺利开辟出来是难以想象的。但同时也要看到，正是因为工农革命军的到来，毛泽东和军中其他人对袁、王做了一系列的工作，帮助袁、王提高认识，袁、王的部队最终成为工农革命军的组成部分，王佐后来还加入了中国共产党，袁、王才能英名永存。可以说，袁、王帮助毛泽东创建了井冈山革命根据地，毛泽东则使袁、王真正实现了脱胎换骨，成为革命队伍中的一员，因而在中共革命历史的书写中有了袁、王的一页。

在当时的中国各地山区，袁、王这样的农民绿林武装其实何其多也，但基本上都灰飞烟灭了，要么被官军所剿灭，要么就自生自灭，在历史上没有留下什么痕迹，唯有袁、王永远载入中国革命的史册中，就是因为他们顺应时代大势，在毛泽东等人的引导下走上了革命道路。因此，在讲到井冈山革命斗争的历史时，不能只讲袁、王的作用，而不讲毛泽东等对袁、王的引导与帮助。

毫无疑问，毛泽东在上井冈山之初，就把探索以农村包围城市这样的问题开始付诸实施，并逐步形成了独具特色的"工农武装割据"思想，点燃了燎原的星星之火，用自己的行动开始了中国革命新道路的探索。然而，对中国革命特点和规律的认识需要一个过程。大革命失败后，中国共产党虽然懂得了武装斗争的重要性，但就当时的中央领导层来说，还不可能有中国革命要以农村为中心的理念。同时，八七会议后，陈独秀为代表的右倾错误虽然得以纠正，但由于反动派的屠杀政策，使得党内一部分人产生了强烈的阶级复仇情绪，主张在各地组织武装起义时实施"烧杀政策"。1927年8月29日，中共中央《关于两湖暴动计划决议案》提出："暴动为实行彻底的土地革命，即没收大中地主的土地

(事实的结果是全部），杀尽土豪劣绅及一切反动派与没有收其财产"①。同年 11 月 15 日，中共中央《关于发动两湖武装起义致湖南、湖北省委信》提出的主要口号中，亦有"杀尽土豪劣绅大地主，杀尽改组委员会工贼"等内容。② 因此，八七会议后各地在组织武装起义时，有的地方采取"烧杀政策"，出现了盲动主义错误。而毛泽东因为在秋收起义前就有在开展土地革命时要给地主以生活出路的思想，故而在领导秋收起义以及向井冈山进军过程中，并没有实行所谓"大烧大杀"，因而引起了中共中央的不满。

这年 11 月 9 日至 10 日，中共临时中央政治局扩大会议通过《政治纪律决议案》，指责中共湖南省委"对于农民暴动的指导更是完全违背中央策略"。理由是"湖南暴动应以农民群众为其主力"，而"省委的指导仍然没有改变旧的军事投机的错误"，"把暴动看作一种单纯的军事行动"，没有把各地农民组织动员起来参加暴动。而且秋收起义发动后，"在工农军所经区域以内没有执行屠杀土豪劣绅的策略，以致农民视若客军过境，因这些指导上的错误与怀疑的结果，湖南农民暴动变成了单纯的军事投机的失败"。为此，中共中央决定撤销彭公达、毛泽东、易礼容、夏明翰的省委委员资格，取消省委书记彭公达的中央政治局候补委员资格，并留党察看半年。不但如此，"毛泽东同志为'八七'紧急会议后中央派赴湖南改组省委执行中央秋暴政策的特派员，事实上为湖南省委的中心，湖南省委所犯的错误毛同志应负严重的责任，应予开除中央临时政

---

① 中共中央文献研究室、中央档案馆编：《建党以来重要文献选编（一九二一——一九四九）》第 4 册，中央文献出版社 2011 年版，第 490 页。

② 中国人民解放军历史资料丛书编审委员会编：《土地革命战争时期各地武装起义·湖南地区》，解放军出版社 1997 年版，第 154 页。

治局候补委员"①。

12月31日，中共中央又致信湖南省委，认为毛泽东率领的工农革命军"未能实现党的新的策略，在政治上确犯了极严重的错误"，即烧杀太少，没有实行"使小资产变无产，然后强迫他们革命"的政策，要求湖南省委派人将11月临时中央政治局扩大会议的决议"及最近各种策略上的决定和材料"，送到工农革命军中去传达并"改造党的组织"。②

次年3月初，中共湖南省委派中共湘南特委军事部长周鲁来到井冈山，传达中共中央的相关精神。周鲁根据湘南特委的决定，宣布将工农革命军第一师改称为湘南工农革命军第二师，取消以毛泽东为书记的前敌委员会，改组为不管地方只管军队的师委，以何挺颖为书记。由于周鲁将临时中央政治局开除毛泽东的政治局候补委员的决定误传为开除党籍，毛泽东一时成了"党外人士"，只能改任师长。好在随后不久看到了中共中央文件，毛泽东的党籍没有被开除，只是不再是政治局候补委员。可见，探索一条具有中国特色的革命道路十分不易。

毛泽东从一介书生成长为伟大的军事家，秋收起义和转兵井冈山是重要的起点。俗话说，时势造英雄。中国共产党最早的一批党员大多是知识分子出身，擅长的是写文章、作演讲，几乎都没有武装斗争的经历，而且在中国传统文化人的心目中"万般皆下品，唯有读书高"，对于武力和武人多少是鄙夷的。虽然在中共成立后，

---

① 中共中央文献研究室、中央档案馆编：《建党以来重要文献选编（一九二一——一九四九）》第4册，中央文献出版社2011年版，第644、646页。

② 中国人民解放军历史资料丛书编审委员会编：《土地革命战争时期各地武装起义·湖南地区》，解放军出版社1997年版，第253页。

对于武装斗争有一个从不重视到逐步重视的过程，但总的来说，在大革命时期，并没有把主力精力和主要的注意力用在军事工作上，即便有一部分党内同志开展军事工作，也主要是从事军队的政治工作，担任的职务也多是党代表或政治部主任，而非军事主官，实际上是帮助国民党开展军事工作。在当时许多共产党人的心目中，群众工作才是第一位的，组织开展群众运动是主业，在军队中也是开展兵士运动实际就是军队的群众工作。大革命之所以失败，蒋介石、汪精卫之所以敢于"分共"、反共，就在于他们手中有军队。因此，此时共产党人痛定思痛，意识到在中国，由于反革命手中握有强大的军队，开展革命也必须依靠强有力的军队。中国共产党的成功，一个重要原因就是善于总结经验，并且能够吸取教训。是蒋介石、汪精卫这些昔日的盟友翻脸，对共产党实施屠杀政策，逼迫共产党人拿起枪杆子与之进行坚决的斗争，由此开启以武装的革命反对武装的反革命。

在领导秋收起义之前，毛泽东没想到自己要从事武装斗争，要带兵打仗。他自己后来回忆说："像我这样的一个人，从前并不会打仗，甚至连想也没有想到过要打仗，可是帝国主义的走狗强迫我拿起武器。"[1] 他还说："那时候，我们也没有准备打仗。我是一个知识分子，当一个小学教员，也没学过军事，怎么知道打仗呢？就是由于国民党搞白色恐怖，把工会、农会都打掉了，把五万共产党员杀了一大批，抓了一大批，我们才拿起枪来，上山打游击。"[2] 在此之前，毛泽东没有进过军事学校，没有进行过系统的军事理论学习

---

[1] 《毛泽东外交文选》，中央文献出版社、世界知识出版社 1994 年版，第 564—565 页。

[2] 《毛泽东文集》第八卷，人民出版社 1999 年版，第 378 页。

和军事训练，虽然辛亥革命之时当过几个月的兵，因为他有文化，这几个月的时间除了从事些抄抄写写的事务外，都是在看报读书，操练都很少，掌握的军事知识恐怕有限。建党之后，他的主要精力也是用在党的组织建设和工人、农民运动上，几乎与军队和军事不沾边。

自然，在领导秋收起义之时，毛泽东在军事指挥上并没有经验。在文家市转兵之前，毛泽东虽然是湖南省委任命的前敌委员会书记，但工农革命军第一师下辖的三个团实际上是各自行动的，开始之时都有所获，旋即各团都遭到了挫折，三个团聚集到文家市后毛泽东才对部队起到领导作用，工农革命军也才真正有了旗帜和统帅。在这之后，这支部队虽然人数锐减，但很快稳住了阵脚，特别

井冈山茨坪的毛泽东旧居

是在文家市毛泽东毅然作出放弃进军长沙的决策，改为经江西前往湘南，虽然前往湘南在当时也是前途未明，但此举避免了进攻城市对革命力量的损耗，保存了有限的革命力量。在南下湘南的过程中，得知南昌起义部队在潮汕失败后，又果断放弃原计划的湘南之行，改为先在井冈山立足再图发展，这些无疑都是十分明智之举。

在军事指挥上，毛泽东不是科班出身，部队如何操练，作战如何排兵布阵，他并非行家里手，但毛泽东善于从政治家的高度看军事，他是从政治上建军、政治上治军，三湾改编是如此，争取袁文才、王佐也是如此。在三湾，毛泽东健全了工农革命军各级党组织，强化了前敌委员会的地位，加强了党对军队的领导，使军队有了灵魂和主心骨。对袁文才、王佐的处理，毛泽东主要是从政治上看问题，对其采取团结争取的方针，对其采取的不是兼并而是帮助其发展，从而得到了袁、王的认可和支持。从毛泽东上井冈山的过程来看，已经初步显现了作为政治家统军的气质。以进军井冈山为开端，在革命战争的实践中，毛泽东逐步成长为伟大的军事家。

二、探索思想建党、政治建军

1929 年 12 月召开的古田会议，确立了党对人民军队的绝对领导，初步回答了在农村游击战争环境下，在以农民为主要成分的情况下，如何保持党的无产阶级先锋队性质，如何建设一支新型人民军队的问题，在中国共产党和人民军队发展史上，占有十分重要的历史地位。古田会议在建党建军历史上留下了光辉的一页，因而古田被认为是中国共产党确立思想建党、政治建军原则的地方，是人民军队政治工作奠基的地方，是新型人民军队定型的地方。之所以召开这个会议，又与此前红四军内部在如何建党建军问题上曾发生的一场争论密不可分。没有这场争论，或许也就不会有古田会议。

## （一）井冈山会师与成立红四军军委

### 会师前朱、毛的联系

1929 年古田会议之前红四军内部发生的意见分歧，是由这年 5 月重新设立红四军军委一事引发的。因此，回顾古田会议的前因后果，有必要首先回顾红四军成立及红四军军委的存废情况。

红四军是毛泽东率领的秋收起义部队和朱德率领的南昌起义

军余部在 1928 年 4 月会师后组建的。与毛泽东在大革命失败前主要从事群众运动和宣传工作不同，朱德是典型的职业军人出身。他早年报考云南陆军讲武堂，毕业后长期在云南军队中任职，当过排长、连长、云南讲武学校学生队区队长兼军事教官、团长、旅长、云南陆军宪兵司令部司令、云南省警务处处长兼省会警察厅厅长。1922 年入党之后，除了在德国留学和在苏联学习过一段时间外，1926 年 7 月从苏联回国后也是主要从事军事工作，先是回到四川做四川军阀杨森的统战工作，1927 年 1 月脱离杨森所部，按照中共中央军委的指示，到南昌担任国民革命军第五方面军总参议、第三军军官教育团（即南昌军官教育团）团长兼南昌市公安局局长。

朱德参与领导了著名的八一南昌起义，被任命为起义军第九军副军长。南昌起义军在广东潮汕地区失败后，朱德率起义军余部转战于闽西、赣南、粤北，利用与当时驻防广东韶关、湖南汝城一带国民党军第十六军军长范石生同为云南讲武堂同学的关系，与范部结成统战关系，改用第十六军第四十七师第一四〇团的番号，化名王楷，任第四十七师副师长兼第一四〇团团长，不久，又被范石生委任为第十六军总参议。

1927 年 10 月，朱德率部抵赣粤边境的信丰时，中共赣南特委派人前来信丰接头，从他们口中第一次听到毛泽东率领秋收起义部队到了井冈山一带。同年 11 月上旬，在赣南上犹县营前，与湘赣边界秋收起义部队工农革命军第一师第一团第三营（营长张子清、副营长伍中豪）取得联系。在这里，朱德得知毛泽东率领的秋收起义部队已经上井冈山，于是派随军工作的毛泽东胞弟毛泽覃前往井冈山联系。随后，毛泽覃从湖南的资兴经茶陵到宁冈，见到了毛泽东，详细地介绍了朱德部队的情况。①

秋收起义失利后，毛泽东也一直在打听南昌起义部队的消息，原计划前往湘南，也是为了与南昌起义部队相配合，后得知南昌起义部队失败，毛泽东才决定放弃前往湘南的计划，改为在井冈山立足发展。毛泽东率部在湖南酃县游击时，曾派何长工前往衡阳、长沙等地，向中共湖南省委和湘南特委汇报工作，并打听南昌起义部队的下落。何长工经过一路辗转，于12月下旬抵达韶关的犁铺头，见到了朱德与陈毅。朱德详细地询问有关湘赣边界秋收起义和井冈山地区的情况，并说："我们跑来跑去就是要找一个落脚的地方。我们已经派毛泽覃同志去找毛润之了，如果不发生意外，估计已经到了。"第二天，何长工临别前，朱德对他说：我们这两支部队要经常联系，将来部队力量要集中。②通过毛泽覃和何长工等，毛泽东和朱德已经互相了解到对方的情况并建立了联系，为日后在井冈山会师奠定了基础。

1928年1月，朱德、陈毅在湘南宜章组织年关暴动，智取宜章县城，并宣布将部队改称为工农革命军第一师，由朱德任师长，陈毅任党代表，王尔琢任参谋长，蔡协民任政治部主任。同年2月，朱德与陈毅配合中共湘南特委领导了声势浩大的湘南起义，建立了湖南宜章、郴州、永兴、资兴等7个县的革命政权，一开始形势很好，整个湘南地区一片红旗招展。

湘南起义不久，国民党纠集7个师的部队从南北两个方向对起

---

① 中共中央文献研究室编：《朱德年谱》（新编本）上，中央文献出版社2006年版，第95页。

② 中共中央文献研究室编：《朱德年谱》（新编本）上，中央文献出版社2006年版，第99页。

义军进行夹击，从总体上来看敌我力量悬殊。更重要的是，在湘南起义过程中，当时的中共湘南特委采取"烧杀政策"，"特委书记陈佑魁'左'得很，执行'左'倾盲动路线非常坚决。他下令各县大烧大杀，不仅烧衙门机关、土豪劣绅的房子，还要把县城的整条街道和所有商店都烧掉，而且还要将沿衡阳至坪石公路两侧十五华里的所有村庄统统烧掉，使敌人来进攻时无房可住，想用这个办法阻止敌人的进攻。当时已是 3 月份，各乡农民已分配了土地，正忙于春耕。农民对这种乱烧的做法非常反感"①。中共湘南特委实施所谓的"大烧大杀"的结果，导致大批农民"反水"，并在反动派的唆使威逼下，解下象征革命的红带子，挂起白带子，甚至参与对革命的镇压，轰轰烈烈的湘南起义于这年 3 月归于失败。在这样的情况下，朱德、陈毅为了保存南昌起义和湘南起义的革命力量，决定撤出湘南，向井冈山转移。

3 月下旬，已到井冈山的毛泽覃率一个连来到朱德当时的驻地耒阳，向朱德汇报了毛泽东的部队已进入湖南，准备策应湘南起义的行动。3 月 29 日，朱德正式下达撤退命令，湘南起义军经安仁、茶陵向井冈山进发。毛泽东在得知湘南起义军正向湘赣边界转移的消息后，亦于 4 月 6 日率部从桂东沙田向汝城进发，掩护湘南起义军转移，随即占领汝城。随后，毛泽东由汝城一带退到资兴县龙溪洞，同萧克领导的宜章农军独立营会合。接着，率领这些部队抵达酃县水口，与胡少海领导的湘南农军第三师会合。4 月 21 日，朱德率部抵达井冈山下的宁冈砻市。4 月 24 日前后，毛泽东亦率领部队从湘南的桂东、汝城返回砻市，与先期到达这里住在龙江书院

---

① 《黄克诚自述》，人民出版社 2000 年版，第 41 页。

宁冈龙江书院。1928 年 4 月 24 日前后,毛泽东率部队从湖南的桂东、汝城返回宁冈砻市,与先期到达砻市并住在龙江书院的朱德相见

的朱德相见。

## "朱毛两部合编为第四军"

朱毛会师的时候,毛部有 1000 余人,朱部 2000 余人,与朱部同时上山的湘南农军有 8000 余人,全军共有 1 万余人,枪 2000 余支。4 月 25 日,在砻市的龙江书院召开了两军连以上干部会议,根据中共湘南特委的决定,两军合编为工农革命军第四军。5 月 4 日,在砻市召开庆祝两支革命军队胜利会师大会,宣布工农革命军第四军正式成立,朱德任军长,毛泽东任党代表,王尔琢任参谋长。接着,又召开中共工农革命军第四军第一次代表大会,选举产生了以毛泽东为书记,朱德、陈毅等为委员的第

四军军委。

5 月 20 日，中共湘赣边界第一次代表大会召开，总结井冈山根据地建立以来的经验教训，制定巩固发展根据地的方针政策。在会议的发言中，毛泽东针对一些人存在的悲观消极情绪，集中回答了"红旗到底打得多久"的问题。后来他说："当着一九二七年冬天至一九二八年春天，中国游击战争发生不久，湖南江西两省边界区域——井冈山的同志们中有些人提出'红旗到底打得多久'这个疑问的时候，我们就把它指出来了（湘赣边界党的第一次代表大

井冈山茨坪中共湘赣边界特委旧址。1928 年 5 月 20 日至 22 日，毛泽东在井冈山的茅坪主持召开了湘赣边界党的第一次代表大会，选举产生了以毛泽东为书记的中共湘赣边界特委，作为井冈山根据地内地方党的最高领导机关。1928 年夏，特委机关从茅坪迁来井冈山茨坪北山脚下的这所房子办公

会）。因为这是一个最基本的问题，不答复中国革命根据地和中国红军能否存在和发展的问题，我们就不能前进一步。"① 会议选举毛泽东为中共湘赣边界特委书记，至于此前所担任的红四军军委书记一职，则由陈毅接任。

工农革命军第四军成立之初，全军编成 3 师 9 团，朱德的部队被编为第十师，毛泽东的部队被编为第十一师，随同上山的湘南农军被编为第十二师。不久又缩编为 2 师 6 团，也就是第十师和第十一师，下辖第二十八团至第三十三团。其中，第二十八团是原南昌起义军的余部，第二十九团是宜章农军，第三十一团是原秋收起义的部队，第三十二团是袁文才、王佐的部队，第三十团和第三十三团是原湘南郴州、永兴等地的农军。也就是说，在工农革命军第四军当中，真正的主力部队是第二十八团和第三十一团，即原南昌起义余部和秋收起义部队。这年 5 月 19 日，毛泽东在经中共江西省委转给中共中央的报告中说："前湘特委决定朱毛两部合编为第四军，指定朱任军长、毛任党代表。朱部编为第十师，毛部编为第十一师，湘南各县农军编入两师中。朱兼十师师长，宛希先任党代表；毛兼十一师师长（本任张子清，因他受伤，毛兼代），何挺颖任党代表。另一教导大队，陈毅任大队长。机关炮略备。以朱师二十八团、毛师三十一团为较有战斗力，马马虎虎的军队来很可一打。"②

同年 5 月 25 日，中共中央发出《中央通告第五十一号——军事工作大纲》，规定"为保障暴动的胜利与扩大暴动，建立红军已

---

① 《毛泽东选集》第一卷，人民出版社 1991 年版，第 188 页。
② 中共中央文献研究室、中央档案馆编：《建党以来重要文献选编（一九二一——一九四九）》第 5 册，中央文献出版社 2011 年版，第 207 页。

为目前的要务，不一定要等到一省或一国暴动成功，只要能建立一割据区域，便应当开始建立红军的工作。在割据区域所建立之军队，可正式定名为红军，取消以前工农革命军的名义，惟在暴动各县有工农革命独立团的，仍可听其存在"①。按照中共中央的这个指示，各地的工农革命军一律改称为中国工农红军，工农革命军第四军改称为工农红军第四军，简称红四军。党史上著名的朱毛红军由此而来。

应该说，这是中共领导的第一支有正式番号且规模较大的成建

茅坪象山庵。1928 年 5 月毛泽东在此居住过一段时间

---

① 中共中央文献研究室、中央档案馆编：《建党以来重要文献选编（一九二一——一九四九）》第 5 册，中央文献出版社 2011 年版，第 218 页。

制的革命武装，按照今人的理解，应该把它称为第一军。之所以编
为第四军，是因为在北伐战争的时候，国民革命军第四军作战非常
勇敢，一路攻城略地，所向披靡，被群众称为"铁军"。人们自然
希望这支革命武装能像当年的北伐军第四军一样，成为一支有强大
战斗力的铁军，所以把它编为第四军。

井冈山"介在宁冈、酃县、遂川、永新四县之交。北麓是宁冈
的茅坪，南麓是遂川的黄坳，两地相距九十里"。"但人口不满两千，
产谷不满万担，军粮全靠宁冈、永新、遂川三县输送。"① 井冈山就
这么一点人，这么一点粮食产量，而忽然之间上万人的部队来到了
井冈山，而且湘南农军上山之时，有的甚至拖家带口一同来了，导
致部队的给养十分困难。毛泽东在给中共中央的报告中不无感慨
地说："一万人的群众拖泥带水，纪律大糟（一部分除外）""吃饭
大难"。② 5月底，工农革命军第四军决定撤销师的番号，由军直辖
团，也就是第二十八、第二十九、第三十一、第三十二团，而由湘
南农军组成的第三十团和第三十三团5000余人，由各县干部率领
返回湘南，后来大部分散失了。

事后看，不应该让这两个团的部队回到湘南，如果把他们留在
井冈山上，虽然部队的给养可能一时有点困难，但还是可以想办法
解决的。井冈山因为人口少，扩兵困难，这5000多农军对于红四
军来说是很好的补充力量。让他们回去就这么散掉，有点可惜。当
时作为农军干部的黄克诚回忆说："拉到井冈山上的湘南八千子弟
兵，除保留下来少量干部和第二十九团少数部队外，其余都损失掉

① 《毛泽东选集》第一卷，人民出版社1991年版，第68页。
② 中共中央文献研究室、中央档案馆编：《建党以来重要文献选编（一九二一—
一九四九）》第5册，中央文献出版社2011年版，第207页。

了，没有能形成一支武装力量。这主要是由于当时'左'倾盲动路线造成的结果，当然也和我们这一批县一级干部缺乏经验、缺少能力有关。但我始终认为，当暴动队伍拉上井冈山之后，上级作出让各县武装返回湘南打游击的决定，过于匆忙，欠缺周密的考虑。"①当时毛泽东是不太赞同这5000多农军回到湘南去的，但是随同上山的湘南地方党组织负责人坚持要求回去。朱德当时主张精兵主义，也同意了各级负责人的意见。

朱毛会师后，盘踞在江西永新县城的国民党军第二十七师师长杨如轩，指挥所属第七十九团和第八十一团分路进犯井冈山。红四军在毛泽东、朱德的指挥下，打败了敌人进攻，并乘胜攻占了永新县城。敌人不甘心失败，国民党江西省政府主席朱培德命令杨如轩一个师全部，另加派王均第七师一个团，杨池生第九师一个团，向井冈山发动新一轮进攻。红四军采取声东击西之策，先退回宁冈，然后进攻湖南茶陵的高陇（时任南京国民党政府主席谭延闿的老家），杨如轩指挥其主力企图占领宁冈。朱德率领部队在永新县城西北的草市坳伏击敌军第七十九团，击毙敌团长。接着，乘胜再占永新，歼灭敌军第二十七师师部和第二十七团一个营，击伤敌师长杨如轩。同年6月，红四军又在毛泽东、朱德的指挥下，取得了七溪岭战斗和龙源口战斗大捷，共歼敌一个团，击溃两个团，第三次占领永新县。到这时，井冈山革命根据地"有宁冈、永新、莲花三个全县，吉安、安福各一小部，遂川北部，酃县东南部，是为边界全盛时期。在红色区域，土地大部分配了，小部在分配中。区乡政权普遍建立。宁冈、永新、莲花、遂川都有县政府，并成立了边界

---

① 《黄克诚自述》，人民出版社2019年版，第52页。

政府"①。

毛泽东领导的秋收起义部队和朱德领导的湘南起义军井冈山会师，大大壮大了井冈山的革命力量，因为两军的会师，从5月至7月，使井冈山革命根据地达到了全盛时期。随着红四军的成立，使中共有了一支比较强大的正规红军。红四军和井冈山革命根据地的发展，给全国各地党组织开展武装斗争树立一个样板，有力地推动了全国土地革命的深入开展。

朱毛的会师，不是两支革命武装简单的整合，不是一加一等于二的问题。在中国共产党内，毛泽东是革命家从军，朱德则是军事家投身革命。毛泽东善于从政治上看问题，长于政治统军和战略谋划，但在军事技术上，如部队的操练、排兵布阵及具体战术非其所长，而在这方面作为军人出身、经过长期战争的朱德，恰恰具有丰富的知识与经验。朱毛的会师实现了中国革命力量的强强结合，使他们各自的优长得到充分的发展。以红四军为骨干发展起来了红一军团，红一军团后与彭德怀领导的红三军团组成了红一方面军即中央红军。红四军、红一军团、红一方面军，始终是中国红军的中坚，朱毛红军成为中国红军的象征。

1928年6月26日，中共湖南省委给红四军发来指示信，要求取消红四军军委，另成立红四军前敌委员会指挥红四军与湘南党务及群众工作。中共湖南省委还指定红四军前敌委员会由毛泽东、朱德、陈毅、龚楚、宋乔生及兵士一人、湘南农民同志一人组成，毛泽东为书记，毛泽东、朱德、龚楚为常委。至于毛泽东此前所任的中共湘赣边界特委书记一职，则由中共湖南省委派来的杨开明

---

① 《毛泽东选集》第一卷，人民出版社1991年版，第62页。

继任。

## "特委及军委统辖于前委"

1928 年 7 月中旬，为阻止湘赣两省国民党军会合于井冈山，红四军决定第三十二团留守井冈山，朱德、陈毅率第二十八、第二十九团进入湖南境内，攻击湘军后方基地酃县（今炎陵）、茶陵，毛泽东率第三十一团进攻宁冈，从东西两个方向夹击湘军。

当时，部队建立了士兵委员会，进行民主管理，但有的士兵委员会出现了极端民主化的倾向，"比如，军官在行政管理上严格一些，操课的时间长一些，有的士兵委员会就提意见；个别的连队甚至有士兵委员会举手通过打连长、排长屁股的事"[1]。朱德率部进入酃县后，由湘南宜章农军组成的第二十九团官兵因过不惯井冈山艰苦生活，思乡心切，"突然于 12 号晚士兵纷纷开士委会，也不通知上级官长及党代表，竟决定 13 号由酃县去湘南，私自找好带路的人，出动的时间都决定了。军委（四军党的最高机关）得讯即召集军委扩大会、士兵代表会，多方面解释阻止无效。后又由朱德召集士兵演讲，亦无效"[2]。朱德强调革命要听命令，第二十九团的士兵却说："你带我们回湘南，我们就听你的命令。"在这种情况下，朱德只好宣布撤销第二十九团士兵委员会，下令部队从酃县开往沔渡。[3]

7 月 15 日，红四军军委在沔渡召开扩大会议，朱德在会上发

---

① 《李志民回忆录》，解放军出版社 1993 年版，第 95 页。

② 杨克明：《关于湘赣苏区的综合报告》，1929 年 9 月 1 日。

③ 中共中央文献研究室编：《朱德年谱》（新编本）上，中央文献出版社 2006 年版，第 121 页。

言表示不同意红四军回湘南，但第二十九团党代表龚楚却竭力主张把部队拉到湘南去，中共湖南省委派到红四军的巡视员杜修经也支持红四军去湘南活动，而且第二十八团又有人提出不回永新，要去赣南。会议决定按照中共湖南省委的指示，将军委改称为前委，因毛泽东在永新，由陈毅代理前委书记。会议准许第二十九团回湘南，为避免第二十九团孤军作战，又命令第二十八团（南昌起义余部）也前往湘南。

7月17日，朱德与陈毅率领部队由沔渡水口出发，向湘南开进。当天，中共茶陵县委书记黄琳（江华）携带毛泽东写给杜修经和朱德、陈毅的亲笔信，追赶到部队。毛泽东在信中劝部队不要打湘南，而要打茶陵。杜修经看到毛泽东的信后问陈毅怎么办。陈毅主张召开军委会决定。当晚部队宿营时，由杜修经主持召开红四军军委会议。会上，朱德提出要按毛泽东的意见办，部队不要去湘南，王尔琢也反对部队去湘南。但是，龚楚仍然主张部队回湘南，而杜修经以省委代表资格压人，作出部队去湘南的决定。[①] 毛泽东事后在给中共中央的报告中说："红军大队七月中刚到酃县时，第二十九团官兵即因政治动摇，欲回湘南家乡，不受约束；第二十八团反对往湘南，欲往赣南，但也不愿回永新。杜修经导扬第二十九团的错误意见，军委亦未能加以阻止，大队遂于七月十七日由酃县出发，向郴州前进。"[②]

7月下旬，前往湘南的部队遭受重大损失，其中第二十九团几乎全部散失。"七月二十四日与敌范石生战于郴州，先胜后败，撤

---

① 中共中央文献研究室编：《朱德年谱》（新编本）上，中央文献出版社2006年版，第122页。

② 《毛泽东选集》第一卷，人民出版社1991年版，第61页。

出战斗。第二十九团随即自由行动，跑向宜章家乡，结果一部在乐昌被土匪胡凤章消灭，一部散在郴宜各地，不知所终，当日收集的不过百人。"① 由于红四军主力离开井冈山，8月，国民党军占领井冈山根据地的永新、莲花、宁冈等县城，这便是井冈山革命根据地历史上的"八月失败"。这件事也为后来的古田会议前红四军内部就有关问题发生激烈的争论埋下了伏笔。

8月23日，毛泽东率第三十一团在湖南桂东与朱德、陈毅率领的第二十八团会合。当晚，红四军前委召开扩大会议，决定红四军主力重返井冈山，并取消前委，另行组织行动委员会指挥部队行动，以毛泽东为书记。

此前的6月4日，中共中央致信朱德、毛泽东及红四军前委，认为有"前敌委员会组织之必要"，并指出："前敌委员会的名单指定如下：毛泽东，朱德，一工人同志，一农民同志，及前委所在地党部的书记等五人组成，而以毛泽东为书记。前委之下组成军事委员会（同时即是最高苏维埃的军事委员会），以朱德为书记。"由此可见，红四军前委不但是军中党的最高领导机关，还负领导根据地的党组织之责。信中还提出，前委所管辖的范围"当然要由环境决定"，暂时可包括湘赣边界工农武装割据各县，"所有这一区域内的工作完全受前委指挥"。至于前委同江西、湖南两个省委的关系，中共中央要求"如前委在江西境内时受江西省委指导，在湖南境内时受湖南省委指导，同时与两个省委发生密切关系"。②

朱、毛收到中共中央这封信时已是11月2日。11月6日，毛

---

① 《毛泽东选集》第一卷，人民出版社1991年版，第61页。

② 中央档案馆编：《中共中央文件选集》第4册，中共中央党校出版社1989年版，第256—257页。

泽东主持召开中共湘赣边界特委扩大会议，讨论中共中央6月4日
的来信，并根据中共中央的指示，决定重新成立红四军前委，由毛
泽东、朱德、谭震林（地方党部书记）、宋乔生（工人）、毛科文（农
民）5人组成，毛泽东任书记。11月14日至15日，中共红四军第
六次代表大会召开，选举23人组成军委，由朱德任书记，陈毅改
任士兵委员会秘书长。这年11月25日，毛泽东曾向中共中央报告
说："十一月十四日红军第六次全军大会，选举二十三人组织军委，
五人为常委，朱德为书记。特委及军委统辖于前委。前委是十一月
六日重新组织的，依中央的指定，以毛泽东、朱德、地方党部书记
（谭震林）、一工人同志（宋乔生）、一农民同志（毛科文）五人组成，
毛泽东为书记。"[1] 当时，红四军前委和军委的书记都是中共中央指
定的，前委不但能领导军队，而且还可以领导地方，军委则隶属于
前委，是军队中党的领导机关。

## （二）围绕临时军委引发的争论

### "军委暂时停止办公"

1928年12月，彭德怀率红五军到达井冈山，两军总人数达
五六千人，部队给养十分困难。与此同时，湘赣两省国民党军队
约3万人开始向井冈山发动新的"会剿"。1929年1月，红四军前
委在宁冈县的柏露村召开红四军军委、红五军军委、湘赣边界特委
常委及边界各县党组织负责人和红四军、红五军代表参加的联席会

---

① 《毛泽东选集》第一卷，人民出版社1991年版，第76—77页。

议，决定由毛泽东、朱德率红四军主力出击赣南，彭德怀率红五军留守井冈山。

毛泽东和朱德之所以要离开井冈山向赣南发展，首先是为了打破国民党军的新一轮"会剿"，实施"围魏救赵"之策。红五军上井冈山之际，张学良通电全国，宣布东北易帜，接受南京政府的领导，蒋介石的所谓二期北伐[①]战争结束。于是，蒋介石电令湘、赣两省组织6个旅3万兵力，对井冈山根据地进行第三次"会剿"，任命顽固反共的国民党湖南省主席何键为"湘赣剿匪总指挥部"总指挥兼湖南省"剿匪"总司令，金汉鼎为副总指挥兼江西省"剿匪"总司令，兵分5路向井冈山进犯。为了打破国民党军的"会剿"，红四军主力决定从井冈山转移到赣南，以吸引和调动敌人。1929年4月，彭德怀在给中共中央的信中说："前委决定五军守山，四军向赣南发展，群众打破会剿，实行围魏救赵的政策，与我以物质的补充。"[②]同年2月，中共湖南省委派往湘赣边界巡视的杨克敏在一份报告中也提到，为应付此次湘赣第三次"会剿"，"1月4号边界联席会议……决定四军大部出发赣南，五军（四军之三十团）守山移动目标，转攻敌人之后，使敌人穷于应付，不能实现其两省会剿之计划，企图围魏救赵，影响边界，以解井冈之围"[③]。红四军主力

---

① 一期北伐是指1926年7月开始的北伐战争，主要消灭盘踞长江中下游的北洋军阀；二期北伐则是1928年4月起蒋介石联合冯玉祥、李宗仁、阎锡山共同对奉系军阀张作霖的作战，结果将张作霖逐出山海关外，同年底张学良宣布东北易帜，接受南京政府领导，蒋介石形式上完成了全国的统一。

② 中国人民解放军政治学院党史教研室编：《中共党史参考资料》第5册，1980年编印，第474页。

③ 井冈山革命史料征集编辑协作小组等：《井冈山革命根据地》（上），中共党史出版社1987年版，第267页。

长汀辛耕别墅。1929 年 3 月 20 日，毛泽东在这里主持召开红四军前委扩大会议，讨论时局和红军的行动方针。在长汀期间，毛泽东邀请长汀城里的钱粮师爷、老衙役、老裁缝、教书先生、佃农、游民等各阶层的人开座谈会，了解长汀的政治、经济情况和风俗民情

离开井冈山后，井冈山一度失守，红五军也前往赣南一带游击，因而红四军主力放弃原来返回井冈山的计划，而改在赣南闽西发展。

与打破国民党军新一轮"会剿"相联系的，是井冈山严重的经济困难。1929 年 3 月 20 日，红四军前委给中共中央的报告中说："我们自一月十四日离开井冈山，主因是经济无出路。"① 井冈山虽然地势险要、易守难攻，但地域比较狭小，物产有限，红四军的生活十分艰苦，"除粮食外，每天每人只有五分大洋的油盐柴菜钱，还是

① 《毛泽东军事文集》第一卷，中央文献出版社、军事科学出版社 1993 年版，第 54 页。

难以为继。仅仅发油盐柴菜钱，每月也需现洋万元以上，全靠打土豪供给。现在全军五千人的冬衣，有了棉花，还缺少布。这样冷了，许多士兵还是穿两层单衣"。"因为这种经济压迫，不但中等阶级忍不住，工人、贫农和红军亦恐将有耐不住之时。"① 及至 1928 年冬，彭德怀率领红五军主力上井冈山后，经济困难更甚。1929 年 9 月，陈毅在《关于朱毛红军的历史及其状况的报告》中说："再者在九月至一月（指 1927 年 9 月至 1929 年 1 月——引者），四月中红军经过空前的艰难，在浓冬之际，边界丛山中积雪不消，红军衣领饮食非常困难，又因敌人封锁，红军未能到远地游击，以致经济没有出路。"②

井冈山特殊的地理环境，作为一个革命据点是可以的，但地区狭小，物产有限，从长远来看，要使红军和根据地得到发展，就必须从井冈山走出去。井冈山地处湘江和赣江之间，西距湘江、东距赣江最近处均是 50 公里左右，两江水深，不能徒涉，向北有南昌、九江、长沙、武汉等大城市，向西是湘中地区，向南需进入湘南和粤北，由于大革命失败后湖南、广东的革命力量遭受严重摧残，反革命力量十分强大。相对而言，如果向东渡赣江深入赣南，这里离中心城市较远，反革命力量相对薄弱，而且地方党组织已经建立有小块的革命根据地和一定数量的革命武装，又连接闽西闽北和浙西，发展空间大。后来的实践证明，向东进入赣南是正确的选择。

1929 年 1 月 14 日，毛泽东与朱德率红四军军部、第二十八团、第三十一团、特务营、独立营共 3600 余人从井冈山茨坪、小行洲

---

① 《毛泽东选集》第一卷，人民出版社 1991 年版，第 65、70 页。
② 中共中央文献研究室、中央档案馆编：《建党以来重要文献选编（一九二一——一九四九）》第 6 册，中央文献出版社 2011 年版，第 452 页。

出发，取道遂川县的大汾、左安向赣南大余出击。然而，红四军主力离开井冈山后，一路并不顺利，大余一战伤亡二三百人。在寻乌的项山圳下村又遭敌军的袭击，军部被冲散，朱德的妻子伍若兰被俘，随后牺牲于赣州。

2月初，红四军到达湘粤赣三省交界的罗福嶂山区时，前委在这里召开扩大会议。此次会议鉴于部队行军打仗和军情紧急，为了减少领导层次，决定"军委暂时停止办公，把权力集中到前委"，由前委直接领导军内各级党委，朱德的军委书记一职也暂时停止。① 也就是说，在红四军离开井冈山革命根据地流动游击的情况下，前委所能领导的实际上只有军队，这确与军委的职责重叠，故有取消军委的必要。对于这个情况，同年9月陈毅在向中共中央报告红四军的党务工作时也说："四军出发赣南，前委在事实上随军走，所以只能管军队，至多连〔达〕到某地作一点巡视地方党的工作，同时军队每日行动均须决定，因此觉得军委前委发生重复，遂将军委停止职权，由前委直接指挥两个团委，及特务营委及军部特支，颇觉便利敏捷，同时前委权力超过特委，军队行动脱离了地方主义的束缚。"②

这年2月2日，中共中央政治局召开会议，专门讨论朱毛红军撤离井冈山后的行动方针问题。由于当时对红四军的情况不很了解，自中共六大组成的新中央回国后，半年内几次派人送信给朱、毛，但始终未能联系上，红四军撤出井冈山在赣南一带游击的消息，中

---

① 中共中央文献研究室编：《朱德年谱》（新编本）上，中央文献出版社2006年版，第134页。

② 中央档案馆编：《中共中央文件选集》第5册，中共中央党校出版社1990年版，第772—773页。

共中央还是从报纸上的报道中得知的。为此，中共中央认为，在目前形势下，红四军很难形成一个大的割据局面，部队应分散活动，朱德和毛泽东应当离开红四军，以减少敌人的目标。会议决定，由周恩来起草一封信给红四军。此信史上称之为"二月来信"。

"二月来信"的全称是《中央给润之、玉阶两同志并转湘赣边特委信——关于目前国际国内形势和党的军事策略》。信中强调："目前党的主要工作在建立和发展党的无产阶级基础（主要的是产业工人支部）与领导工农群众日常生活的斗争和组织群众。""因此，你们所领导的武装力量也宜在这一全国政治形势和党的任务前面重新估定一下责任的。中央依着六次大会的指示，早就告诉你们应有计划地有关联地将红军的武装力量分成小部队的组织，散入湘赣边境各乡村中进行和深入土地革命。"中共中央要求红四军"在适宜的环境中（即是非在敌人严重的包围时候）可能的条件下（依照敌人的军力配置和我们武装群众的作战能力与乡土关系）"，将武装力量分编散入各乡村去。部队的大小可依照条件的许可定为数十人至数百人，最多不要超过五百人。"这些分编的部队必须互有联络互相策应，且须尽可能地散在农民中间，发动农民的日常斗争走入广大的土地革命。"[1]

来信还要求朱、毛离开部队到中央工作，并且说："两同志在部队中工作年余，自然会有不愿即离的表示，只是中央从客观方面考察和主观的需要，深信朱、毛两同志在目前有离开部队的必要：一方朱、毛两同志离开部队不仅不会有更大的损失且更利便于部队分编计划的进行，因为朱、毛两同志留在部队中目标既大，徒惹敌

---

[1] 《周恩来军事文选》第一卷，人民出版社1997年版，第67—68页。

人更多的注意，分编更多不便；一方朱、毛两同志于来到中央后更可将一年来万余武装群众斗争的宝贵经验贡献到全国以至整个的革命。两同志得到中央的决定后，不应囿于一时群众的依依而忽略了更重大的、更艰苦的责任，应毅然地脱离部队速来中央。"①

中共中央在"二月来信"中之所以要求红四军分散活动，朱德、毛泽东离开红四军，与当时共产国际与中共中央不重视农村根据地，而是坚持"城市中心论"有关。1928 年 6 月的中共六大上，共产国际书记处书记布哈林说：不要将红军聚到一个地方，最好分成几个部分，看当地的条件怎样，分聚到各地方，在经相当时间之后再转一个地方，到这个地方住一些时候，杀一杀土豪劣绅，吃一吃饭，喝一喝鸡汤，再到另外一个地方去。②周恩来后来回忆说："布哈林对中国苏维埃、红军运动的估计是悲观的。他认为只能分散存在，如果集中，则会妨害老百姓利益，会把他们最后一只老母鸡吃掉，老百姓是不会满意的。他要高级干部离开红军，比方说，要调朱德、毛泽东同志去学习。所以我们回国后就指示要调朱德、毛泽东同志离开红军。朱德、毛泽东同志不同意。后来蒋桂战争起来了，我们觉得红军有可能发展，就作罢了，但没有认识到这种调动是错误的。"③

4 月 3 日，毛泽东、朱德收到中共中央的"二月来信"。4 月 5 日，中共红四军前委召开会议，对此进行讨论。会后毛泽东根据会议所讨论的情况给中共中央复信，认为"二月来信"对客观形势和

---

① 《周恩来军事文选》第一卷，人民出版社 1997 年版，第 69 页。
② 中共中央党史研究室第一编研部译：《共产国际、联共（布）与中国革命档案资料丛书》第 11 卷，中共党史出版社 2019 年版，第 159 页。
③ 《周恩来选集》上卷，人民出版社 1980 年版，第 184 页。

主观力量的估计"都太悲观了",不赞成将队伍分散到农村游击和朱、毛离开红四军,强调:"中央若因别项需要朱毛二人改换工作,望即派遣得力人来。我们的意见,刘伯承同志可以任军事,恽代英同志可以任党及政治,两人如能派来,那是胜过我们的。"①

## 红四军重设军委

随后,中共中央不再坚持朱德、毛泽东离开红四军,也没有将朱、毛认为能"胜过"他们的刘伯承和恽代英派来(刘伯承后来到了中央苏区,但已是1932年1月的事了),而是将刚从苏联学习回来的刘安恭派来了。

刘安恭是这年5月上旬来到当时红四军的驻地宁都的。刘安恭是四川永川(今属重庆)人。1918年赴德国留学,第二年在比利时加入第三国际。在德国期间,刘安恭结识了朱德、章伯钧等中共旅欧支部的成员,"共同的追求、共同的理想,使他们成为志同道合的同志和朋友"②。1924年,刘安恭回国后,被派往四川军阀杨森部做秘密工作,公开身份是杨部参谋和成都市电话局局长。不久,杨森在四川军阀混战中被逐出成都,驻扎在万县,杨森让刘安恭署理兵运事务,为自己招兵买马。1926年8月,朱德根据中共中央的指示,前来万县做杨森部的统战工作,与刘安恭再次相遇。同年9月"万县惨案"发生后,刘安恭因策动杨森部一个团易帜,遭到杨森的通缉而潜往武汉。不久,朱德也离开杨森的部队去了武汉。1927年初,朱德在南昌国民革命军第三军军官教育团任团长,刘安恭任副团长。刘安恭参加了著名的八一南昌起义,起义失败后,

---

① 《毛泽东文集》第一卷,人民出版社1993年版,第57页。

② 赵广瑞:《红四军领导人刘安恭因"托派"埋名》,《炎黄春秋》2000年第2期。

根据中共中央的指示前往苏联高级射击学校学习。1929 年初，刘从苏联回国，随即被中共中央任命为特派员，前往红四军工作。

刘安恭在苏联学习过军事，又是中共中央派来的，毛泽东和朱德对他的到来自然很重视，于是红四军前委决定恢复 2 月初曾"停止办公"的军委，并由刘安恭担任军委书记兼军政治部主任。同年 6 月 1 日，毛泽东给中共中央的报告中曾这样说："去年十一月以前全军有军党部，十一月的中央指示后，组织比前妥。前委设军委管辖前委的各级党部（团委营连委支部）兼及地方赤卫队，前委于指导红军之外还有对地方党部指导。今年一月四军从湘赣边界出发向闽赣边境，每日行程或作战，在一种特殊环境之下，应付这种环境，感觉军委之重迭，遂决议军委暂时停止办公，把权力集中到前委，前委直接指导之下组织委员会。现在因时间开长而发达红军数量比前大增，前委兼顾不来，遂决定组织军的最高党部，刘安荣〔恭〕同志为书记兼政治部主任。"①

报告中所言重新恢复军委，主要是"因时间开长而发达红军数量比前大增，前委兼顾不来"，固然也是事实。红四军离开井冈山后，起初在赣粤边境的大余、信丰一带活动并不顺利。后来陈毅在给中共中央的报告中说："一月十四日，四军军部率二十八、三十一两团及一特务营出发赣南游击，企图击破湘赣'会剿'。一月二十八日与赣军三团战于大庾，因当地无群众组织，事前不知敌人向我进攻，以致仓猝应战，我军未能全数集中，并因兵力累积重迭于一线致失利。我军引退折回粤边南雄界，取闽粤赣边界转至吉安、兴国一带，沿途皆两省交界，红军没有群众帮助，行军、宿

---

① 中央档案馆编：《中共中央文件选集》第 5 册，中共中央党校出版社 1990 年版，第 684 页。

营、侦探等事非常困难，敌人又实行轮班穷追政策，我军为脱离敌人，每日平均急行九十里以上，沿途经过山岭皆冰雪不化，困苦加甚。复于平顶坳、崇仙圩、圳下、瑞金四地连战四次皆失利，枪械虽未有大的损失，但官兵经过三十日左右之长途急行军已属难支。"①

不过，到了2月之后，红四军的情况有了改观。2月9日，也就是农历除夕这天，红四军在江西瑞金的大柏地打了一个漂亮的伏击战，消灭了一直尾追红四军的国民党军独立第七师(师长刘士毅)的两个团大部，俘敌团长以下800余人。随后，进占宁都县城，并在李文林等人创建的东固根据地休整了一个星期。3月中旬，攻占福建长汀县城，歼敌2000余人，缴枪500余支，击毙敌旅长郭凤鸣。还在这里利用缴获的敌人被服厂赶制了4000套军装，这使红四军自成立以来第一次有了统一着装。占领长汀后，红四军回师赣南，在宁都、瑞金、兴国一带活动，建立三县的县级革命政权。5月，红四军第二次入闽，攻占龙岩、永定等县城。

在这个过程中，红四军自身也得到了一定的发展。这年6月1日，毛泽东在给中共中央的报告中说："红军第四军一二三纵队由大庚失败退到赣南时，人数由三千六百减至三千，计损失六百（内有百余名受伤与病，现在东固疗养，实际损失二百）。六日都（此处可能是指宁都，大柏地位于宁都、瑞金两县交界处，但属于瑞金——引者注）大柏地对刘旅一战幸已补充，但因没有兵提，将所有之枪给江西红军第二团去。三个月来，人数增加一千六百，枪数增加五百（汀州、宁都、龙岩、坎市四役共得枪八百支，三百多等

---

① 中央档案馆编：《中共中央文件选集》第5册，中共中央党校出版社1990年版，第754—755页。

坏些的发给地方赤卫队去了），连原有共计二千。""现在计在前委管辖下与前委有发生关系的共有三个部队，一是四军一二三纵队，枪二千，这是主力，二是湘赣边界部队有枪一千四百,三是江西第三〔二〕四团枪一千，共计四千五百枪。这三部分大体说都可说是有相当的战斗力的正式军队，都是从最困难的反革命高潮下创造出来的。"①

从毛泽东的这个报告中可以看出，大柏地战斗之后的几个月，红四军确实得到了较大的发展，增加了 1000 多人的兵力，并且配合地方党组织建立了几个县的革命政权，但这恐怕不是恢复军委的全部理由。更重要的是，刘安恭来头大——中共中央直接派来，而且又有国际背景——曾在苏联学习，自红四军创立以来，有此身份和经历者还未曾有过，所以朱、毛对刘的到来十分重视，先让刘担任军政治部主任（这一职务原本是毛泽东兼的），后又于 5 月 23 日攻占龙岩城后，前委决定成立临时军委，并由刘担任军委书记。一时间，刘成了红四军内仅次于朱、毛的第三号人物。

学界过去一些人对以毛泽东为书记的中共红四军前委此时设立临时军委之事颇有微词，意即毛泽东实际上在红四军搞个人专断，军委书记这样重要的职务，他想取消就取消，他想恢复就恢复。笔者认为，这件事恐怕与毛泽东搞个人专断难以挂起钩来，这很大程度上是因人设事的需要。因为刘是中央派来的"钦差大臣"，又有在莫斯科啃过洋面包、喝过洋墨水的经历，在那个全党对苏联普遍崇拜的年代，凡是从莫斯科回来者多少都带有神圣的光环。现在刘安恭来了，如何给他在红四军内安排一个合适的职务，是毛泽东为

---

① 中央档案馆编：《中共中央文件选集》第 5 册，中共中央党校出版社 1990 年版，第 684 页。

首的红四军前委不能不考虑的问题。再则，当时党内民主氛围浓厚，以至于后来的中共红四军七大上，毛泽东在选举中还曾一度落选，故而当时的红四军并不具备个人专断的环境。

红四军内部的争论虽然发生在 1929 年夏天，但实际上在井冈山时期红四军内部在一些问题上，如该不该让随同朱德、陈毅上井冈山的湘南农军返回湘南，第二十八、第二十九团前往湘南攻打郴州导致"八月失败"等，就已有一些不同看法。红四军主力离开井冈山之后，由于当时"处境困难，屡遭挫折，于是，红四军内部，包括高级领导干部中，对井冈山时期以及下山后的一些政策和作法产生了各种议论。对红军中党的领导、民主集中制、军事和政治的关系、红军和根据地建设等问题，争论更一直不断"[①]。收到中共中央的"二月来信"后，这些争论又逐渐发展到基层。而刘安恭的到来和这个临时军委的设立，进一步加剧了红四军内部的这场争论。

### 下级限制上级权力

引发红四军内部这场争论的，其实并不在于是否设立临时军委，而是前委与军委之间的职权如何划分。其导火线就是刘安恭担任军委书记一职后不久，就作了一项限制前委权力的决定：前委只讨论行动问题，不要管军事。

事情的起因是这样：这年 5 月中旬，红四军从宁都回师瑞金途中，快到宿营地的时候，有人发现田野不远处有 4 只肥猪在觅食，就断定不是穷人家养的，将其没收杀了改善部队的生活。对于这件事，朱德知情但没有制止，后来一了解，那猪不是地主的，而是富

---

① 中共中央文献研究室编：《朱德传》，人民出版社 1993 年版，第 175 页。

农经商买卖的猪。毛泽东听了汇报后很生气，命令有关部门向那商人赔礼道歉，并赔偿了猪款。晚上，毛泽东召开干部会议，对此事提出严厉的批评。刘安恭听了毛泽东的批评后很不满意，觉得这次批评是冲着朱德的。会后，刘安恭对朱德说，前委书记在政治上干预太多了。军队是司令部对外，政治部门不能对外，政治部门不能直接干预军队的事。①

曾经历过这场争论的萧克曾在《朱毛红军侧记》一书中回忆说："问题就出在新组织的军委。刘安恭在军委会讨论工作时，对上级机关——前委作了条决议，'前委只讨论行动问题'。对这条决定，许多人就觉得不合适，下级怎么能决定上级的权力范围呢？从而议论纷纷。"②时任红四军政治部秘书长的江华也在其回忆文章中说："他（指刘安恭——引者注）刚由苏回国不久，不了解中国红军发展历史和斗争情况，就主张搬用苏联红军的一些做法，并在他主持的一次军委会议上作出决定：前委只讨论行动问题，不要管其他事。这个决定限制了前委的领导权，使前委无法开展工作。显而易见，这个决定是错误的，是不利于革命斗争的，自然引起许多同志的不满。这时，原来在井冈山时期即存在的关于红军建设问题又开始议论起来，一些不正确的非无产阶级思想也颇有表露。"③

十月革命后，鉴于当时留下了大量的旧军队，为了保证布尔什维克党对军队的领导，苏联红军实行两长制。军队各级除了军事主官外，还配备有政治委员，负责领导部队的党政与经济管理工作，

① 曾志：《一个革命幸存者——曾志回忆实录》，广东人民出版社1999年版，第93页。
② 萧克：《朱毛红军侧记》，中共中央党校出版社1993年版，第89页。
③ 江华：《关于红军建设问题的一场争论》，《党的文献》1989年第5期。

参与决定一切作战行动问题。政治委员拥有很大的权力，任何命令未经政治委员签署不得执行。各级部队的领导、指挥权实际上全部集中在政治委员手中。从 1925 年起，由于大量的旧军官被淘汰，党员军官已经占有很高的比例，苏联红军不再实行两长制而改为一长制，不再设政治委员，只为军事主官配备一名政治副职。刘安恭在苏联学习之时，正是苏联红军实行一长制之时，军事主官在军队具绝对权威，于是，他机械地将苏联军队的这一制度也套用到红四军，毛泽东将之称为"一种形式主义的理论从远方到来"。

刘安恭主持的红四军军委作出这样的决定，显然是违背中共中央精神的。当时中共中央在关于红四军工作的指示中说得很清楚，前委不仅领导所在红色区域的地方工作，而且是在前委之下组织军委，也就是说军委是前委的下级组织。现在作为下级的军委竟然对其上级前委作出限制性的决定，身为前委书记的毛泽东对此不满也是情理之中的事。

问题在于以刘安恭为书记的军委能作出这样一个决定，似乎并不完全是刘个人所为。他初来乍到，对于红四军可以说是人地两生，虽然有"钦差大臣"的身份，但这样一个决定的作出，至少说明军内负责的干部中有部分人对此决定是赞成或者同情的。由此也可以看出，这场争论表面看是前委与军委管辖权之争，实际情形并不是这样简单。

对于这个问题，中共中央文献研究室编纂的《毛泽东传(1893—1949)》是这样论述的："转战赣南闽西的过程中，红军的环境相当艰苦。部队中，包括领导层中，对有些问题的认识出现了分歧。这时，刚从苏联回国的刘安恭，由中共中央派到红四军工作，担任临时军委书记兼军政治部主任，对毛泽东从实际出发的一些正确主张任意指责。这就促发了红四军党内关于建军原则的一场争论。"①

可见，这场争论所涉及的并非只是前委与军委的职权划分问题，也并非是刘安恭来后才发生的，其中有许多复杂的因素，只不过是由于刘安恭任临时军委书记后加剧了这场争论而已。

1929年9月，陈毅给中共中央的报告中，曾提到过"小团体主义"对红四军的影响。他说："因四军是由各种自有其本身奋斗的历史部队而组成，混编的办法始终未执行，因此历史的残余尚保留在一般同志的脑中。武昌出发（毛部）、南昌出发（朱部）的资格在军队中是有相当的尊重的，尤其军队的习惯，一班、一排、一连、一营、一团，生活各为一集团，农民的自私关系自然要划分界而且非常清楚，因此小团体主义的色彩就很浓重。各团为各团争利益，各营为各营争利益，各连为各连争利益，如枪弹人员之类则主张自己要多，如担任勤务则主张自己要少一点。尤其各连还有同乡关系，广东人、湖南人、北方老乡，他们总是情投意合，分外不同，遇有病痛，以这一类人为最能帮忙自己的。"②当时，红四军中下级干部有这种"小团体主义"，那么军中高级干部的情况如何，陈毅在报告中没有提及，恐怕很难说一点也没有。

陈毅在给中央的报告中还讲到一个这样的情况："在一九二八年四月，四军各部会合于江西宁冈，成立了四军，并有军委，但党内不统一，军队各自为政。袁王为保存自己的老巢，很不愿朱部及湘南农军这样多人在宁冈，使他目标大惹下大祸，主张四军到赣南

---

① 中共中央文献研究室编：《毛泽东传（1893—1949）》，中央文献出版社1996年版，第200—201页。

② 中共中央文献研究室、中央档案馆编：《建党以来重要文献选编（一九二一——一九四九）》第6册，中央文献出版社2011年版，第474页。

去。毛部颇有自了之心，看见朱部及农军那样混乱，不愿意合伙，主张他们自己到平浏(向北游击)，朱部及农军(向南游击)到赣南，军委则随朱部出发。朱部及农军尚一致主张到赣南，因为宁冈没有饭吃，实在不满意袁王及毛部的态度。""当时的分南分北的政策大部建筑在各部的私利上，尤以袁王的自私、毛部的自了不管，引起朱部及农军不满。这个政策决定后并未实行，因为一二日后朱部二十八团即击溃江西敌人两团，占领了永新，经济问题得了解决，大家又合伙起来。"①

可见，由于红四军主要是两支革命武装的会合，虽然成立已经一年了，但毕竟来自两个不同的系统，有不同"奋斗的历史"，由于没有实行混编，原南昌起义的部队与原秋收起义的部队之间，难免在开始的时候存在某些隔膜，要实现两军的完全磨合还需要时间。

还应该看到，红四军虽然是中国共产党领导的新型人民军队，但毕竟有相当部分是由原来的国民革命军脱胎而来。在国民革命军中，虽然也有党代表制，有政治工作人员，但党代表与政治工作人员在军队中的地位与作用，与红军是不可同日而语的。在某种程度上，红军中的党代表和政治工作人员的地位或许还要高出同级军官，这就难免使一些军官不习惯。陈毅在报告中同样提到这个问题。他说："政治工作人员与军官常常发生纠纷，恍惚是国民革命军旧习一样。前委为根本解决这个问题，特考查政治工作人员与军官可以有四个方式：一，政治工作人员与军官平等(结发夫妻式)，结果天天要吵嘴。二，把政治工作人员权力只限于政治训练，这样

---

① 中共中央文献研究室、中央档案馆编：《建党以来重要文献选编(一九二一—一九四九)》第 6 册，中央文献出版社 2011 年版，第 474 页。

军官权力过大，政治人员会变成姨太太。三，照江西红军二四团的办法，军官须听命于政治工作人员，这样成了父子式了。四，军官与政治人员平等，由党内书记总其成，一切工作归支部，这样可以解决许多纠纷，划分职权，但这要许多人才了。"① 其实，红四军内部发生的这场争论，在一定程度上可以说是新型人民军队在初创时期难以完全避免的。

但是，刘安恭的到来加剧了这场争论，用《毛泽东传》所说的"促发"倒也贴切。刘的第一"促"，就是作出了前委不能讨论军事的决定，这就涉及前委与军委的关系问题，不难理解他的这一决定是针对毛泽东的。刘安恭与毛泽东没有任何的历史关系，而刘安恭与朱德可以说不但是同乡，而且是相识多年的旧友。革命当然没有地域之别，革命者也应当以党的事业、革命大局为重，但革命毕竟是在中国进行的，中国旧有的习俗（如重乡谊之类），不可能在革命者身上一点也不发生影响。

我们现在当然无法确认刘与朱、刘与毛之间的私人情谊有什么样的区别，不过有一点是可以肯定的，毛泽东对刘安恭的印象始终不佳。

1936 年夏秋，毛泽东在同美国记者斯诺谈到红四军转战赣南闽西的情况时说，这时"红军在物质上和政治上的情况都有了改进，但是还存在着许多不良倾向"，"1929 年 12 月在闽西古田召开红军第九次党代表大会以后，许多这样的弱点都被克服了。大会讨论了改进的办法，消除了许多的误解，通过了新的计划，这就为在红军中提高思想领导奠定了基础。在这以前，上面所说那些倾向是十分

① 中共中央文献研究室、中央档案馆编：《建党以来重要文献选编（一九二一——一九四九)》第 6 册，中央文献出版社 2011 年版，第 474 页。

严重的，而且被党内和军事领导内的一个托洛茨基派别利用了来削弱运动的力量。这时开展了猛烈的斗争来反对他们，有些人被撤销了党内职务和军队指挥职务。刘恩康（应为刘安恭——引者注）——一个军长（应为军委书记——引者注），就是其中的一个典型。据揭发，他们阴谋在对敌作战时使红军陷入困境而消灭红军"。说刘安恭是托派当然不是事实，刘也没有要"消灭红军"的阴谋。当然，这些话为斯诺所记，难免与原意有所差异。尽管如此，说明毛泽东对刘安恭很有看法。

事隔多年，毛泽东对刘安恭的印象仍旧没有什么改观。他在1961年3月的广州中央工作会议上，结合对《调查工作》（即《反对本本主义》）一文的介绍，强调调查研究的重要性。在介绍到这篇文章的第二节时，毛泽东说："这中间批评了许多巡视员，许多游击队的领导者，许多新接任的工作干部，喜欢一到就宣布政见，看到一点表面、一个枝节，就指手画脚地说这也不对，那也错误。这是讲四中全会以前的事。那一批人以刘安恭为首，他和一些人刚刚来就夺取军权，军队就落到了他们手里。他们一共四五个人，都当了前委委员，直到第九次代表大会。后来中央来信，说他们挑拨红军内部的关系，破坏团结。"① 从这段话中不难看出，毛泽东对刘安恭的评价不高。

虽然1929年春夏红四军内部的这场争论，其缘由可以追溯到井冈山时期下井冈山之初，但刘安恭的到来及临时军委书记一职的设置，加剧了这种争论并且使之表面化却也是事实。差不多在此一年前，即1928年6月，中共六大在莫斯科召开。由于交通问题，六大有关文件传送到红四军时已是1929年1月了。接到六大通过

---

① 《毛泽东文集》第八卷，人民出版社1999年版，第257页。

的有关文件后，红四军前委自然要组织学习。六大通过的党章规定："共产国际，中国共产党全国大会，中央委员会及其他上级机关的决议，都应当迅速而正确的执行。同时在未经决议以前，党内的一切争论问题可以自由讨论。"① 这样一来，"大多数人从关心党、爱护党的角度出发，发表自己的看法，展开争论"②。一时间，军委书记究竟该不该设，成了红四军中的一个热门话题。

长汀是中央苏区的经济、文化中心和福建苏区首府，有"红色小上海"之称。这是当年福建省苏维埃政府所在地汀州试院，现被辟为长汀博物馆

---

① 中央档案馆编：《中共中央文件选集》第 4 册，中共中央党校出版社 1990 年版，第 480 页。

② 萧克：《朱毛红军侧记》，中共中央党校出版社 1993 年版，第 89 页。

## （三）临时军委取消与中共红四军七大

### "一支枪也要问过党吗？"

1929 年 5 月底，红四军前委在福建永定县的湖雷召开会议。会上，就个人领导与党的领导、前委与军委的分权等问题发生了争论。一种意见是要求成立军委，理由是："既名四军，就要有军委"，建立军委是健全党的组织系统；而前委"管的太多""权力太集中""代替了群众工作"，是"书记专政"，有家长制倾向。

半个月后，毛泽东在给林彪的信中，是这样描述主张设立军委的意见的："争论的焦点是在现在时代军党部要不要的问题，因为少数同志坚决地要军委，遂不得不攻击前委，于是涉及党的机关的本身问题，'党太管多了''权太集中前委了'就是他们攻击的口号。在辩论中论到支部工作，便有人说出支部只管教育同志的话，这亦是由于党的管辖范围一问题生出来的，因为他们主张党所过问的范围是要限制的，便不得不主张支部工作也是要有限制的了。因为党的意志伸张，个人意志减缩，一切问题都要在各级党的会议席上议决之后，才许党员个人依照决议去执行工作，使得个人没有英雄式的自由，于是从要有相当自由要求出来的'一支枪也要问过党吗？''马夫没有饭吃也要党去管吗？'这就成他们嘲笑党部精密细小工作的口号了。以上是他们在湖雷前委会议时发表的意见"①。毛泽东这里所说的"党的管辖范围"可谓抓住了问题的本质。红四军

---

① 《毛泽东文集》第一卷，人民出版社 1993 年版，第 67—68 页。

内部的争论，表面上看是要不要设军委的不同意见，但反映出的是党与军队的关系，以及党如何去领导军队的问题。

另一种意见是不必再设军委，因为现在领导工作的重心在军队，军队指挥需要集中而敏捷，由前委直接领导更有利于作战，不必设置重叠的机构，并且批评要求设立军委的人是"分权主义"。

至于毛泽东本人，对是否应设军委态度很明确，他认为，"少数同志们硬是要一个军委，骨子里是要一个党的指导机关拿在他们的手里"。在他看来，虽然主张设立军委的人提出的理由"是冠冕堂皇的，可惜完全是一种形式主义罢了"。那种"既名四军，就要有军委""完成组织系统应有军委"的说法，是完全形式主义的。"现在只有四千多人一个小部队，并没有多数的'军'，如中央之下有多数的省一样。行军时多的游击时代与驻军时多的边界割据时代又绝然不同，军队指导需要集中而敏捷。少数同志们对这些实际的理由一点不顾及，只是形式地要于前委之下、纵委之上硬生生地插进一个军委，人也是这些人，事也是这些事，这是什么人都明白在实际上不需要的"。

毛泽东还认为，少数人为了成立新的指导机关——军委，便不得不搜出旧的理由，攻击旧的指导机关——前委以至支部，指责党代替了群众的组织、四军党内有家长制。其实他们的"这种攻击又全陷于形式主义"，因为"党的组织代替群众组织，自有四军党以来就是严禁的，就前委指导下的工农组织说来，未曾有党的支部代替过工农协会的事，就兵士组织上说，未曾有任何一连的连支部代替过连士兵委员会的事，这是四军中有眼睛的人都见到的。至于党部机关代替了群众机关或政权机关，如纵委代替了纵队士委、纵队司令部、纵队政治部，前委代替了军士委、军司令部、军政治部，亦是从来没有过"。① 毛泽东的这些话，虽然不是他在湖雷会议上所讲，而是6月14日给林彪的信中写的，但基本上反映了他对是否应当设立军委一事的态度。

湖雷会议并没有解决军委是否应该设立的问题，可以说是议而未决。因此，6月1日，毛泽东在湖雷给中共中央写了一份报告，汇报红四军在赣南、闽西的斗争状况，以及红四军、红五军、江西红军独立第二团和第四团的实力和党组织的概况。至于湖雷会议所发生的争论，信中只是简单地说："党内现发生些毛病，正在改进中。"②

1929年6月9日，红四军前委在上杭的白砂召开委扩大会议。这是白砂会议旧址

① 《毛泽东文集》第一卷，人民出版社1993年版，第70—71页。
② 中央档案馆编：《中共中央文件选集》第5册，中共中央党校出版社1990年版，第684页。

　　这次会议后，红四军第二次攻占龙岩，并在这里建立了革命委员会，这是闽西继长汀、永定之后的第三个红色政权。6月7日，红四军攻克上杭的白砂。第二天，红四军前委在白砂再次召开会议，再度讨论军委问题。出席会议的人员较之湖雷会议有所扩大，达到41人。毛泽东在会上提出了一份书面意见，认为前委、军委分权，前委不好放手工作，但责任又要担负，陷于不生不死的状态，还说，"对于决议案没有服从的诚意，讨论时不切实争论，决议后又要反对归咎于个人，因此，前委在组织上的指导原则根本发生问题"。毛泽东甚至表示，"我不能担负这不生不死的责任，请求马上调换书记，让我离开前委"。①

　　毛泽东之所以说自己处于"不生不死的状态"，是因为他发现红四军给中共中央的报告，竟然没有经过他这个前委书记签字；红四军在龙岩小池召开作战会议，决定"三打龙岩"，没有通知他与会。"军委在小池开会研究部署三打龙岩的作战计划，通知谭震林参加，而党代表毛泽东没有接到通知。当时，谭震林同志建议毛泽东同志也去参加，毛泽东同志说没有通知怎么好参加。"②

　　会上，朱德就党以什么方式领导红四军的问题发表意见，认为党应该经过无产阶级组织的各种机关（苏维埃）起核心作用去管理一切；表示极端拥护一切工作归支部的原则，并认为红四军在原则上坚持得不够，成为一切工作集中于前委，前委对外代替群众机关，对内代替各级党部；还认为党员在党内要严格执行纪律，自由要受到纪律的限制，只有赞成执行铁的纪律，方能培养全数党员对

　　① 　中共中央文献研究室编：《毛泽东年谱（1893—1949）》上卷，人民出版社、中央文献出版社1993年版，第278页。

　　② 　江华：《追忆与思考》，浙江人民出版社1991年版，第90页。

党的训练和信仰奋斗有所依归。①

可见，朱、毛之间在要不要坚持党对红军的领导上没有分歧，所不同的是领导方式。"朱德更多地强调党支部的作用和一切工作归支部的原则，不赞成前委代表群众组织和各级党委的职权。这同毛泽东的主张有明显的差异。"②

白砂会议以 36 票对 5 票通过决议，取消临时军委，刘安恭的临时军委书记自然被免除，随后改任第二纵队司令员，他兼任的政治部主任一职由陈毅继任。毛泽东对于会议的这一结果是满意的，他在 6 月 14 日给林彪的信中这样说："因为现在的四军的党是比第一、二时期都有显然的进步，各纵队的基础已是不能动摇，个人自私的欲望决定会被群众所拒绝，我们只要看四十一个人会议中三十六票对五票取消那少数同志们硬要成立军委的一件事，就可知道大多数人一定不会拥护他们的'不利于团结，不利于革命'的主张了。"③

事后看来，毛泽东对于白砂会议的估计过于乐观了。其实，"争论的根本问题仍未解决，少数人还把党内分歧意见散布到一般指战员中去，情况日趋严重"④。

这时，这场争论中的另一个重要人物出场了，此人就是红四军第一纵队司令员林彪。6 月 7 日，也就是白砂会议的当天，林彪给毛泽东写信，赞同"党管理一切"的主张，同时又含沙射影地攻击

---

① 中共中央文献研究室编：《朱德年谱》（新编本）上，中央文献出版社 2006 年版，第 148 页。

② 蒋伯英：《朱毛红军与古田会议》，福建人民出版社 2009 年版，第 146 页。

③ 《毛泽东文集》第一卷，人民出版社 1993 年版，第 68 页。

④ 中共中央文献研究室编：《毛泽东传（1893—1949)》，中央文献出版社 1996 年版，第 201 页。

朱德："现在四军里实有少数同志的领袖欲望非常高涨，虚荣心极端发展。这些同志又比较在群众中是有地位的。因此，他们利用各种封建形成一无形结合（派），专门吹牛皮地攻击别的同志。这种现象是破坏党的团结一致的，是不利于革命的，但是许多党员还不能看出这种错误现象起而纠正，并且被这些少数有领袖欲望的同志所蒙蔽的阴谋〈附〉和这些少数有领袖欲望的同志的意见，这是一个可叹息的现象。"①

关于林彪给毛泽东这封信的时间，现在出版的一些著述说法各一。有的说，"第一纵队司令员林彪在开会前写信给毛泽东，含沙射影地攻击朱德"②。亦有的说是"白沙会后的当天夜里，（林彪）给毛泽东写了一封急信"③。"就在这次会议的当天晚上，（林彪）给毛泽东送来了一封急信"④。江华则回忆说："当天夜里，林彪给毛泽东同志送来一封急信，主要是表示不赞成毛泽东同志离开前委，希望他有决心纠正党内的错误思想。"⑤

不论林彪这封信是写在会前还是会后，确实在一定程度起到了挑拨领导人关系的作用。林彪从南昌起义开始就是朱德的部下，跟随朱德一路转战到了井冈山，并从连长、营长升至团长（纵队司令员）。红四军成立之初，军下有师，但只过了个把月，就取消了师的编制，由军直辖团。部队下井冈山后，在寻乌的罗福嶂进行整

---

①　中共中央文献研究室编：《朱德年谱》（新编本）上，中央文献出版社 2006 年版，第 148 页。

②　中共中央文献研究室编：《朱德年谱》（新编本）上，中央文献出版社 2006 年版，第 148 页。

③　李蓉、吴为：《朱德与毛泽东》，中共党史出版社 1998 年版，第 72 页。

④　庹平主编：《朱德与中共党史重大事件》，中央文献出版社 2001 年版，第 136 页。

⑤　江华：《关于红军建设问题的一场争论》，《党的文献》1989 年第 5 期。

顿，将团改为纵队，林彪为第一纵队司令员。此时的林彪才只有22岁。

于是，林彪给毛泽东写信的动机就成了史家不能不分析的话题。有著述说，林彪在信中表示不赞成毛泽东离开前委，并称希望他有决心纠正党内的错误思想，这当然是无可非议的。但信中也暴露了林彪写信的严重私心。"林的私心，已经在此之前的6月上杭县白砂一次支队长以上干部会议上，便公开暴露过。他在会上说：'朱德在赣南行军途中，说我逃跑暴露了目标，给了我记过处分，这点我不在乎，就是这个月扣了我两块钱饷，弄得我没钱抽烟，逼得我好苦。'其实，林彪对朱德给他处分是很在乎的，他马上就给毛泽东写了一封攻击朱德的信，说朱德'好讲大话''放大炮''拉拢下层''游击习气'（指衣着破烂不整，说话高兴时喜欢提裤子）。现在，林彪认为出气的机会终于来了，于是，他又给毛泽东写这封信。"①

亦有著述说，据经历过当年斗争的老同志分析，林彪对朱德的不满由来已久。有三件事使林彪对朱德耿耿于怀。一是1927年南昌起义失败后，朱德率起义军余部向湘南转移途中，林彪曾想脱离队伍开小差，但没有走出去又回来了，朱德为此严厉地批评了他；二是在井冈山时期，第二十八团团长王尔琢牺牲后，有人提议由时任第一营营长的林彪继任，但朱德鉴于林在湘南时的表现没有马上同意，后来林彪了解到这一情况后对朱记恨在心；三是下井冈山后部队在寻乌的项山遭敌人突袭时，第二十八团担任后卫，时任该团团长的林彪拉起队伍就走，致使毛泽东、朱德和军直属机关被抛在

---

① 庹平主编：《朱德与中共党史重大事件》，中央文献出版社2001年版，第136页。

后面，情况十分紧急，朱德在战后严厉批评了林，并扣发了他当月的薪金，林彪对朱德更加不满。所以，林彪是借此次朱毛之间的争论，攻击朱德，以泄私愤。①

### "你的信给我很大的感动"

林彪究竟是出于何种动机给毛泽东写信暂且不论，但林彪的这种态度的确获得了毛泽东的好感。根据前委"各作一篇文章，表明他们自己的意见"的要求，毛泽东于 6 月 14 日在福建连城县的新泉给林彪写了回信，并送交前委。信中开始就说："你的信给我很大的感动，因为你的勇敢的前进，我的勇气也起来了，我一定同你及一切谋有利于党的团结和革命的前进的同志们，向一切有害的思想、习惯、制度奋斗。"

毛泽东在信中说："因为现在的争论问题，不是个人的和一时的问题，是整个四军党的和一年以来长期斗争的问题，不过从前因种种原因把它隐蔽了，到近日来才暴露出来。其实从前的隐蔽是错误了，现在的暴露才是对的，党内有争论问题发生是党的进步，不是退步。"由此可以看出，1929 年春夏的红四军内部的这场争论，很大程度上是朱、毛两支革命军队会师后，在一系列的问题上存在不同认识积累所致。

对于这些问题，毛泽东曾将之归纳为 14 点。信中说："不明四军斗争的历史，便不明白现在争论问题的来源，不明白它的来源，便不明白自有四军到现在两个思想系统的斗争的全部问题的性质。问题的主要点有以下各端：（一）个人领导与党的领导，（二）

---

① 李蓉、吴为：《朱德与毛泽东》，中共党史出版社 1998 年版，第 72—73 页。

军事观点与政治观点，（三）小团体主义与反小团体主义，（四）流寇思想与反流寇思想，（五）罗霄山脉中段政权问题，（六）地方武装问题，（七）城市政策与红军军纪问题，（八）对时局的估量，（九）湘南之失败，（十）科学化、规律化问题，（十一）四军军事技术问题，（十二）形式主义与需要主义，（十三）分权主义与集权，（十四）其他腐败思想。"毛泽东还说："个人领导与党的领导，这是四军党的主要问题。"毛泽东在这里说到了问题的本质，在他看来，前委与军委的关系，不是这支军队谁的权力大小的问题，而是党如何实现对军队领导的问题。

自红四军成立以来，毛泽东任党代表兼前委书记，朱德任军长并兼过一段时间的军委书记。红四军是由两支来自不同地区的革命武装合编而成的，也正因为两支革命武装的会师，才有了著名的朱毛红军。两支来自不同地域，有着不同历史渊源、不同领导者的部队之所以能融合起来，成为一个有机的整体，就在于两支部队都是共产党领导的革命武装，两军将士都把党的利益视为最高利益。同时也应看到，两支队伍毕竟来源不同，会合的时间不久，而且其成员或则来自于旧军队，或则来自刚刚放下农具参加革命的农民，难免受到旧思想、旧作风的影响。大家在一些问题上（如党与军队、前委与军委的关系、军长与党代表的权责等）产生不同认识和不同看法，也是很正常的。

在上述诸问题中，最核心的无疑是党与军队的关系问题。之所以这个问题成为当时争论的核心，江华回忆说："所谓党和军队的关系问题，主要是由于当时红军还建立不久，其大部分是从旧式军队脱胎出来的，而且是从失败环境中拖出来的，旧军队的旧思想、旧习惯、旧制度带到了红军队伍中来。因而，一部分人习惯于旧军队的领导方式，对党对军队的领导不赞成，有怀疑。他们强调'军官权威'，喜欢'长官说了算'，相反认为现在是'党管事太多了'，'党代表权力太大'，提出'党不应管理一切'，'党所过问的范围是要受限制的'，'党支部只教育同志'；并主张'司令部对外'，政治部只能'对内'，对军队只能指导，不能领导等等。"①

其实毛泽东在信中对此已作了很透彻的分析。他说："讨论这个问题，我们首先要记得的就是四军的大部分是从旧式军队脱胎出来的，而且是从失败环境中拖出来的。我们记起了这两点，就可以知道一切思想、习惯、制度何以这样地难改"。"红军既是从旧式军队变来的，便带来了一切旧思想、旧习惯、旧制度的拥护者和一些反对这种思想、习惯、制度的人作斗争，这是党的领导权在四军里至今还不能绝对建立起来的第一个原因。不但如此，四军的大部分是从失败环境之下拖出来的（这是一九二七年），结集又是失败之前的党的组织，既是非常薄弱，在失败中就是完全失了领导。那时候的得救，可以说十分原因中有九分是靠了个人的领导才得救的，因此造成了个人庞大的领导权。这是党的领导权在四军里不能绝对建立起来的第二个原因。"

毛泽东在信中将红四军党与军队的关系分三个时期作了分析。

第一个时期是红四军成立到 1928 年 9 月重回边界。"党在这时期中不能有绝对的指挥权，小团体主义充分存在而发展，党不敢作调动枪枝上的尝试，红军后方兼顾主义与少数同志的红军本位主义是冲突的，军需制度和编制法规未能建立，个人支配政治和武器的

① 　江华：《关于红军建设问题的一场争论》，《党的文献》1989 年第 5 期。

事常常有的，这时候的党从连到军从它的实质说是处在一种从属的地位，在某些问题上是绝对听命于个人。"

第二个时期是 1928 年 9 月重回边界到这年 3 月占领长汀（当时称汀州）。这一时期，从支部到前委党确处在指挥的地位了，原因是此时在湘南失败及大余一路逃难形势之下，"个人没有显出什么大领导，同时非依赖党的领导就会有塌台的可能"。此外，"这时期内党的组织与同志们的政治程度和斗争经验比起第一时期来确实进步些，少数同志不正确的言论行动比较不容易得到一般人的拥护，因此自己要收敛一些"。

第三时期是占领长汀到现在。"这一时期内党及红军的各方面实在都比以前进步了"，"各级党部更能无顾忌地讨论各种各样的问题"，"政治部成立，司令部的职权也有限制了"。"但因为党的意志极大的限度的伸张、个人意志感到从来未有的痛苦，一连打了几个胜仗和一种形式主义的理论从远方到来，这三样汇合所以爆发了近日的争论。"毛泽东这里讲到的"一种形式主义的理论从远方到来"，指的显然是刘安恭。

毛泽东认为，那些坚持要设军委并为此攻击前委的人，"骨子里是要一个党的指导机关拿在他们的手里，以求伸张那久抑求伸的素志（即与历来指导路线不同的另一指导路线），然而表现出的理由仍然是冠冕堂皇的，可惜完全是一种形式主义罢了"。

至于红四军党内是否存在家长制的问题，毛泽东认为，"同样是一种形式主义的观察"。他首先解释了何谓家长制。他说，家长制是只有个人的命令，没有集体的讨论，只有上级委派，没有群众选举。用这个定义来衡量，就能很清楚地判断出红四军有无家长制。毛泽东接着说，四军党的集体讨论，从支部到前委历来是如此的，各级党部会议，特别是前委、纵委两级会议，不论是常委会、全体会，应到委员之外，差不多每次到的都有非委员的负责同志参加，这个问题各纵队和前委的会议记录都是有案可查的。凡是涉及全军的重大问题，如井冈山之出发问题讨论，东固之分兵讨论，以及这一次的争论及分兵问题讨论等，总是征求群众意见的。因此，不能说四军党内只有个人命令没有集体讨论。

在毛泽东看来，红四军党内事实上找不出什么家长制，但为何有少数人有这样的说法呢？"就是四军中有一种党部书记兼充红军党代表制度，一些同志分不清楚党代表与书记在职务上是两样东西，因为党代表与军官的权限历来没有弄清楚，时常发生争权问题，由是引起了头脑不清楚的人把党代表在那里工作看做是党的书记在那里工作了。""要除去此弊，只有使党代表与书记分开，这是应该一面从内部找人，一面从外面多找人来才可以解决的。"

毛泽东进一步分析了红四军内部产生这样的纷争的思想根源。他在信中写道："我们千万不要忘记红军的来源和它的成分，五月份统计，全军一三二四名党员中，工人三百一十一，农民六百二十六，小商人一百，学生一百九十二，其他九十五，工人与非工人的比例是百分之二十三对百分之七十七。讨论到个人思想时，不要忘记他的出身、教育和工作历史，这是共产主义者的研究态度。四军党内显然有一种建立于农民、游民、小资产阶级之上的不正确的思想，这种思想是不利于党的团结和革命的前途的，是有离开无产阶级革命立场的危险。我们必须和这种思想（主要的是思想问题，其余是小节）奋斗，去克服这种思想，以求红军彻底改造，凡有障碍腐旧思想之铲除和红军之改造的，必须毫不犹豫地反对之，这是同志们今后奋斗的目标。"①

　　毛泽东在这封信中明确提出了要从思想路线的高度克服党内的非无产阶级思想，实现非无产阶级出身的党员无产阶级化的问题。在毛泽东看来，要化解红四军内部的争论，最根本的就是要解决思想路线问题，克服各种非无产阶级的不正确思想，并从中提出了一个重大的课题——在长期的农村游击战争环境中，如何保持党对军队的绝对领导，如何使农民和小资产阶级出身的党员实现无产阶级化的问题。毛泽东并没有将红四军内部的这场争论，简单地视为人事纠纷和个人权力大小，而是从用无产阶级思想去克服非无产阶级思想的视角来看待这场争论，这正是毛泽东的过人之处。从这个角度来看，毛泽东的这封信为他半年后起草古田会议决议打下了初步基础。

　　信的最后，毛泽东解释了他为何在白砂会议上提出辞职的理由：

　　（一）对于与党内错误思想奋斗，两年以来已经既竭吾力了，现在我又把问题的内容提出以后，使多数同志们作不断的奋斗才能得到最后的胜利。

　　（二）我在四军的日子太久了，一种历史的地位发生出来的影响是很不好的，这是我要指出的中心理由。

　　（三）我个人身体太弱，智识太贫，所以我希望经过中央送到莫斯科去留学兼休息一个时期。在没有得到中央允许以前，由前委派我到地方做些事，使我能因改环境而得到相当的进步。

　　（四）四军的党已经有了比较坚固的基础了，我去之后，

---

① 《毛泽东文集》第一卷，人民出版社 1993 年版，第 64—75 页。

决然没有不好的影响。党的思想上的分化和斗争既已经起来了，决不因我去而不达到胜利的目的，所以你的信上的后面一段是过虑的。自然我的工作我只能提出意见，决定要在党部，我没有离开一天仍旧可以随大家作思想奋斗一天！①

毛泽东给林彪写信的第二天，朱德也给林彪写了一封信，就红四军党的组织领导问题阐述了自己的看法，表示不同意"党管理一切"为最高原则，如果真要执行此口号，必然使党脱离群众，使党陷于孤立，认为"党管理一切"的口号，违背了党的无产阶级专政的主张。朱德在信中说，党的组织的最高原则，此前已印发的中共六大关于组织问题的决议案中已有明确的规定，我们不能有丝毫的修改。"至于我个人如稍有不合原则的，即可以铁的组织纪律拒绝。"

朱德认为，对于军事机关的核心作用和党的密切关系问题上，军事行政的路线是受党的政策指导的，他的行政路线是有自理责任的，党员在此机关内起核心作用时，亦是党给予的行政责任，绝非机械式地去执行。过去有党代替群众机关直接管理一切的问题。朱德说，我们反对此口号，是因为拥护共产党的组织最高原则，恐被人曲解。一切工作归支部，此原则我是极端拥护的。党的新生命，就在此原则的实行，巩固党的基础，要打破家长制及包办制。一切实际工作集中于前委，前委开联席会开了数日，各级党部坐等命令到来，以便遵照办理，这样何尝有工作归支部呢？

朱德还说，此次的辩论，不但对党没有损失，并且使党有大的进步，必定会培养多数党员的精神出来。及支部基础建立起来，各级党部的职权实行起来，党的群众机关和行政路线正确起来，收效

---

① 《毛泽东文集》第一卷，人民出版社1993年版，第75页。

必大。斗争之结果，必然是好的，请你不要消极，不要绝望，各个同志积极的斗争，使党内一切不正确的一切错误，都要全部洗除，努力建设新生命的党。要克服困难，只有各同志大家担负起来，迅速建造党的新的基础。为党的问题，请大家站在党的立场去讨论。①

毛泽东和朱德给林彪的信，都被公开登载在这年6月中旬前委编印的油印刊物《前委通讯》第三期上，这实际上也使争论在军内公开化了。现在看来，这个做法不是太妥当，当领导班子内部产生不同意见分歧，在没有找到化解的办法时，就将这种分歧扩散到下层，容易引起更大范围的不同意见，并不利于分歧的管控与化解。

这时，在白砂会议上被免除军委书记和政治部主任职务的刘安恭，不仅继续坚持设立军委的主张，并且说红四军的党分成两派，一派是朱德为首，"是拥护中央指示的"；一派以毛泽东为首，"是自创原则，不服从中央指示"。刘安恭进而提出，要通过建立"完全选举制及党内负责同志轮流更换来解决纠纷"。②刘安恭这个说法更是偏离事实，虽然毛泽东与朱德此时在一些问题上有不同意见，但红四军内部不存在两派，只是在如何更好地实现党对军队的领导所采取的路径不同而已。至于用轮流坐庄的办法去解决内部的争论与分歧，更不是负责任的态度，因为不解决思想认识问题，不在相关问题上达成共识，问题还是不可能从根本上解决。

这样一来，红四军内部的争论非但未能停止，反而呈愈演愈烈之势。萧克回忆说："在这种情况下，各纵队、支队党委讨论得更

---

① 中共中央文献研究室编：《朱德年谱》（新编本）上，中央文献出版社2006年版，第150—151页。

② 蒋伯英：《朱毛红军与古田会议》，福建人民出版社2009年版，第149页。

热闹了，甚至连朱毛去留问题都提出来了。四军驻新泉的七八天，连以上尤其是支队、纵队干部天天开会，老是争论这么几个问题：党应不应管理一切？是管理一切、领导一切还是指导一切？等等。当时，领导上号召大家发表意见，放手争论。但得不出结果，大家觉得该由上边领导人来管了，多数干部希望停止争论。"[①]

当红四军内部在军委要不要设的问题上争论不休之际，蒋介石却加紧了对红军和革命根据地的进攻。6月16日，他命令江西、福建、广东3省的国民党军，务必于半个月内分途集结于闽西边境，做好"会剿"红四军的准备，国民党参加"会剿"的兵力达13个团又2个营，计2万余人。因此，对于红四军而言，大敌当前，必须尽快解决内部的争论问题。6月中旬，红四军前委召开了一次扩大会议，决定由陈毅代理前委书记，于近期内主持召开中共红四军第七次代表大会。为使陈毅集中精力筹备这次会议，又决定陈毅担任的红四军政治部主任一职由李任予继任。[②]所以，毛泽东的前委书记一职，实际在中共红四军七大前就已经离职。不过，他此时仍是红四军的党代表。

### "许多人不投毛泽东的票"

1929年6月19日，红四军第三次攻占龙岩城。6月20日，毛泽东就中共红四军七大如何召开问题向前委提出建议：通过总结过去斗争经验的办法达到统一认识，解决红军建设中存在的主要问题，以进一步提高红军的政治素质和战斗力，担负起发展农村革命根据地的斗争任务。但是，前委并没有采纳毛泽东的这个

---

① 萧克：《朱毛红军侧记》，中共中央党校出版社1993年版，第93页。

② 刘树发主编：《陈毅年谱》，人民出版社1995年版，第151页。

意见。①

6月22日，中共红四军第七次代表大会在龙岩城的公民小学召开。大会由陈毅作报告，参加会议的有支队以上干部和士兵代表共四五十人。会上，毛泽东、朱德都发表了讲话。至于毛泽东和朱德讲了些什么，陈毅在1971年九一三事件后曾回忆说，朱德在发言中承认自己过去有些看法存在片面性，表示欢迎大家对他提出批评。毛泽东在发言中强调，现在还要根据我们历来的实际斗争经验，加强政治工作，加强党对红军的领导，军队应该严格地在党的领导之下，军队要做群众工作，要打仗，要筹款，要讲三大纪律八

中共红四军七大召开时毛泽东在龙岩的住地新邱厝（现龙岩博物馆）

① 中共中央文献研究室编：《毛泽东年谱（1893—1949）》上卷，人民出版社、中央文献出版社1993年版，第280—281页。

项注意。至于会上对他的批评，他现在不说，如果对他有好处，他会考虑的，不正确的，将来自然会证明是不正确的。①

另外，参加会议的红四军第四纵队司令员傅柏翠后来也回忆说："当我到会场时，在主席台上坐有三五个人，朱军长正在发言，还在答辩那些问题，说得很多。大家说不要再讲了。他还在讲，并说让我说完吧。毛主席也发了言，他讲话简明扼要，胸怀宽阔，我记得毛主席说，有问题以后还可以争论，也可以写文章，现在不需要作出答辩则非留待以后由历史来证明，不同意见可以保留吧。"②陈与傅的回忆虽然有些出入，但大致意思还是相同的。

陈毅是这次会议的主角，他自上井冈山以来，实际上是红四军中的第三号人物。现在红四军的两位主要领导人在一些问题的认识上产生了分歧，客观形势将他推上了前台，需要他当这场争论的仲裁人。

因为此前中共中央的"二月来信"曾提出朱、毛离开红四军的问题，此次朱、毛两人间又发生了争论，而且毛泽东不止一次地提出要辞去前委书记的职务，因此会议专门讨论了两人的去留问题，提出这个问题将由中共中央决定，在中央未派人到军中工作前，他俩可以继续工作。会议还讨论了前委的组成人选问题，决定以前由中央指定的前委委员毛泽东、朱德不变动，仍为委员。按照中共中央的指示，红四军所到之处的地方党部派一名主要负责人为委员。其余的委员名额，由军直属队推选出陈毅，第一、第二、第三、第

---

① 转引自余伯流、凌步机：《中央苏区史》，江西人民出版社 2001 年版，第120 页。

② 转引自蒋伯英：《朱毛红军与古田会议》，福建人民出版社 2009 年版，第165—166 页。

四纵队各推选纵队负责人林彪、刘安恭、伍中豪、傅柏翠，上述 5 单位又各推选出 1 名士兵代表。在正式选举中，这 13 个人选全部当选。接着举行前委书记的选举，结果陈毅当选，而原本是中共中央指定任前委书记的毛泽东却落选了。

对于毛泽东落选、陈毅当选的原因，萧克的解释是："当时在四军上下比较有威信的是毛、朱、陈。朱毛因对一些问题认识不一致，大家认为他们两人都有不对的地方，陈毅受命筹备'七大'并主持召开会议。因为自四军成立以来，陈毅同朱毛一样也曾担任过军委书记、前委书记，尽管我们也觉得毛陈两人相比，毛应居先，但陈亦是好领导人之一。所以通过民主选举，陈毅担任了前委书记。但决议还强调了一点，要把决定呈报中央批准，没有批准之前，先开展工作。"①

贺子珍则说："在红四军第七次党代表大会上，选举前委书记，许多人不投毛泽东的票，他落选了。他为什么会落选？有的人说，这是因为毛泽东民主作风不够，在党内有家长作风。毛泽东是不是有家长作风？我的看法是，他脾气是有一点，在这方面不如朱德同志，朱德的作风是更好一些。我看，他所以落选，主要是一些人轻视党对军队的领导，否定红军中的党代表制，不重视政治工作；另外，毛泽东对部队中的不正之风进行了批评和抵制，也引起一些人不高兴；加上这次打不打广东的问题上，意见也不一致。"②

中共红四军七大用举手表决的方式，通过了陈毅起草《红军第四军第七次代表大会决议案》（以下简称《决议案》）。《决议案》分为"党内争论问题"和"分兵问题"，由于会议只进行了一天，"分

---

① 萧克：《朱毛红军侧记》，中共中央党校出版社 1993 年版，第 100 页。

② 转引自王行娟：《贺子珍的路》，作家出版社 1985 年版，第 139 页。

兵问题”未能讨论。

关于“党内争论问题”，《决议案》分为七节：一、过去工作的检阅；二、这次争论之原因和性质；三、党应不应管理一切；四、对前委通信第三期的意见；五、对朱毛同志的意见；六、对中央指定之前委委员不动，决定以陈毅为书记；七、提出几个口号作为这次争论的结果及党员以后的工作标准。

在“过去工作的检阅”一节里，《决议案》首先就红四军成立以来的方针、政策进行总结，认为在总的政治策略上，红四军建立以后，在罗霄山脉中段坚持武装斗争，发动群众，武装群众，发展边界党和群众组织，建立罗霄山脉中段政权，扩大地方武装，“这是十分对的，很正确的”。虽然有个时期出于不得已采取极端没收的经济政策，有点军事共产的意味，但随着红四军情况的变化，这种做法已得到纠正，《决议案》肯定了自下山以来采取的经济政策；关于政权的形式，《决议案》肯定了“合群众的需要采取公开与秘密两种形式，是很对的”，而批评了“在边界时采取有部分是强迫性质，不顾群众的需要是不对的”。

对于红四军这次争论的原因和性质，《决议案》没有认可毛泽东在给林彪的信中所说的，原因在于“因为党的意志极大限度的伸张，个人意志感到从来未有的痛苦，一连打了几个胜仗和一种形式主义的理论从远方到来，这三样汇合，所以爆发了近日的争论”，其性质是“少数同志们历来错误路线的结果，两个指导路线的最后斗争”的观点，而认为主要是由于以下原因造成的：一是由于红四军党员的经济背景复杂，思想认识不一致；二是负责同志间工作方式与态度不好，引起了意见纠纷；三是组织上不完备，兼职较多，责任心都很重，爱多管事；四是新的理论批评旧的习惯反响；五是过去党缺乏批评精神。关于争论的性质，《决议案》说："这次争论不仅是朱毛闹意见，不仅是组织原则的解释不同，实由于过去党的斗争历史上各种不同的主张，各种不同的方式互相精神（原文如此，意为僵持）着，历久不得解决，加上组织上有缺限〔陷〕，及党内批评精神缺乏，造成这次争论总爆发。这个争论虽对党有益处，若没有无产阶级意识的领导，必不能得到正确的解决"。《决议案》同时认为，这场党内争论"并不是简单的两种路线思想的斗争结果"。

关于党应不应管理一切的问题，《决议案》说："这个口号并不是任何一个同志所能造的笑话，是一个工作口号，在四军党内极为深入。现在审查这个口号的意义与中央颁发的党的组织问题第三章的组织原则并不冲突，所以这个口号是对的。不过这个口号'党管理一切'在文字方面太简单不明显，可以引起不正确的理解，这个口号今后不要再引用。"

前委和军委的关系曾是这次内部争论的中心和焦点。《决议案》认为，军委是前委的下级党部，它有决议须报告前委审查，不能说前委与军委是分权式，只能说军委分担了前委的工作。规定前委只能讨论行动问题，"这是临时军委的错误"，一部分同志要求在前委之下再成立军委，是形式主义地看问题。根据目前实际情况看，前委之下再设立军委，实属机关重叠，没有必要。

对于此次争论中多次提到的红四军党内究竟有无家长制、有无党代表群众组织、上级党是否包办支部工作等三个问题，《决议案》也一一作了说明。

关于第一个问题，《决议案》说，"过去四军党员群众对于党部，下级对上级，都有机械式的服从而无活泼的党的生活，将一切工作推到书记一人身上，形成家长制的倾向"，《决议案》同时认为，红四军党内没有"书记专政"的问题，之所以产生这种偏见，主要是因为在组织上是前委书记兼党代表和政治部主任，这样，有时难免出现把一切事情集中于一个人的现象，但这不是"书记专政"，是属于组织上人才安排得不合适。

对于第二个问题，《决议案》认为，"党代替群众系指一切由党直接处理，使所有群众停摆。过去四军没有犯这个错误，只是执行工作技术上带有缺点"。

对于第三个问题，《决议案》明确指出："过去四军党能领导红军在艰苦奋斗，大半由于连支部起作用，说上级包办支部工作，完全不是事实。"《决议案》还认为，过去四军少数同志在组织纪律上犯错误是有的，但绝没有个人"与党争权"的事实，因而把这次争论看成是"个人领导和党的领导争雄的具体的表现"，是"最要不得的"。[1]

因为在红四军《前委通讯》第三期上刊登了林彪给毛泽东的信及毛泽东、朱德给林彪的信。《决议案》也就此发表了意见，对毛泽东给林彪的信作了评析，"否定了毛泽东的大部分意见，并且对毛泽东在白砂会议后愤而辞职的行为提出了批评。而对朱德在6月15日给林彪复信中指责毛泽东的内容，《决议案》也给予了批评"。[2]

《决议案》还对刘安恭和林彪在这场争论所起的不良作用提出了严肃的批评，认为刘安恭来到红四军不久，未作调查研究就胡乱发表意见，挑拨领导人之间的关系，是错误的行为。并且指出，刘安恭所说的红四军党分成两派，朱德是拥护中央指示的，毛泽东是

① 转引自余伯流、凌步机：《中央苏区史》，江西人民出版社2001年版，第122—124页；傅柒生：《古田会议》，解放军出版社2006年版，第109—110页。
② 余伯流、凌步机：《中央苏区史》，江西人民出版社2001年版，第123页。

自创原则、不服从中央指示，这完全不是事实，是凭空捏造；他所提出的用完全的选举制度和党内负责同志轮流担任前委书记的做法是非常不对的。《决议案》同时认为，林彪不应该将事关红四军前途的重大问题向个人写信，而应向党报告，更不应该随意指责军长朱德，挑拨朱、毛之间的关系，认为刘、林的做法"不但不能解决党内纠纷而使之加重"，"助长党内纠纷"，"这种轻率的工作是不对的"。

《决议案》专门对朱、毛的缺点作了尖锐的批评。认为毛泽东的缺点主要有7点：A.英雄主义；B.固执己见，过分自信；C.虚荣心重，不接受批评；D.在党内用手段排除异己，惯用报复主义；E.对同志有成见；F.工作态度不好；G.小资产阶级色彩浓厚。《决议案》为此小结说："因有以上之错误，使同志们怕说话，造成个人信仰，使小团体观念加重。"

对于朱德的缺点，《决议案》也列举了7条：A.用旧军阀的手段，相信私人；B.有迎合群众造成个人信仰的倾向；C.无形间有游民无产阶级行动的表现；D.工作不科学，无条件〔理〕，无计划，马马虎虎；E.无形中夸大英雄思想的表现；F.不能坚决执行党的决议；G.不注意军事训练，不注意维持军纪。《决议案》同样也给朱德一个小结："因为有以上错误，弄成了军纪风纪松懈，使士兵具有流氓习气，难以纠正，又惯用手段拉拢部下，小团体观念极深。"《决议案》给朱、毛各罗列了7条缺点，确实有点各打五十大板的味道。

《决议案》还对朱、毛作了一个总批评："朱毛两同志在党内外负责重要工作，不能因某种观点与意见不同互相猜忌，又不提出来批评交由党解决，以致造成这次党内严重争论问题，给党以不好影响。朱毛两同志都有着同等错误。但毛同志因负党代表与书记之工作，对此次争论应负较大责任。"① 为此，大会决定给予毛泽东严重警告处分，给予朱德书面警告处分。

今天看来，中共红四军七大对朱、毛的批评，有的难免牵强附会、夸大其词，扣的帽子过大。批评和自我批评是勇于自我革命的表现，也是一项重要的优良传统与作风。但是，批评和自我批评要达到应有的效果，就必须做到实事求是，这样才能以理服人，以达到帮助同志提高自己的目的。正因为如此，古田会议明确指出："党内批评是坚强党的组织、增加党的战斗力的武器。但是红军党内的批评有些不是这样，变成了攻击个人。其结果，不但毁坏了个人，也毁坏了党的组织。这是小资产阶级个人主义的表现。纠正的方法，在于使党员明白批评的目的是增加党的战斗力以达到阶级斗争的胜利，不应当利用批评去做攻击个人的工具。"② 中共红四军七大对朱、毛的批评，显然有点言过其实。

《决议案》的最后提出了 13 条口号"作为这次争论的结果及党员以后的工作标准"：（一）拥护第七次代表大会决议案；（二）反对英雄思想；（三）反对形式主义；（四）增加批评精神；（五）闹个人意见的滚出党去；（六）反对不正确的理论与思想；（七）反对小团体主义；（八）实行民主集权制（即民主集中制）；（九）反对家长制及极端民主化倾向；（十）反对一切非无产阶级的意识；（十一）提高党员政治水平；（十二）做事科学化、规律化；（十三）改进支部生活。

对于中共红四军七大，长期以来人们对它的评价并不完全一

---

①   转引自傅柒生：《古田会议》，解放军出版社 2006 年版，第 110—111 页。

②   《毛泽东选集》第一卷，人民出版社 1991 年版，第 90 页。

致。有人对其评价很高，也有人对此持否定意见。

2002 年由中共中央党史研究室编纂的《中国共产党历史》第一卷在谈到这个问题时说："这次大会没有正确地解决红四军存在的主要问题，后果是不好的。"①

有研究者则认为，这是一次"具有积极意义、同时又具有严重错误的会议"，说其具有积极意义，因为会议通过的决议，对红四军过去的工作作了较为客观的评价，对毛泽东、朱德既有肯定也有批评，对红四军党内争论的一些重大问题也提出了应有看法，这对于当时统一红四军党内思想，停止争论，消除个人成见，增强内部团结等都起了积极作用。此外，会议还总结了红四军创建以来党的建设和根据地建设的经验。至于会议的严重不足，除了后来中央"九月来信"所批评各点外，特别是会议在未报中共中央批准之前擅自改选红四军前委，致使中共中央指定的前委书记毛泽东落选离职，大大地削弱了前委的领导，使前委"顿失领导中心"，是十分错误的。②

亦有研究者认为，中共红四军七大主要成果无疑是主流，应当肯定，大会对朱毛红军成立一年多来的主要方针、重大决策和行动以及自身建设的各项结论基本正确，反映了客观实际，且对毛泽东为代表的重要意见如党对军队的绝对领导等作了基本肯定，对争论双方也都有所批评，会议作出结论的那些问题受到了中共中央的极端重视，为中央判断红军建设问题提供了大量客观依据，为半年后古田会议的顺利召开创造了条件。同时会议也存在不少缺点，如在

---

① 中共中央党史研究室：《中国共产党历史》第一卷上册，中共党史出版社 2002 年版，第 368 页。

② 余伯流、凌步机：《中央苏区史》，江西人民出版社 2001 年版，第 125—126 页。

政治上没有提出明确的方针，对党内错误思想只是就事论事地提出问题，缺乏分析和解决的办法，对毛泽东的批评也有不实事求是之处，组织处理上也欠妥善，使毛泽东在选举中落选有违组织程序。①

中共红四军七大将毛泽东的前委书记选掉了，虽然违背了组织程序——因为毛泽东的前委书记一职本是中共中央指定的——但当时的各项制度还不健全，党成立不过八九年的时间，红军创立则不到两年，大家又把党内民主看得很重，加之这群革命者都是年轻人，其中朱德最年长，也只有43岁，毛泽东则是36岁，陈毅28岁，年轻人意气风发，敢作敢为，顾忌少，加之中共六大倡导党内批评，既然大家觉得毛泽东、朱德都有缺点，就理所当然可以进行批评，也应当进行批评。何况他们之间还发生了争论，而毛泽东是前委书记，是军内党的最高领导人，自然要多承担一些责任，所以不但觉得毛泽东继续担任前委书记不太适合，而且还给了他一个严重警告处分。

这样一来，虽然毛泽东仍是红四军的党代表，但由于他此前一再表示过要辞前委书记之职，前往苏联学习，现在这一职务已被选掉，在这种情况下，不便继续留在军中工作。恰在此时，中共闽西第一次党的代表大会将在上杭的蛟洋召开，于是，毛泽东与第三纵队司令蔡协民、第四纵队政治部主任谭震林、红四军政治部秘书长江华、红四军直属队支部书记曾志等，受红四军前委的委派，于7月8日从龙岩动身，前往蛟洋代表前委出席会议并对会议加以指导。

---

① 蒋伯英：《朱毛红军与古田会议》，福建人民出版社2009年版，第171—172页。

上杭蛟洋的文昌阁

事后看，中共红四军七大对毛泽东、朱德的批评和组织处分并不妥当，特别是使毛泽东一时无法再在红四军工作，只得暂时离开亲手创立的这支军队。但从这件事也可以看出，在重大问题上毛泽东能够做到个人服从组织、少数服从多数，努力维护党和红军的团结统一。

## （四）"九月来信"与古田会议的召开

### "恢复朱毛两同志在群众中的信仰"

1929 年 4 月 7 日，中共中央曾致信毛泽东、朱德，提出红军的总任务是扩大游击战争范围，发动农民武装斗争，深入土地革命，并再次提出毛泽东、朱德去中共中央工作的问题，明确表示，如果他们两人若一时不能来，希望红四军前委"派一得力同志"前来参与讨论问题。6月12日，中共中央召开政治局会议，由周恩来报告红四军4月5日从瑞金发出的对中央"二月来信"的复信。周恩来提出，中央政治局常委已决定召开一次军事会议，朱德、毛泽东处应派一得力人员来参加。① 于是，中共中央再次致信红四军，要求其派人参加会议并汇报工作。

红四军前委收到由中共福建省委和闽西特委转来的中共中央来信时，朱德和陈毅正率部进驻连城的新泉，而毛泽东还在蛟洋参加中共闽西一大。7月29日，朱德和陈毅从新泉赶赴蛟洋，与毛泽东等召开红四军前委紧急会议，商讨应对闽、赣、粤3省国民党军对闽西革命根据地第一次"会剿"的作战计划，并决定由陈毅赴上海向中共中央汇报工作，其前委书记一职由朱德代理。

8月上旬，按照中共中央和前委的指示，陈毅动身前往上海。行前，他专程到蛟洋征求毛泽东的意见，并请其复职，主持前委的工作。据《陈毅年谱》记载，"由于种种原因，毛未如其愿"②。由此，红四军的三个主要领导人分为三处，陈毅去上海向中共中央汇报；朱德率第二、第三纵队出击闽中；毛泽东则在中共闽西一大之后因患疟疾病重，先后到上杭的苏家坡、大洋坝和永定的牛牯扑、合溪养病，同时指导闽西地方党的工作。

此前的7月9日，陈毅曾以红四军前委书记的名义给中共中央

---

① 中共中央文献研究室编：《周恩来年谱（1898—1949）》，中央文献出版社、人民出版社1990年版，第161页。

② 刘树发主编：《陈毅年谱》（上），人民出版社1995年版，第136页。

写了一份《关于闽西情况及前委工作计划的报告》，连同中共红四军七大的决议及毛泽东、朱德发表的不同意见等，一并由中共福建省委转交中共中央，并请求中共中央在详细审察这些文件之后给予明确指示。

中共中央及时收到了陈毅的报告及相关材料。8 月 13 日，中共中央政治局专门召开会议，讨论中共红四军七大文件及毛泽东、朱德与之间的意见分歧等问题。周恩来在会上说，中共红四军七大对每一个问题都有一简单的回答，有些是正确的，有些是不正确的。刘安恭写信将朱德与毛泽东分成两派，许多不会是事实，在故意造成派别。刘安恭无论如何要调回。由于有些问题还不清楚，等陈毅到后再作整个的回答。可以给红四军写一信，要朱德、毛泽东努力与敌人斗争，已经解决的问题不应再争论；军委可暂时不设立，军事指挥由军长、党代表管理。①

8 月 21 日，中共中央给红四军前委发出指示信（即"八月来信"）。信中认为，在敌人加紧实施三省"会剿"这种严重的局势之下，"你们第七次代表大会的主要精神是在解决党内纠纷而没有针对着目前围攻形势，着重于与敌人的艰苦奋斗——这不能不说是代表大会中的缺点。固然，你们一切决议案是极力向着解决问题的方向做的，但对群众的影响，却很有可能使他们转移视线着重于党内的斗争而放松或看轻与敌人的当前斗争。即从你们的文件语句中间，也可看出你们整个的精神是正用在对内"。信中提出，在目前敌人四面包围中，红四军主要的任务是在向敌人奋斗，应使精神集中、力量向着敌人，可是"代表会的决议案无一语引导全体同志向

---

① 中共中央文献研究室编：《朱德年谱》（新编本）上，中央文献出版社 2006 年版，第 156 页。

着敌人争斗"。

信中还就前一时期引发红四军党内激烈争论的几个问题作了明确答复，如：

关于是否有必要设立军委问题，中共中央的答复是："在目前游击状况下，前委与军委实无须采取两重组织制。但这并不是说前委之下便不可组织军委了，而是说几县割据的政权并没成立，前委仅仅执行它游击的任务，故前委与军委应合在一起。"信中还说，如果几县苏维埃政权成立，他们之上可以成立革命委员会的临时政权，党的组织前委便须用更大的力量指导这几县的工作，实质上便是前委变成这一区域的特委，或与原有的特委合并，在这种情况下便须组织军委，在党的组织上便受前委指挥，专门处理军事工作，红军便归军委调遣。但现在闽西地区还没有此种情势，"故前委的作用仍限于军中，与闽西特委只取横的关系，自然用不着再组织军委了"。

关于红军中党的组织原则，中共中央认为在目前环境下，必须采取比较集权制，才能行动敏捷，才能便于作战，才能一致地战胜敌人。当然，采取这种制度并非没有党内民主，亦并非不执行"一切工作归支部"的口号和恢复家长制。在比较集权制之下许多政治问题斗争策略还是要提到支部中去讨论，不过讨论时要更有集中的指导、敏捷的结论，使其不妨碍于战斗的行动，而一切组织的事务处理，要更集中于指导机关，以统军权。至于"一切工作归支部"，也并非是党的一切工作、一切事务、一切问题都要拿到支部中去讨论去解决，而是要使每个党员都能在支部中得到工作的分配而为党工作，纠正过去党的指导机关常有包办一切代替支部工作或直接指挥党员工作的现象。信中还说，所谓集权制是指在集体指导组织中的集权，绝不是个人的集权。自然在一个委员会中，既有一个书记，他在会议席上、在处理日常事务上，必然要比别人多负点责任。尤其在军队中，在作战的军队中，党的书记当然更要多负些处理日常事务与临时紧急处置的责任——这是书记的责任，绝对不是家长制。

指示信最后说："在目前的环境与工作的需要上，润之、玉阶两同志应遵守代表会的决定，一致地努力工作。安恭同志应依照中央前信的通知调来中央。至赴莫学习事，现已中断，自不必前来。且就你们的名单看来，大多是负重要工作的同志，似你们于决定时并没有估计到目前环境的困难、工作的重要而带有取消倾向，这不能不说是受着整个代表大会侧重于党内争论的影响，望你们迅速予以纠正！"①

遗憾的是，中共中央的这封信，红四军前委并没有收到，而是误当作8月20日《中央给信阳中心县委转商城县委指示信》，送到了河南信阳。

8月下旬，陈毅抵达上海，很快同中共中央接上了头，并向中共中央政治局委员李立三汇报了红四军的有关情况。李立三表示他将尽快向政治局作报告，并要陈毅赶紧写出几种上报的书面材料。8月27日，李立三向中共中央政治局扼要介绍了陈毅报告的红四军有关情况，并且说，红四军都了解，"毛（泽东）在政治上强，军事上朱（德）强"。决定召开临时政治局会议，由陈毅出席并作详细报告。就在这次会议上，中共中央政治局决定由周恩来兼任中央军事部长，因为原军事部长杨殷由于叛徒告密而遭国民党当局

---

① 《周恩来军事文选》，人民出版社1997年版，第85—89页。

逮捕。

过了两天，中共中央政治局会议如期召开，出席会议的有总书记向忠发和政治局委员李立三、周恩来、项英、关向应。陈毅在会上就红四军的全面情况和内部对一些问题的争论作了详细报告。会议认为，红四军的经验和问题都很重要，乃决定由李立三、周恩来和陈毅组成一个委员会，由周恩来任召集人，就有关问题进行深入的讨论审议，并起草一个决议提交政治局讨论通过后发给红四军。

9月1日，陈毅写出关于红四军情况的5个书面材料：《关于朱毛红军的历史及其状况的报告》《关于朱毛红军的党务概况报告》《关于朱毛争论问题的报告》《关于赣南、闽西、粤东江农运及党的发展情况的报告》《前委对中央提出的意见——对全国军事运动的意见及四军本身问题》。中共中央对这几个报告是很重视的，其中还特地将第一个报告刊登在《中央军事通讯》的创刊号上。

随后，周恩来、李立三和陈毅多次讨论研究红四军问题，周恩来一再强调要巩固红四军的团结，维护朱德、毛泽东的领导，并代表中共中央宣布毛泽东继续担任红四军前委书记。这说明，当时中共中央对毛泽东还是很信任的。同时，周恩来让陈毅根据此间召开的中共中央军事会议和谈话精神，代中央起草一封给红四军的指示信。很快，陈毅写出了一份题为《中共中央给红军第四军前委的指示》的文件，经周恩来审定后，于9月28日由中共中央政治局讨论通过。这就是中国革命历史上著名的中央"九月来信"。

"九月来信"首先分析了当时面临的军阀混战的形势，认为中国政局自蒋桂、蒋冯战争后，表面上蒋系的南京政府得了胜利，资产阶级的政治影响加大了些，但实际上一切引起战争的矛盾并未解决，且日益加深地向前发展，因此反蒋的军阀混战又由酝酿至爆发。信中强调："先有农村红军，后有城市政权，这是中国革命的特征，这是中国经济基础的产物。如有人怀疑红军的存在，他就是不懂得中国革命的实际，就是一种取消观念。"来信指出了红军的根本任务与其前途，认为红军的基本任务主要有三：一是发动群众斗争，实行土地革命，建立苏维埃政权；二是实行游击战争，武装农民，并扩大本身组织；三是扩大游击区域及政治影响于全国。"红军不能实现上面三个任务，则与普通军队无异"。同时认为红军应该是采取经常游击的政策，若停留在一个地区，或企图固守一个地带，求其继续存在，这不但不可能而且必然陷于失败。信中还对红军的发展方向与战略、红军与群众、红军的组织与训练、红军给养与经济等问题作了具体指示。

对于中共红四军七大前后军内引起热烈争论的若干问题，"九月来信"作了明确解答。关于前委与军委的问题，信中指出，党的组织系统可保存现在状态，前委委员不要超过9人，前委下面不需要成立军委。党在军队中采取秘密形式，党的机关设在政治部内，党的机关的人员不要过多，要尽量利用群众组织中的人做事。中共中央同时要求红四军中党对军队的指挥尽可能实现党团路线，不要直接指挥军队，经过军部指挥军事工作，经过政治部指挥政治工作。

关于所谓集权制问题，"九月来信"肯定了党的一切权力集中于前委指导机关是正确的，这个原则绝不能动摇，不能机械地引用"家长制"这个名词来削弱指导机关的权力，来作极端民主化的掩护。来信同时认为，前委对于一切问题毫无疑义应先有决定后交下级讨论，绝不能先征求下级同意或者不作决定俟下级发表意见后再定办法，这样不但削弱上级指导机关的权力，而且也不是下级党部的正确生活，这就是极端民主化发展到极度的现象。

关于组织上的争论问题，来信认为目前前委指挥军部、政治部，这是一个临时的办法。前委对日常行政事务不要去管理，应交由行政机关去办，由政治委员监督，前委应着眼在红军的政治军事经济及群众斗争的领导上。"一切工作归支部"这个口号是对的，是作经过支部去工作的解释，但不是与党的民主集权制相对立。

对于朱毛的关系，"九月来信"单列一节专门作出指示，强调"红军是生长在与敌人肉搏中的，他的精神主要的应是对付敌人"。而此前红四军前委在处理朱、毛问题时，存在四个方面的缺点：一是没有引导群众注意对外斗争，自己不先提办法，而交下级自由讨论，客观上有放任内部斗争关门闹纠纷的精神，前委自己铸成这个错误；二是没有从政治上指出正确路线，"使同志们得到一个政治领导来判别谁是谁非，只是在组织来回答一些个人问题"；三是削弱了前委的权力，客观上助长了极端民主化的发展；四是对朱毛问题没有顾及他们在政治上的责任之重要，公开提到群众中没有指导的任意批评，使朱、毛两同志在群众中的信仰发生影响。来信还特别指出："一般同志对朱毛的批评大半是一些唯心的推测，没有从政治上去检查他们的错误，这样不但不能解决纠纷而且只有使纠纷加重。"应当说，这个批评是很中肯的，也是实事求是的，中共红四军七大给毛泽东和朱德罗列的各项缺点就存在这个问题。

"九月来信"指出，毛泽东和朱德的错误是"工作方法的错误"，并对其错误提出批评："第一，两同志常采取对立的形式去相互争论；第二，两同志常离开政治立场互相怀疑猜测，这是最不好的现象。两同志的工作方法亦常常犯有主观的或不公开的毛病，望两同志及前委要注意纠正这些影响到工作上的严重错误！"

来信明确要求红四军前委"应立即负责挽回上面的一些错误"，并提出了四条具体办法："第一，应该团结全体同志努力向敌人斗争，实现红军所负的任务；第二，前委要加强指导机关的威信与一切非无产阶级意识作坚决的斗争；第三，前委应纠正朱毛两同志的错误，要恢复朱毛两同志在群众中的信仰；第四，朱毛两同志仍留前委工作。经过前委会议，朱毛两同志诚恳接受中央指示后，毛同志应仍为前委书记，并须使红军全体同志了解而接受。"①

中共中央上述关于红四军内部争论问题处理的各项意见，无疑是正确的，也是经得起历史检验的。它既实事求是地提出了朱、毛在工作方法上的缺点，同时又不是过分追究个人责任和进行所谓组织处分，并且强调要在帮助朱、毛改正缺点的同时恢复他们在群众中的威信。事实证明，朱、毛之间确实不是什么权力之争，也不是所谓正确路线与错误路线之争，而是在党与军队关系、在新型人民军队究竟如何建设等具体问题上存在不同的看法。红军刚刚创建之时，如何建党建军没有现成的模式可以套用，一切都处于探索、摸索阶段，而且红四军又是由两支部队合编而成的，其领导人具有不同的经历、不同的个人性格，因而在若干具体问题上出现分歧、产生矛盾，是十分正常的。问题在于当这种纷争产生之后如何去处理，中共中央的这个指示，在某种意义上可以说为解决党内争论问题树立了一个典范。

### "中央的意思已完全达到"

中共红四军七大后，由于毛泽东去了地方随后患病休养，陈毅

---

① 中央档案馆编：《中共中央文件选集》第 5 册，中共中央党校出版社 1990 年版，第 488—489 页。

去中共中央汇报，军中的主要领导人只剩下朱德一人。朱德既是军长又是代理前委书记，用现在的话说是党政一肩挑，而朱德自红四军成立以来一直负责军事，虽然现在不得不兼负军中的政治工作，但毕竟难以做到军政工作同时兼顾，因而红四军七大后，军中思想政治工作难免有所放松。1930 年 1 月 6 日，红四军前委在给中共中央的报告中说："四军八九十三个月中，前委机关不健全，毛同志去地方养病，陈毅同志去中央，前委只余朱德同志一人，因此应付不开，政策上发现许多错误，党及红军组织皆松懈。"[①]

虽然红四军七大提出的十三大口号中有"实行民主集权制"和"反对家长制及极端民主化倾向"的内容，但由于前一阶段对党内争论问题采取"大家放开来争论"的态度，这固然一方面有助于军中的民主空气，但另一方面使军中出现极端民主化的倾向。红四军代理军委书记[②] 熊寿祺 1930 年 4 月所写的《红军第四军状况（从1929 年 7 月至 1930 年 4 月）》中说："七次大会直到九次大会，前委的指导路线都不是集体指导一切问题。一切问题都摆在会场上让大家来讨论，不管他政治分析也好，行动计划也好，请调工作也好，都毫不准备意见到会场来争，往往争论终日得不到一个结论。八次大会前后，前委为了调工作问题（当时很多同志请调工作），常常讨论几个钟头，无法解决。每次开会，都要各纵队负责同志到了才能解决问题。各纵队同志在会场上，为了调人调枪这些问题，

<hr>

① 中国人民解放军政治学院党史教研室编：《中共党史教学参考资料》第十四册，1985 年编印，第 236 页。

② 1930 年 2 月，因成立了中共红四、五、六军共同前委，红四军再次成立了军委，潘心源任书记，但潘未到任，由熊代理，军委委员有朱德、潘心源、林彪、熊寿祺、伍中豪等和士兵代表数人。

当然要为自己说话，于是争论起来，没法解决。前委负责人只有说些随和话，常常都是这个样子开会。当时有许多同志说，前委是各纵队联席会，但是前委的负责同志还以为要这样才对，才是自下而上的民主制。"①

与此同时，军中要求毛泽东回来主持前委工作的声音也日益多起来。面对这种情况，朱德一面决定召开中共红四军第八次代表大会，以"解决'七大'所没有解决的一些争论问题"②。一面亲自给毛泽东写信，希望他能回来主持前委，但遭到毛泽东的拒绝。据陈毅回忆，毛泽东回信说：我平生精密考察事情，严正督促工作，这是陈毅主义的眼中之钉，陈毅要我作"八边美人四方面讨好"，我办不到；红四军党内是非不解决，我不能够随便回来；再者身体不好，就不参加会了。③

毛泽东这次确实病得很重，身体很虚弱。国民党方面因一时得不到他的消息，就造谣说他已死于肺结核病。甚至共产国际也误以为毛泽东已经病故，还在 1930 年初的《国际新闻通讯》上发了 1000 多字的讣告。其中说："据中国消息：中国共产党的奠基者，中国游击队的创立者和中国红军的缔造者之一的毛泽东同志，因长期患肺结核而在福建前线逝世。""作为国际社会的一名布尔什维克，作为中国共产党的坚强战士，毛泽东同志完成了他的历史使命。"这一切自然是误传。

---

① 中国人民解放军政治学院党史教研室编：《中共党史教学参考资料》第十四册，1985 年编印，第 257 页。

② 中共中央文献研究室编：《朱德传》，人民出版社 1993 年版，第 184 页。

③ 中共中央文献研究室编：《毛泽东传（1893—1949）》，中央文献出版社 1996 年版，第 204 页。

　　9 月 19 日，朱德指挥红四军和地方武装攻占了上杭城，打破了国民党军的三省"会剿"，使红四军获得了一个休整的机会。9 月下旬，中共红四军第八次代表大会在上杭城太忠庙召开，会议由朱德主持。这次会议由于前委领导不健全，"会议又没有作好必要的准备，在事先不能拿出一个意见，就让大家讨论。结果，会议开了三天，七嘴八舌，毫无结果"。① 熊寿祺在给中共中央的报告说："八次大会时，为了一个红军法规中的党代表权力问题，讨论了两天仍旧没法解决，结果还是决定请示中央。八次大会的选举，为了要各纵队都要参加人，决定选举十七（指前委委员——引者注），在大会上临时来推选，把新由中央派来四军工作的张恨秋、谭箴和郭化仁等都一齐选为委员。谭箴当时尚在一纵队，还没有与大会上的人谋面，他的观念正不正确没有人知道，便当选为常委（这是因为提议他的同志说他好，提议了两次，最后一次才通过）。总之。当时前委什么事都是民主，大家要怎样干就怎样！前委事先对选举没有丝毫意见，结果，选出来的八届前委，又同从前一样，而且更甚地实行所谓'由下而上的民主制'，一开会就得争论半天，前委还认为这样才是无产阶级的办法。因此当时全军政治上失掉领导中心，对政治分析也是由大家缓议，各同志又没有报看，哪里议得出！"②

　　这次会议共选出了 17 名前委委员，毛泽东是其中之一，陈毅再次被选为前委书记，在他未回之前由朱德代理。在会议过程中，第三纵队九支队党代表罗荣桓提出来要将毛泽东请回来，得

① 中共中央文献研究室编：《朱德传》，人民出版社 1993 年版，第 184 页。
② 中国人民解放军政治学院党史教研室编：《中共党史教学参考资料》第十四册，1985 年编印，第 257 页。

中共红四军第八次代表大会会址——上杭县城的太忠庙

到了不少代表的支持。朱德也有此意，但担心毛泽东不愿回来，于是就由军政治部主任张恨秋给毛泽东写"敦请信"。张恨秋是广东大埔人，8月由中共中央派到红四军工作后不久，即被委以重任，当上军政治部主任。他在信中说，接此信后若不回来，就要给予党内处分。毛泽东当时病得很厉害，接到信后只得坐担架从永定的金丰大山前来，可等到他到上杭城时，红四军八大已经开完。大家见他身体确实虚弱，也就放弃了让他回来工作的打算。

其后，毛泽东到永定的合溪继续养病。10月10日前后，又从合溪由地方武装用担架护送到上杭城，住在汀江边的临江楼休养。经过一位当地名医吴修山十多天的治疗，毛泽东的病情明显好转，

毛泽东在上杭养病的临江楼

心情也逐渐好了起来。农历重阳节（10月11日），他看到临江楼前汀江边的黄菊盛开，乃填词一首："人生易老天难老，岁岁重阳。今又重阳，战地黄花分外香。一年一度秋风劲，不似春光，胜似春光，寥廓江天万里霜。"

这年10月1日，陈毅结束了在上海向中共中央的汇报，携带"九月来信"动身返回红四军。10月22日，在广东蕉岭县的松源与朱德会面。当天晚上，红四军前委召开会议，听取陈毅传达中共中央的指示。会议根据中共中央的指示精神，致信毛泽东请其回到红四军重新担任前委书记；同时，考虑毛泽东因病一时不能返回部队，决定前委书记暂由陈毅代理。

在陈毅回到军中的前两天，白砂会议后改任第二纵队司令员的刘安恭，在率部进攻广东大埔县的虎头沙（即石下坝）时中弹牺牲，时年 30 岁。虽然在红四军内部的这场争论中，刘安恭在一定程度上起到了推波助澜的作用，但他毕竟年纪轻轻就为革命献出了自己的生命，因而对他也没有必要过多地予以指责。

11 月 2 日，陈毅再次给毛泽东写信，请他回前委工作。过了两天，陈毅写信向中共中央汇报说："我只有按照中央的办法去做：一、建立四军的政治领导，使全体同志及红军官兵集中力量对外斗争，对外斗争胜利才是我们的出路；二、建立前委的威信，制止极端民主化的发展；三、化除一些同志的成见（朱、毛在内），用布尔什维克党的态度扫除一切敷衍调和模凌〔棱〕两可的陈毅主义（如毛同志所说），对于这个非无产阶级意识的东西，我也不甘落人后地要去打倒他。我回前委后已选函去催毛泽东同志回前委工作。现已筹备九次大会改选前委。"①

11 月 18 日，朱德和陈毅率部抵达上杭的官庄，两人又一次致信毛泽东，请他回军中主持前委工作。23 日，部队第三次攻占长汀，红四军前委在这里作出决定，促请毛泽东速回主持工作，并派部队去迎接。这时的毛泽东，一方面健康正在恢复，另一方面看了陈毅传达的"九月来信"，已知中共中央的态度，乃于 11 月 26 日在中共福建省委巡视员、组织部长谢汉秋的陪同下，来到长汀与朱德、陈毅会合，并重新担任红四军前委书记。

回到红四军后，毛泽东"向朱德、陈毅等表示接受中共中央的'九月来信'，包括对他工作方式的批评。陈毅诚恳地作了自我批

---

① 刘树发主编：《陈毅年谱》，人民出版社 1995 年版，第 140 页。

1929 年 6 月和 12 月，毛泽东、朱德率红四军两次进驻福建连城县新泉镇。6 月 14 日，毛泽东在这里就红四军内部争论问题给林彪写信。12 月上旬至中旬，红四军军部再次进驻新泉，并在这里进行了政治整训和军事整训，为古田会议的顺利召开奠定了基础

评，并介绍了他上海之行的情况。毛泽东也说他在红四军八大时因为身体不好，情绪不佳，写了一些伤感情的话。这样，相互间的矛盾和隔阂就消除了"①。到这时，历时几个月的红四军内部的这场争论真正结束了。

11 月 28 日，毛泽东在长汀主持召开中共红四军前委扩大会议。会议作出了三项重要的决定：（一）召开中共红四军第九次代表大会；（二）用各种方法建立红四军的政治领导；（三）纠正党内各种错误倾向，扫除红军内部一些旧的封建残余制度（废止肉刑、禁止

① 中共中央文献研究室编：《毛泽东传（1893—1949）》，中央文献出版社 1996 年版，第 207 页。

枪毙逃兵等）。同一天，毛泽东向中共中央写了一份报告，汇报自己回到红四军的情况和目前的工作计划。信中说："四军党内的团结，在中央正确指导之下，完全不成问题。陈毅同志已到，中央的意思已完全达到。"①

12月上旬，毛泽东、朱德、陈毅率红四军第一、第二、第三纵队撤出长汀，前往连城的新泉与在这里活动的第四纵队会合。然后，全军在这里进行了10天左右的政治与军事整训。同月中旬，他们又率部开赴上杭县的古田，为中共红四军第九次代表大会做准

毛泽东、朱德、陈毅办公并居住的新泉望云草室

① 中共中央文献研究室编：《毛泽东年谱（1893—1949）》上卷，人民出版社、中央文献出版社1993年版，第290页。

备。毛泽东依据"九月来信"的精神，结合调查研究的情况，起草了"纠正党内非无产阶级意识的不正确倾向""党的组织""党内教育""红军宣传工作"等 8 个决议草案，共达 3 万字。

### "都是站在党的立场上"

12 月 28 日和 29 日，中共红四军第九次代表大会在古田召开。毛泽东在会上作了政治报告，朱德作了军事报告，陈毅传达了中共中央的指示。会议一致通过了毛泽东起草的 8 个决议，总称《中国共产党红军第四军第九次代表大会决议案》，即历史上著名的"古田会议决议案"。大会选举产生了红四军新一届前委成员，他们是毛泽东、朱德、陈毅、李任予（军政治部主任）、黄益善（前委秘

古田会议会址

书长）、罗荣桓（第二纵队党代表）、林彪（第一纵队司令员）、伍中豪（第三纵队司令员）、谭震林（第四纵队政治部主任）、宋裕和（红四军经理处长）、田桂祥（士兵代表），毛泽东重新当选为前委书记。

古田会议强调："中国的红军是一个执行革命的政治任务的武装集团。特别是现在，红军决不是单纯地打仗的，它除了打仗消灭敌人军事力量之外，还要负担宣传群众、组织群众、武装群众、帮助群众建立革命政权以至于建立共产党的组织等项重大的任务。红军的打仗，不是单纯地为了打仗而打仗，而是为了宣传群众、组织群众、武装群众，并帮助群众建设革命政权才去打仗的，离了对群众的宣传、组织、武装和建设革命政权等项目标，就是失去了打仗

古田会议会场

的意义，也就是失去了红军存在的意义。"①这就明确告诉人们，红军是服从于党的政治任务的，必须坚决贯彻党的纲领、路线、方针、政策；红军中必须健全各级党的组织，实行政治委员制度，反对任何借口来削弱党对红军的领导。

古田会议及其决议案的内容在各类中共党史的著述中已有了详细的记载，在此就不再赘述了。笔者想要强调的一点是，古田会议决议在中国共产党实事求是思想路线发展史上，有着十分重要的地位。在古田会议决议案中，毛泽东首先强调："红军第四军的共产党内存在着各种非无产阶级的思想，这对于执行党的正确路线，妨碍极大。若不彻底纠正，则中国伟大革命斗争给予红军第四军的任务，是必然担负不起来的。四军党内种种不正确思想的来源，自然是由于党的组织基础的最大部分是由农民和其他小资产阶级出身的成分所构成的；但是党的领导机关对于这些不正确的思想缺乏一致的坚决的斗争，缺乏对党员作正确路线的教育，也是使这些不正确思想存在和发展的重要原因。"②这里所讲到的"正确路线"，主要指的就是正确的思想路线。

那么，如何对党员"作正确的路线教育"，毛泽东深入分析了当时党内存在的各种错误思想，如单纯军事观点、极端民主化、非组织观点、绝对平均主义、主观主义、个人主义、流寇思想、盲动主义残余的表现与来源，并提出了纠正这些错误思想的具体办法。毫无疑问，给中国革命造成最大危害、阻碍中国共产党形成正确的思想路线的因素，最根本的当属主观主义。

当时，就全党而言，李立三的"左"倾冒险错误和王明的教条

① 《毛泽东文集》第一卷，人民出版社 1993 年版，第 79 页。
② 《毛泽东文集》第一卷，人民出版社 1993 年版，第 78 页。

主义还未形成，毛泽东更不可能意识到随后王明的教条主义能统治全党达 4 年之久。在古田会议召开之时，是遵义会议前全党受教条主义的束缚相对不那么严重的时期。毛泽东之所以将这个问题提出来，因为主观主义是他一向所反对的。毛泽东从这年 2 月中共中央对红四军的指示（即"二月来信"）中感到，中共中央在指导红四军的问题上，存在"一种不切实际的想法"，并不了解红四军的具体情况，主观地作出红四军分散行动，朱德、毛泽东离开红四军决定。而莫斯科回来的刘安恭到红四军工作后，未作深入的调查研究，下车伊始就乱发议论，造成红四军内部思想的混乱。这就使毛泽东深切地感受到，那种对具体情况不作深入了解的形式主义、本本主义即教条主义、主观主义危害极大，故而在古田会议的决议中，特地将如何克服主观主义作为一个重要的问题提了出来。

毛泽东认为，在红四军中，主观主义"在某些党员中浓厚地存在"，这个问题如果不加以解决，不克服党内存在的这种错误倾向，"这对分析政治形势和指导工作，都非常不利"。毛泽东认为，"对于政治形势的主观主义的分析和对于工作的主观主义的指导，其必然的结果，不是机会主义，就是盲动主义"。[①] 这是毛泽东对中国革命的科学总结。在中国革命的过程中，之所以一再犯"左"、右倾错误，其思想根源就在这里。党内一些人不但在对政治形势的估计和实际工作的指导上采取主观主义的态度，而且在这种主观主义的束缚之下，当党内出现不同意见分歧时，以"本本"为依据、为标准，凡是符合"本本"的就认为是对的必须坚决执行，凡是"本本"上没有说的就认为离经叛道，因而动辄以"本本"作大帽子，

---

① 《毛泽东文集》第一卷，人民出版社 1993 年版，第 84 页。

去对待不同意见，甚至要将那些原本符合实际的做法非要统一到"本本"上不可。毛泽东认为，这种"党内的主观主义的批评，不要证据的乱说，或互相猜忌，往往酿成党内的无原则纠纷，破坏党的组织"。①

古田会议召开时红四军机关驻地

毛泽东还感到，红四军第七次党的代表大会前后的党内批评，有一种值得注意的倾向，这就是有些人在开展党内批评时，"不注意大的方面，只注意小的方面。他们不明白批评的主要任务，是指出政治上的错误和组织上的错误。至于个人缺点，如果不是与政治的和组织的错误有联系，则不必多所指摘，使同志们无所措手足"。

---

① 《毛泽东文集》第一卷，人民出版社 1993 年版，第 84 页。

毛泽东认为，这种倾向也必须及早纠正，如此任其发展，造成的后果将是"党内精神完全集注到小的缺点方面，人人变成了谨小慎微的君子，就会忘记党的政治任务"。①

那么，如何纠正党内业已存在的主观主义错误呢？毛泽东在决议中开出的药方，是"教育党员使党员的思想和党内的生活都政治化，科学化"。要使这个药方达到效果，他提出了三个具体的办法："（一）教育党员用马克思列宁主义的方法去作政治形势的分析和阶级势力的估量，以代替主观主义的分析和估量。（二）使党员注意社会经济的调查和研究，由此来决定斗争的策略和工作的方法，使同志们知道离开了实际情况的调查，就要堕入空想和盲动的深坑。（三）党内批评要防止主观武断和把批评庸俗化，说话要有证据，批评要注意政治。"②

这三个具体办法的提出，标志着实事求是思想路线已经初步形成。

首先，毛泽东在这里并没有使用"一切从实际出发""实事求是"这样的概念，但他强调，必须用马克思列宁主义的方法，去分析与研究中国革命中遇到的具体问题，而马克思列宁主义的本质和灵魂，马克思主义的根本要求，就是一切从实际出发，就是具体问题具体分析，实事求是。中国共产党人作为中国的马克思列宁主义者，就必须真实地遵循这些要求，对待马克思列宁主义不能搞教条主义，而应将之与中国革命的具体实际结合起来。

其次，毛泽东还讲述了如何将马克思主义与中国实际相结合的具体途径，这就是进行深入的社会经济的调查研究。对马克思列宁

---

① 《毛泽东文集》第一卷，人民出版社 1993 年版，第 84 页。
② 《毛泽东文集》第一卷，人民出版社 1993 年版，第 84—85 页。

主义忠诚信仰，是中国共产党人的本质特点，不论在革命发展顺利还是在革命遇到挫折之时，中国共产党人对马克思列宁主义的信仰都没有动摇过，而是始终坚信只有马克思列宁主义作指导，中国革命才能成功，中国才有光明的前途。问题在于党内有些人，包括一些领导人，不懂得中国国情的特殊性，不能具体地、灵活地运用马克思列宁主义，没有认识到马克思列宁主义仅为中国革命提供了一般原则，至于中国革命的具体形式和具体途径，需要中国共产党人自己去创造，而是教条式地对待马克思列宁主义，特别是教条式地对待十月革命的经验和共产党国际的指示。出现这种现象的根本原因，就在于这些人对中国的具体国情并不了解，不下决心进行中国社会的调查研究，以为只要掌握马克思列宁主义的一些"本本"，依样画瓢革命就能够成功，结果适得其反。所以毛泽东在这里特别强调了调查研究的重要性，认为只有调查研究，才能掌握具体情况，才能做到一切从实际出发、实事求是。

最后，毛泽东还讲到开展正确的党内批评和党内斗争的重要原则——不能武断，说话要有证据。这是一个非常重要的观点。在中国共产党内部，由于一些人自以为掌握了马克思列宁主义，自以为从"远方"也就是莫斯科取得了"真经"，不是灵活运用"本本"，而是拿"本本"来套中国革命，一切要从"本本"上找依据。凡是"本本"上说了，就当作不能更改的"圣经"，必须无条件执行；凡与"本本"不相符的，就被认为是离经叛道，对那些坚持从实际出发但与"本本"可能不一致的观点、做法，左批评右指责，使那些本来符合中国实际的探索受到压制，那些从实际出发的同志受到排挤与打击。毛泽东在这里强调，党内批评必须有"证据"，而"证据"从何而来，显然不是来自莫斯科，不是来自"本本"，而是来自调查研究。所以，毛泽东在这里提出的纠正党内主观主义的三条办法，核心就是从实际出发，实事求是，根本办法就是调查研究。

对于古田会议的历史意义，在中共党史上一直给予很高的评价，这自然是有其道理的，它确实在党的建设问题上、在新型人民军队建设问题上，都具有创新性的意义。但是也应该看到，古田会议及其决议的形成，与此前发生的红四军有关问题的争论有着密切的关系。在这场争论中，关于党与军队的关系、军队中党如何建设、军队自身如何建设等曾出现不同意见，产生了争论。正因为产生了争论，就使得争论的双方都对自己的观点和对方的观点进行认真的思考，也使得中央领导层不得不对双方争论的内容提出意见，其结果是形成了一系列关于党的建设、人民军队建设的比较正确的思想。而这场争论之所以产生这样一个积极结果，一个重要的原因，是这场争论从根本上讲不是个人意气之争、权力之争，争论双方的出发点是共同的，这就是如何把军队建设好、把军队中的党建设好。因为有这样一个共同点，因为双方以党的利益为重，故而在经过一段时间的实践检验之后，双方最终达到了共识，这就为古田会议的成功召开奠定了基础。

第二年的九十月间，中共中央特派员涂振农在一份报告说："据我在那里时的观察，（朱毛）确实都从行动上改正过来。朱德同志很坦白地表示，他对中央的指示无条件地接受。他承认过去的争论他是错的。毛泽东同志也承认工作方式和态度的不对，并且找出了错误的原因。过去军政关系的不甚好，是做政治的和做军事的人对立了，缺乏积极的政治领导的精神。同时要说到四军党内虽有争论，但都是站在党的立场上，在党的会议上公开讨论，虽有不同的意见，但没有什么派别的组织，只是同志间个人的争论，而不是

古田会议结束后毛泽东住地协成昌。他在这里给林彪写了一封很长的复信，回答林彪关于"红旗到底打得多久"的疑问，并以党内通讯的形式印发给部队干部。这封信在收入《毛泽东选集》时取名为《星星之火，可以燎原》

形成了那一派和这一派的争论。"① 正是因为大家都是"站在党立场上"，才能在提高认识的基础上实现了新的团结。这也是古田会议前红四军内部虽有争论，但最终能形成一个良好结局的根本原因。

① 转引自中共中央文献研究室编：《毛泽东传（1893—1949）》，中央文献出版社1996年版，第207—208页。

三、反对本本主义与打破三次『围剿』

古田会议后，红四军回兵赣南，扩大革命根据地，毛泽东利用红军进驻寻乌的机会，开展了深入的社会调查，同时他在革命实践中深切地感受到从实际出发的重要性，写出了《反对本本主义》一文。随后，他与朱德根据中共中央的决定率领红军攻打长沙，对脱离实际的冒险主义作了灵活的抵制，实现了红军由游击战到运动战的转变。从 1930 年底至 1931 年 9 月，毛泽东指挥红一方面军运用诱敌深入的作战方针，成功打破了国民党军对中央苏区的三次"围剿"，使红军的力量进一步发展壮大，并提高了其在党内军内的威望。

## （一）抓住一切机会开展调查研究

### "弄清了富农与地主的问题"

遵义会议之后，毛泽东之所以成为全党公认的领袖，从根本上讲在于他成功探索出了一条适合中国国情的革命道路。这条道路的形成，又与他作了大量的社会调查特别是农村调查，从而真正了解中国的基本国情，并为此制定出比较正确的路线方针政策密不可分。

早在 1927 年 9 月，毛泽东领导湘赣边界的秋收起义，在进军长沙的计划受挫后，他毅然率领工农革命军上了井冈山，并成功地改造了活动在井冈山的袁文才、王佐两支农民武装。上到井冈山后，工农革命军面临的首要问题，就是如何发动农民，取得农民的支持，并在此基础上建立巩固的根据地。一开始，工农革命军发动群众的主要办法是在进行革命宣传的基础上打土豪、分浮财，这虽然也能调动部分群众的革命热情，但单靠这种办法显然难以从根本上解决工农革命军的生存和发展问题。

一到井冈山，毛泽东就极为重视调查研究工作。他曾在工农革命军占领宁冈、永新两地后，在这里进行过详细的社会调查，并写了《宁冈调查》和《永新调查》两篇调查报告，可惜后来他在离开井冈山时，未能将这两个调查报告带走，结果散失了。尽管如此，通过对这两地的调查，毛泽东发现，湘赣边界地区的土地占有情况极不合理，要发动农民起来革命，就必须解决这个问题。1928 年三四月间，在工农革命军进入湖南酃县（今炎陵县）的中村和桂东县的沙田时，他曾在两地通过采取访贫问苦、召开诉苦会和斗争会等方式发动群众，然后插牌分田，这是工农革命军进行土地革命的最初尝试。同年夏，朱德率部来到井冈山同毛泽东会师后，井冈山革命根据地也发展到了全盛时期，于是边界各县掀起了轰轰烈烈的分田高潮。在这个基础上，毛泽东起草了《井冈山土地法》。

《井冈山土地法》规定：没收一切土地归苏维埃政府所有，将土地分配给农民个别耕种或共同耕种，亦可由苏维埃政府组织模范农场耕种；一切土地经苏维埃政府没收并分配后禁止买卖；分配土地，主要以人口为标准，男女老幼平均分配；一般以乡为单位进行分配，遇特殊情况时得以几个乡或区为单位。由于缺乏经验，《井冈山土地法》也存在不足，主要表现在两个方面：一是没收一切土地而不是只没收地主的土地，容易侵犯中农的利益；二是土地所有权属于政府而不属于农民，农民只有使用权，禁止土地买卖。"尽管如此，贫苦农民因为分得了土地，革命和生产积极性都大大提高，从各方面全力支持红军和根据地的发展。"[①]

1929 年初，毛泽东、朱德率红四军离开井冈山，前往赣南、闽西开辟新的革命根据地。4 月，毛泽东率红四军第三纵队进驻兴国县城。在这里"调查兴国的政治、经济情况，翻阅县志并向群众了解兴国的历史及现状"[②]。在调查研究的基础上，毛泽东主持制定了《兴国土地法》。这个土地法与《井冈山土地法》相比，把"没收一切土地"改为"没收公共土地及地主阶级土地"。这虽然只有几个字之差，但它是对《井冈山土地法》的一个原则性的修订，这样可以集中打击地主阶级，消灭封建土地关系，因而深得广大农民的拥护。

1929 年 6 月，红四军召开第七次党的代表大会。会议围绕要不要设军委的问题展开了争论，这场争论实际上是涉及党与军队的关系问题。由于红军还处在初创时期，革命军队内部存在的单纯军事观点、流寇思想、极端民主化和军阀主义残余尚未肃清，结果在这一问题上未能统一认识，在大会选举时毛泽东只被选为前委委员，而没有被选为前委书记。会后，他离开红四军，到中共闽西特委所在地的上杭县蛟洋帮助指导地方工作。

---

① 中共中央文献研究室编：《毛泽东传（1893—1949）》，中央文献出版社 1996 年版，第 187—188 页。

② 中共中央文献研究室编：《毛泽东年谱（1893—1949）》上卷，人民出版社、中央文献出版社 1993 年版，第 273 页。

在上杭期间，毛泽东"不辞辛苦，深入群众，作了大量调查工作"①。毛泽东初到上杭时，闽西特委正准备在蛟洋召开中共闽西第一次代表大会。毛泽东发现会议的准备工作还不够充分，乃提议会议推迟一周召开，由代表先在本地区进行调查，他自己也参加调查。这次调查对于开好中共闽西一大起到了重要作用。大会在毛泽东指导下，总结了闽西土地斗争的经验，通过了《土地问题决议案》，其中规定：对大小地主加以区别对待，对地主也"酌量分与土地"；对富农土地只没收"自食以外的多余部分"，"不过分打

1929年4月，毛泽东率红四军第三纵队抵达兴国县城，住在潋江书院的文昌宫，并在这里制定了著名的《兴国土地法》

---

① 中共中央文献研究室编：《毛泽东年谱（1893—1949）》上卷，人民出版社、中央文献出版社1993年版，第289页。

击"；对中农"不要予以任何的损失"；"对大小商店采取一般的保护政策"；在土地分配上，以乡为单位，在原耕基础上"抽多补少"，"按人口平均分配"。这些都是对《井冈山土地法》和《兴国土地法》的新发展。①

1929 年 12 月，红四军在上杭县的古田村召开第九次党的代表大会，毛泽东重新当选为红四军前委书记。古田会议后，红四军回师赣南，分兵发动群众，深入开展土地革命，形成了比较巩固的赣南根据地。1930 年 5 月，红四军攻克寻乌县城，并在这里停留了一个月的时间，分散到寻乌及附近各县发动群众。

有这样一段相对安定的时间，对毛泽东来说太珍贵了。他抓住这个机会，在中共寻乌县委书记古柏协助下，接连开了十多天座谈会，进行社会调查。这是他以前还没有过的规模最大的一次调查，而且通过对寻乌的调查，即可对赣南、闽西的基本情况有大致的了解，因为"寻乌这个县，介在闽粤赣三省的交界，明了了这个县的情况，三省交界各县的情况大概相差不远"②。他此次调查的目的很明确，就是为了解中国的富农问题和小城市的商业问题。后来他回忆说："一九三〇年五月，我在江西南部的寻乌县做了个调查。这个调查，我都找了些什么人呢？找了几个中下级干部，一个破产了的商会会长，一个在县衙门管过钱粮的小官吏，还有一个穷秀才，此外就是寻乌县的县委书记。我们几个人，谈了好几天。那些人可有话讲啦！他们把那里的全部情况，寻乌的工商业情况，各行各业

---

① 中共中央文献研究室编：《毛泽东传（1893—1949）》，中央文献出版社 1996 年版，第 203 页。

② 《毛泽东农村调查文集》，人民出版社 1982 年版，第 42 页。

的情况，都跟我讲了。"①

这十多天的辛勤工作换来了丰硕的调研成果，毛泽东依据调查得来的材料，写成了一篇共5章39节长达8万多字的《寻乌调查》。从这个调查报告涉及的内容来看，毛泽东对寻乌的调查相当全面，包括地理位置、历史沿革、行政区划、自然风貌、水陆交通、土特产品、商业往来、商品种类、货物流向、税收制度、人口成分、土地关系、阶级状况、剥削方式、土地斗争等等。其中，第一章是寻乌的政治区划；第二章是寻乌的交通；第三章是寻乌的商业；第四章是寻乌的旧有土地关系；第五章是寻乌的土地斗争。毛泽东着重调查了这样几个问题：

一是关于寻乌的商业情况。这是毛泽东调查的一个重点。他具体调查了从门岭到梅县、从安远到梅县、从梅县到门岭、从梅县到安远与信丰经寻乌的生意情况，以及惠州来货、寻乌的出口物、寻乌的重要市场情况，详细调查了寻乌城内各种货物的种类、店铺分布、经营品种、专卖经营、商品成色、货物来源、市场价格、销售方向、年度贸额、荣枯演变、店员制度等情况。调查的内容甚详，如调查的货物门类或行业就包括盐、杂货、油、豆、屠坊、酒、水货、药材、黄烟、裁缝、伞、木器、火店、豆腐、理发、打铁、爆竹、打首饰、打洋铁、修钟表、圩场生意等，并对其中的每一门类又作了详尽的分类调查，例如水货中又包括咸鱼、海带、糖、豆粉、猪皮、闽笋、鱿鱼、豆豉、面灰、洋蜡、玉粉、盖市（鱿鱼里的一种，即是最好的鱿鱼）、菜莆、虾壳、胡椒、酱油等，并对每一种货物的来源、销量及销售对象进行了解。同时还调查了店主的

---

① 《毛泽东文集》第八卷，人民出版社1999年版，第264页。

出身、发家经历、性格特点、政治态度、资本多寡、势力大小、家庭人口、营业状况、店铺变化等，涉及的店铺达 90 多家。

二是关于寻乌旧有的土地关系。毛泽东对农村人口成分、旧有田地分配、公共地主、个人地主、富农、贫农、山林制度、剥削状况、寻乌文化 9 个方面作了详细调查。毛泽东在调查中了解到：收租 200 石以上的中等地主，收租 500 石以上的大地主，他们对于生产的态度是完全坐视不理。他们既不亲自劳动，又不组织生产，完全以收租坐视为目的。固然每个大中地主家里都多少耕了一点田，但他们的目的不在生产方法的改良和生产力的增进，不是靠此发财，而是为了人畜粪草堆积起来了弃之可惜，再则使雇工不致闲起，便择了自己土地中的最肥沃者耕上十多二十石谷，耕四五十石谷的可以说没有。大中地主的政治态度基本上都是反对革命的。

有一段时间，社会上时常出现对中共领导的土地革命提出质疑的声音。有人提出：地主集中土地，是为了集约经营和规模化生产，符合现代农业发展要求。因此，地主其实是当时中国农村先进生产力的代表。土地改革使土地零碎化，违背了现代农业发展方向。其实事实并非如此，大中地主集中土地的目的，并非为了集约经营，而是以"收租坐视为目的"，也就是把土地作为剥削农民的手段，而且"大中地主阶级的全部都是反革命"。① 由此可见，地主阶级代表的不是先进生产力，反而是阻碍生产力的发展，不将其打倒就无法解决农民的土地问题。

毛泽东还详细地调查了小地主的情形。寻乌的小地主包含两个

---

① 《毛泽东文集》第一卷，人民出版社 1993 年版，第 194 页。

部分。一个部分是从所谓"老税户"传下来的，这一部分的来源多半是由大中地主的家产分拆，所谓"大份分小份"，即由大中地主分成许多小地主。这部分的人数在整个地主阶级中占32%。依据他们的经济地位，其政治态度又有三种区别：

一是年有多余的，人数占地主阶级总数的0.96%，他们在斗争中是反革命的。

二是一年差过一年，须陆续变卖田地才能维持生活，时常显示着悲惨的前途的。这一部分人数很多，占地主阶级总数的22.4%。他们很有革命的热情。

三是破产更厉害靠借债维持生活的。这一部分占地主阶级总数的8.64%，他们也是革命的，有很多人参加现在寻乌的实际斗争。

这是一个很有意义的调查。就整个阶级而言，地主是阻碍生产力发展的反动阶级，是土地革命必须打倒的对象。但对这个阶级也要具体问题具体分析，对其中不同的阶层、不同的人不能一概而论，有相当一部分小地主其实也是愿意革命的，有的甚至有较高的革命热情。在红四军到来之前，在寻乌领导当地革命斗争中，有的人就是出身于这类小地主家庭，陪同毛泽东调查的古柏就是这种出身。可见，不能将地主阶级的每一个成员不分青红皂白一律作为革命的对象。当然，参加革命的不是大中地主，而是小地主中走下坡路、日益走向破产者。很简单，革命对这些人没有根本的利益损害，他们原本经济、政治地位日益下降，说不定通过参加革命，还可以改变自己的社会际遇。这个调查表明，具体问题具体分析是多么重要。

毛泽东在调查中还了解到，普通小地主，除上述老税户部分外，另有一个占地主阶级总数48%的不小的阶层，那就是所谓"新发户子"。这一个阶层的来历，与从老税户破落下来的阶层恰好相反，是由农民力作致富升上来的，或由小商业致富来的。他们看钱看得很大，吝啬是他们的特性，发财是他们的中心思想，终日劳动是他们的工作。他们又放很恶的高利贷，所有放高利贷者，差不多全属这班新发户子。"这种半地主性的富农，是农村中最恶劣的敌人阶级，在贫农眼中是没有什么理由不把它打倒的。"①

　　根据毛泽东的调查，寻乌农村剥削形式分为地租剥削、高利剥削和税捐剥削三类。在地租剥削中，比较普遍的是见面分割的收租方式。即在禾熟时，地主和农民同往禾田，农民将打下的谷子与地主对半分，然后由农民将给地主的那部分送到地主家。放高利贷者，多为中地主、新发户子，大地主及公堂仅占5%。大地主之所以较少放高利贷，是因为他们的"目的在享乐而不在增殖资本"；而那些商业化的大地主，"拿了钱去做生意。因此，也就无钱借与别人"。②

　　寻乌的高利贷剥削有多种方式，如钱利、谷利、油利等。其中谷利是"富农及殷实中小地主剥削贫农的一种最毒辣的方法"，6个月乃至3个月就要付50%的利息。贫农还不起债，或生活不下去了，就只有最后一条路：卖奶子（即卖亲生子）。毛泽东在《寻乌调查》中写道："我就是历来疑心别人的记载上面写着'卖妻鬻子'的话未必确实的，所以我这回特别下细问了寻乌的农民，看到底有这种事情没有？细问的结果，那天是三个人开调查会，他们三个村子里都有这种事。"所以毛泽东说："旧的社会关系，就是吃人关系！"③

————————
　　①　《毛泽东农村调查文集》，人民出版社1982年版，第130—131页。
　　②　《毛泽东农村调查文集》，人民出版社1982年版，第146、147页。
　　③　《毛泽东农村调查文集》，人民出版社1982年版，第147、150、153页。

正是这种"吃人关系"的存在，相当一批贫苦农民生活没有出路，唯有革命才能变革这种"吃人关系"，才能改变他们经济上受剥削、政治上受压迫的状况，这也是中国共产党领导的革命能够由星星之火变成燎原之势的社会基础。一个农民是否参加革命，既取决于他们的生存状况，也取决于革命能否改变他们受剥削受压迫的状态。正因为中国农民普遍贫穷，一些贫苦农民为了养家糊口，不得不出卖土地、房屋甚至亲生子女。在这样的情况下，中共组织深入农村搞革命时，他们必定成为革命的积极参加者。其实，中国革命的发生，从根本上讲，不是人为鼓动的结果，而是社会矛盾激化的产物。

三是关于寻乌的土地斗争。毛泽东在调查报告中对此列举了17个问题，都是围绕着土地分配展开的。他了解到的情况是：寻乌革命委员会开始提出了四个办法，要求区乡苏维埃召开群众代表大会，讨论选择其中的一种：一是照人口平分；二是劳动力状况分配；三是照生活来源多寡分配；四是照土地肥瘦分配。结果多数地方采取第一种办法，按照人口数目，不分男女老少，不分劳动能力有无大小，以人口除田地的总数平分，并且得到多数群众的拥护。

关于分配土地的区域单位，毛泽东在调查中发现，农民反对以大的区域（区）为单位分田，就是以乡为单位也不赞成，而是愿意以村为单位。主要是因为村里的田近，熟悉，方便。毛泽东说："摸熟了的田头，住惯了的房屋，熟习了的人情，对于农民的确是有价值的财宝，抛了这些去弄个新地方，要受到许多不知不觉的损失。"那种以为农民不愿搬迁，是思想陈旧和心理的原因，"不承认是经济的原因，是不对的"。至于具体如何分田，毛泽东通过调查发现，最核心的是一个"平"字，"平田主义是最直捷了当，最得多数群众拥护的，少数不愿意的（地主与富农）在群众威胁之下，简直不敢放半句屁。所以一个'平'字就包括了没收、分配两个意义。"①

正因为毛泽东在寻乌作了这样深入的社会调查，在领导土地革命过程中，才能制定一条切合实际的土地革命路线和相应的方针政策，他后来说："我作了寻乌调查，才弄清了富农与地主的问题，提出解决富农问题的办法，不仅要抽多补少，而且要抽肥补瘦，这样才能使富农、中农、贫农、雇农都过活下去。假若对地主一点土地也不分，叫他们去喝西北风，对富农也只给一些坏田，使他们半饥半饱，逼得富农造反，贫农、雇农一定陷于孤立。当时有人骂我是富农路线，我看在当时只有我这办法是正确的。"② 毛泽东之所以找到一条正确的土地革命路线，与这种深入的调查研究是联系在一起的。

### "没有调查，没有发言权"

在进行寻乌调查的同一个月，毛泽东写出了他的名作《反对本本主义》（原题为《调查工作》。这篇文章曾在红四军中和中央革命根据地印成小册子，后因敌人多次"围剿"而失传了。直到1957年2月，福建上杭县茶山公社官山大队农民赖茂基把自己珍藏多年的一本《调查工作》献了出来，才使这篇重要的历史文献失而复得。1964年6月，《调查工作》收入《毛泽东著作选读》一书时，改题名为《反对本本主义》，人民出版社同时出版了单行本）。这篇文章，是毛泽东多年从事调查研究的理论总结。

---

① 《毛泽东农村调查文集》，人民出版社1982年版，第169、173页。
② 《毛泽东文集》第二卷，人民出版社1993年版，第379页。

文章一开头，就提出一个重要的命题："没有调查，没有发言权。"毛泽东说："你对于那个问题不能解决吗？那末，你就去调查那个问题的现状和它的历史吧！你完完全全调查明白了，你对那个问题就有解决的办法了。一切结论产生于调查情况的末尾，而不是在它的先头。只有蠢人，才是他一个人，或者邀集一堆人，不作调查，而只是冥思苦索地'想办法'，'打主意'。须知这是一定不能想出什么好办法，打出什么好主意的。换一句话说，他一定要产生错办法和错主意。""调查就像'十月怀胎'，解决问题就像'一朝分娩'。调查就是解决问题。"①

针对当时党内严重存在的教条主义（毛泽东当时称之为"本本主义"）倾向，毛泽东尖锐地指出："我们说上级领导机关的指示是正确的，决不单是因为它出于'上级领导机关'，而是因为它的内容是适合于斗争中客观和主观情势的，是斗争所需要的。不根据实际情况进行讨论和审察，一味盲目执行，这种单纯建立在'上级'观念上的形式主义的态度是很不对的。为什么党的策略路线总是不能深入群众，就是这种形式主义在那里作怪。盲目地表面上完全无异议地执行上级的指示，这不是真正在执行上级的指示，这是反对上级指示或者对上级指示怠工的最妙方法。"

毛泽东接着又阐述了共产党人对马克思主义应该采取的正确态度："我们说马克思是对的，决不是因为马克思这个人是什么'先哲'，而是因为他的理论，在我们的实践中，在我们的斗争中，证明了是对的。我们的斗争需要马克思主义。我们欢迎这个理论，丝毫不存什么'先哲'一类的形式的甚至神秘的念头在里面。"他由

---

① 《毛泽东选集》第一卷，人民出版社 1991 年版，第 109、110—111 页。

此得到了一个极端重要的结论："马克思主义的'本本'是要学习的，但是必须同我国的实际情况相结合。我们需要'本本'，但是一定要纠正脱离实际情况的本本主义。"那么，如何才能纠正这种本本主义呢？最根本的办法——"只有向实际情况作调查"。①

毛泽东认为："必须努力作实际调查，才能洗刷唯心精神。"调查的对象是社会的各阶级；调查的主要目的，是要明了社会各阶级的政治经济情况；调查所要得到的结论是各阶级现在的以及历史的盛衰荣辱的情况；调查工作的主要方法是解剖各种社会阶级。他指出："我们的终极目的是要明了各种阶级的相互关系，得到正确的阶级估量，然后定出我们正确的斗争策略，确定哪些阶级是革命斗争的主力，哪些阶级是我们应当争取的同盟者，哪些阶级是要打倒的。我们的目的完全在这里。"②

在这篇文章中，毛泽东还提出了一个重要的论断："中国革命斗争的胜利要靠中国同志了解中国情况。"其针对性是不言而喻的。当时，党内有不少人对十月革命的经验盲目崇拜，对经典作家关于无产阶级革命的论述教条式地理解，机械执行共产国际指示或盲目照搬俄国革命的做法，缺乏独立自主意识和独创精神。为此，毛泽东尖锐地指出："共产党的正确而不动摇的斗争策略，决不是少数人坐在房子里能够产生的，它是要在群众的斗争过程中才能产生的，这就是说要在实际经验中才能产生。因此，我们需要时时了解社会情况，时时进行实际调查。"③

为了帮助那些不会进行调查研究的同志学会调查，毛泽东在文

---

① 《毛泽东选集》第一卷，人民出版社 1991 年版，第 111—112 页。
② 《毛泽东选集》第一卷，人民出版社 1991 年版，第 112、113—114 页。
③ 《毛泽东选集》第一卷，人民出版社 1991 年版，第 115 页。

章的最后，特地讲到了调查的技术问题。他的经验是：

——要开调查会作讨论式的调查。只有这样才能近于正确，才能抽出结论。那种不开调查会，不作讨论式的调查，只凭一个人讲他的经验的方法，是容易犯错误的。那种只随便问一下子，不提出中心问题在会议席上经过辩论的方法，是不能抽出近于正确的结论的。

——调查会到些什么人？要是能深切明了社会经济情况的人。以年龄说，老年人最好，因为他们有丰富的经验，不但懂得现状，而且明白因果。有斗争经验的青年人也要，因为他们有进步的思想，有锐利的观察。以职业说，工人也要，农民也要，商人也要，知识分子也要，有时兵士也要，流氓也要。自然，调查某个问题时，和那个问题无关的人不必在座，如调查商业时，工农学各业不必在座。

——开调查会人多好还是人少好？看调查人的指挥能力。那种善于指挥的，可以多到十几个人或者二十几个人。究竟人多人少，要依调查人的情况决定。但是至少需要三人，不然会囿于见闻，不符合真实情况。

——要定调查纲目。纲目要事先准备，调查人按照纲目发问，会众口说。不明了的，有疑义的，提起辩论。所谓"调查纲目"，要有大纲，还要有细目。

——要亲身出马。凡担负指导工作的人，从乡政府主席到全国中央政府主席，从大队长到总司令，从支部书记到总书记，一定都要亲身从事社会经济的实际调查，不能单靠书面报告，因为二者是两回事。

——要深入。初次从事调查工作的人，要作一两回深入的调查工作，就是要了解一处地方（例如一个农村、一个城市），或者一个问题（例如粮食问题、货币问题）的底里。深切地了解一处地方或者一个问题了，往后调查别处地方、别个问题，便容易找到门路了。

——要自己做记录。调查不但要自己当主席，适当地指挥调查会的到会人，而且要自己做记录，把调查的结果记下来。假手于人是不行的。

《调查工作》这篇文章，虽然只有4000多字，但毛泽东科学地论证了调查研究的极端重要性，提出了"没有调查，没有发言权"，"中国革命斗争的胜利要靠中国同志了解中国情况"两个重要的命题。从这篇文章的字里行间不难看出，作为毛泽东思想活的灵魂的实事求是、群众路线、独立自主，已经蕴含其中了。

毛泽东的成功，在于他善于把马克思主义基本原理与中国的具体实际相结合。要实现这种结合，既要真正掌握马克思主义的基本原理，也要真正了解中国的具体实际。前者需要认真读书学习，后者需要不断地深入实际、深入基层、深入群众调查研究。正如邓小平所评价的："毛泽东同志从参加共产主义运动、缔造我们党的最初年代开始，就一直提倡和实行对于社会客观情况的调查研究，就直同理论脱离实际、一切只从主观愿望出发、一切只从本本和上级指示出发而不联系具体实际的错误倾向作坚决的斗争。""一九三〇年，毛泽东同志专门写了《反对本本主义》这篇文章，提出'没有调查，没有发言权'的科学论断。他坚决反对在共产党内讨论问题的时候，开口闭口拿本本来，以为上了书的就是对的这种错误的心理。"①

---

① 《邓小平文选》第二卷，人民出版社1994年版，第114—115页。

### "调查工作应切实去做"

写出《反对本本主义》这篇文章后不久，即1930年6月，红四军前委和闽西特委在福建长汀县的南阳召开联席会议。会上，毛泽东作了关于形势与任务的报告，他根据寻乌调查得到的实际材料，分析了土地分配中的问题，提出了解决办法。会议通过的经毛泽东审改的《富农问题》和《流氓问题》两个决议明确规定：对土地分配除原有的"抽多补少"原则外，还应实行"抽肥补瘦"，使

位于兴国县城的兴国革命纪念馆。兴国是中央革命根据地的中心地区。苏区时期，全县23万人，参军参战的就达8万多人，占青壮年的80%多。在参加长征的红军12个主力师中有7个师是从兴国出发的，其中"兴国模范师""少共国际师""中央警卫师"3个师大多是兴国子弟。革命战争年代，全县牺牲的革命烈士有5万多名，其中有姓名可考的烈士就达23179名。其中，仅牺牲在长征路上的烈士就达12038名，几乎每一公里长征路就有一名兴国籍红军战士倒下

土地革命政策得到进一步完善。

中国革命的中心问题是农民问题，而农民问题的核心是土地，唯有解决农民的土地问题，才能动员千百万农民投身革命，但要解决农民的土地问题，就必须有正确的政策，既将农民的革命积极性调动起来，又尽可能地减少革命的阻力，不把地主富农逼迫到与革命尖锐对立的状态，毛泽东在调查研究中逐渐形成了"抽多补少、抽肥补瘦"的土地政策，与后来教条主义者主张的"地主不分田、富农分坏田"主张，形成了鲜明的对比。

在这之后，毛泽东又作了一系列的社会调查，如 1930 年 10 月底的兴国调查，详细了解了兴国农村土地革命前后的情形。对于这次调查，毛泽东自己的评价是，一方面，他认为"这次调查，一般说来仍不是很深入的"，"这个调查的缺点，是没有调查儿童和妇女状况，没有调查交易状况和物价比较，没有调查土地分配后农业生产的状况，也没有调查文化状况"。这些情况他本来是要调查的，因为敌人对根据地发动新的进攻，红军决定诱敌深入，调查只得结束。另一方面，他对这次调查还是比较满意的，感到这次调查较之"历次调查要深入些"。原因有两点：第一，他做了 8 个家庭的调查，这是他从来没做过的。第二，调查了各阶级在土地斗争中的表现，这是他寻乌调查中做了而没有做得完全的。[①] 通过这次调查，毛泽东进一步感受到了一切从实际出发的重要性。他在整理后记中说："实际政策的决定，一定要根据具体情况，坐在房子里面想象的东西，和看到的粗枝大叶的书面报告上写着的东西，决不是具体的情况。倘若根据'想当然'或不合实际的报告来决定政策，那是危险

---

① 《毛泽东农村调查文集》，人民出版社 1982 年版，第 183 页。

的。过去红色区域弄出了许多错误，都是党的指导与实际情况不符合的原故。所以详细的科学的实际调查，乃非常之必需。"①

1930年11月上旬，为了诱敌深入，毛泽东从峡江到吉安布置部队撤退，途经吉水县的东塘村、大桥村和吉安县的李家坊、西逸亭等地，他利用吃饭、休息和夜宿的时间，进行了简略的调查，了解土地革命的进展情况、村乡两级苏维埃政府在土地斗争中的组织和活动情况及其存在的问题，写下了几篇小型的调查报告即《东塘等处的调查》。这样的例子很多，可以说，调查研究是这段时间毛泽东日常生活的重要内容。

在毛泽东带领下，当时红四军形成了全军上下动手调查的风气。红四军七大后前往上海向中共中央汇报工作的陈毅，在1929年9月1日写了一份关于朱毛红军历史及现状的报告，其中汇报了红四军各部通常所进行的工作，第一项就是"调查工作"。

报告说："游击部队达到某地以后，第一步必须做调查工作，由军官及党代表负责必须经过调〈查〉工作以后，才能开会决定该地工作，因为红军行动如行云流火〔水〕一般，所到之地，皆不明情形，若不调查则一切决定必〔不〕能切合当地群众需要，比如红军标语打倒土豪劣绅这样写的时候很少，因为太空洞而不具体，我们必需先调查当地某几个人是群众最恨的，调查以后则写标语时就要成为打倒土豪劣绅某某等，这个口号无论如何不浮泛引起群众深的认识。"

至于调查的内容，则由政治部制定一个极详细的调查表，内分群众斗争状况、反动派情况、当地经济生活工价物价等，当地土地

_____

① 《毛泽东农村调查文集》，人民出版社1982年版，第182—183页。

分配情形如地主、富农、中农、贫农等比较，以及土地百分比之分配、当地特殊产品等，其次是对当地情形之观察，交通河流之测量。"这个工作是一个极有趣味的工作，一般同志作起来感觉麻烦。红军经过一时期表册便堆积起来，政治部工作人员缺乏无人整理，每致散失却是一个遗憾。但是他的好处可以使红军不会不顾环境而只凭主观决定自己的政策。"①

从陈毅的汇报中可以看出，红四军十分重视调查工作，已经将调查工作经常化，成为部队政治工作的重要内容。红四军的调查研究工作得到了中共中央的肯定，由陈毅起草、周恩来审定的《中共中央给红军第四军前委的指示信》中指出："关于调查工作应切实去做。过去有许多调查成绩，因没人统计以致放弃，甚属可惜。前委应指定专人去做，这个工作做得好，对于了解中国农村实际生活及帮助土地革命策略之决定有重大意义。"②

1930 年 6 月，红四军政治部发布《红军第四军各级政治工作纲领》。在这个《纲领》中，对部队各级政治部的调查研究工作作出了详细的规定：军政治部负责制发社会经济调查表，指导各部队的实际调查方法，并督促各部队做成统计，然后交由军政治部做成总统计；纵队政治部负责督促、指导各级工作人员，做实际社会调查工作，并督促其做出统计，汇交军政治部做成总统计；支队和大队政治委员指挥官兵做社会调查，并把调查情况报上一级机关。这个规定，使红四军的调查研究大大加强，并提供了制度化、组织化保障。

---

① 中央档案馆编：《中共中央文件选集》第 5 册，中共中央党校出版社 1990 年版，第 762—763 页。

② 《周恩来集》上卷，人民出版社 1980 年版，第 36 页。

土地革命战争时期，毛泽东是党内领导干部中，农村调查活动进行最多、形成的成果最显著的。他的这些调查研究活动，使他对中国农村的现状，对农村的各种阶级关系，对农村各阶级的经济地位和政治态度，对党的有关土地革命政策的贯彻落实情况及存在的问题，有了透彻的了解，为他形成与发展农村包围城市、武装夺取政权的理论提供了丰富的实践素材。他后来说："我的经验历来如此，凡是忧愁没有办法的时候，就去调查研究，一经调查研究，办法就出来了，问题就解决了。打仗也是这样，凡是没有办法的时候，就去调查研究。"① 调查研究可以说是毛泽东的成功之道。

## （二）对"左"倾冒险错误的灵活抵制

### "因为你们处境太偏僻了"

　　正当毛泽东在寻乌开展调查研究的时候，以阎锡山、冯玉祥、李宗仁和张发奎为一方，以蒋介石集团为另一方的中原大战爆发。这是 1927 年南京政府建立以后国民党新军阀间展开的最大规模的一次内战，双方投入的兵力达上百万。国民党新军阀的混战给中国革命带来了机遇，但敌强我弱的基本格局没有改变，国民党新军阀之间充满矛盾和斗争，所以一段时间内他们混战不止，可他们在反共问题上是趋于一致的，为了反共又可以联合起来。然而，当时主持中共中央工作的李立三却对革命形势作了过高的估计，认为中国革命的低潮已经过去，国民党的反动统治已

---

　　① 《毛泽东文集》第八卷，人民出版社 1999 年版，第 261 页。

经到了总崩溃的前夜，具备了夺取中心城市进而夺取全国政权的条件。

1930年6月9日，中共中央政治局会议讨论关于目前政治任务决议案问题，李立三在报告中提出：现在中国革命高潮已经日益逼近，夺取政权的任务，已经到了党的面前来了，对于这一根本问题，党应有正确的估计。接着，李立三就中国革命与世界革命问题、目前革命形势的估计、一省与几省首先胜利、改组派与取消派、革命转变、党的任务与策略6个问题作了长篇报告。6月11日，中央政治局会议讨论李立三的报告，有人对革命高潮是否就是革命形势问题表示不理解，李立三解释说，革命高潮与直接革命要肯定是一个形势，革命高潮快要到来了。这次会议通过了李立三起草的《新的革命高潮与一省或几省的首先胜利》，标志着"左"倾冒险错误在中共中央取得统治地位。

这个文件对革命形势作了脱离实际的估计，认为当时已经具备与1925年至1927年"第一次大革命时完全不同的优越的条件"，"中国是帝国主义统治世界的锁链中最薄弱的一环，就是世界革命的火山最易爆发的地方。所以在现在全世界革命危机都已严重化的时候，中国革命有首先爆发，掀起全世界的大革命，全世界最后的阶级决战到来的可能"。"在全国革命高潮之下，革命可以在一省或几省重要省区首先胜利（在目前的形势看来，以武汉为中心的附近省区客观条件更加成熟）"，准备一省与几省的首先胜利建立全国革命政权，成为目前战略的总方针。该文件从"城市中心论"的错误观点出发，强调："没有工人阶级的罢工高潮，没有中心城市的武装暴动，决不能有一省与几省的胜利。不特别注意城市工作，想'以乡村包围城市'，'单凭红军来夺取城市'，是一种极错误的观念。所以组织政治罢工，扩大到总同盟罢工，加紧工人武装的组织与训练，以树立武装暴动的中心力量，是准备一省与几省首先胜利的主要策略。"① 同时要求红军从根本上改变过去的游击战术，集中组织、统一指挥，对中心城市进行大规模的进攻战。

随后，李立三制订了以武汉为中心的全国总暴动和集中红军进攻中心城市的计划，将党、团、工会的各级领导机关合并为各级行动委员会，并成立中央总行委。还规定了各地红军的任务，赣西南、赣东北和闽西地区的红军"以主力侧击南浔路"，"取南昌，攻九江，夺取整个江西，以切断长江"；然后各路红军向武汉进迫，"会师武汉，饮马长江"。②

6 月 15 日，中共中央就执行新的路线问题致信红四军前委，强调整个形势与过去都有极大的不同，"现在红军的任务，不是隐避于农村中作游击战争，它应当积极进攻，争取全国革命的胜利，并且应当准备大规模的国内战争以及与帝国主义的战争"。"你们固执过去的路线，主要的原因是你们没有了解整个革命形势的转变。这的确也难怪你们，因为你们处境太偏僻了。"③ 批评毛泽东等人没有认识到革命形势已经转变，"完全反映着农民意识，在政治上表现出来机会主义的错误"，认为红四军前委的"'农村工作是第一步，城市工作是第二步'的理论"是错误的。中共中央还指示红四军前

---

① 中共中央文献研究室、中央档案馆编:《建党以来重要文献选编（一九二一——一九四九）》第 7 册，中央文献出版社 2011 年版，第 258、262、263 页。

② 中央文献研究室编:《毛泽东年谱（1893—1949）》（修订本）上卷，中央文献出版社 2013 年版，第 307 页。

③ 中共中央文献研究室、中央档案馆编:《建党以来重要文献选编（一九二一——一九四九）》第 7 册，中央文献出版社 2011 年版，第 276、275 页。

委："你们应当深刻的了解自己的错误，按照中央的指示转变你们
今后的路线"，"如果前委有谁不同意的，应即来中央解决"。①

　　就在中共中央写这封信的时候，毛泽东正在长汀的南阳（今属
上杭县）主持召开中共红四军前委和闽西特委联席会议，后来会议
改在汀州（今长汀）城继续举行，因此称为南阳会议或汀州会议。
会前，红四军为了扩大闽西革命根据地，从寻乌出发，沿武夷山南
端进入闽西，占领了武平、长汀等县城，6月21日，中共中央特

南阳会议会址。1930年6月中旬至下旬，红四军前委在上杭南阳与中共闽西特委
召开联席会议

① 中共中央文献研究室、中央档案馆编：《建党以来重要文献选编（一九二一——
一九四九）》第7册，中央文献出版社2011年版，第276、278页。

派员涂振农赶到长汀，在联席会议上作了两天传达中共中央精神的报告。涂振农在报告中说，现在长江流域反动统治非常混乱，争取以武汉为中心的一省或数省首先胜利就成了迫切的任务；要求红四军等进攻南昌、九江，"先打下吉安，作为进攻南昌、九江的根据地"；提出要"在打吉安进攻南昌的口号之下，发动赣西南群众猛烈扩大红军"；要求将红四军、红六军（1930 年 1 月由赣西南的红军独立第二、第三、第四、第五团编成，同年 7 月改称红三军）、红十二军（1930 年 3 月由闽西地方红军编成）在 7 月 10 日集中于兴国，这就改变了红四军原定向赣东游击、以进攻抚州为目标的计划。涂振农还传达了中共中央要求红军的编制要"强大充实"，军师团营排实行"三三制"，建立革命军事委员会，统一指挥军事及政权等指示。

全党服从中央是中共党内最重要的纪律规定，既然涂振农传达的是中央的决定，毛泽东和红四军前委自然必须服从。涂振农会后写给中共中央的报告说："长江（流域的）反动统治正是非常混乱，走向更急激的崩溃。争取以武汉为中心，一省或数省的首先胜利，是非常的迫切。决定很快的集中，先打下吉安，作为进攻南昌、九江的根据地，同时在打吉安进攻南昌的口号之下，发动赣西南群众，猛烈扩大红军。"[1]

其实，对于涂振农传达的中共中央关于革命形势空前大好，已经具备夺取中心城市，能够实现一省或数省首先胜利的意见，毛泽东、朱德是有所怀疑的，但也不便公开抵制和明确反对。之所以如此，用中共中央的话说他们的确"处境太偏僻"。自从 1927 年 8 月

---

[1] 中共中央文献研究室编：《毛泽东传（1893—1949）》，中央文献出版社 1996 年版，第 228 页。

底离开长沙领导秋收起义，毛泽东的活动区域，仅在湘赣边界的罗霄山脉和赣南闽西的偏僻山区，了解外界的信息渠道很少，除了中共中央发来的文件（而文件的传递在当时的情况下自然很不及时），就只能依靠国民党方面出版的报纸。在这样的情况下，毛泽东、朱德虽然清楚打南昌、九江这样的中心城市，现在没有这个力量，打下几个县城还差不多，但毕竟这是中共中央作出的决定，作为下级有服从上级决定的义务。

在此之前的 4 月 3 日，中共中央就曾致信红四军前委，批评红四军向赣南的大庾、信丰进军，扩大根据地，"造成粤闽赣三省边境的红色割据"，或者是"争取江西一省的政权"，"与全国革命形势和党的总任务是相背驰"，"而且割据保守更是失败主义的表现"，因而是"极端错误的"。红军当前最主要的任务，是"猛烈的扩大红军与坚决的向中心城市发展"，从而取得以武汉为中心的湘鄂赣等省的首先胜利。中共中央在批评中又用带有鼓励的口气说："四军是最有斗争历史和全国政治意义的红军，它应该成为争取湘鄂赣先胜利的主要力量"。① 言下之意，红四军在夺取中心城市上应该发挥带头作用。朱德后来回忆说："毛泽东和我对于整个方案都表示怀疑，但是我们久居山区多年，能够得到的有关国内和国际局势的情报很不全面。在这种情况下，我们不得不接受我们中央委员会的分析。""除了毛泽东和我之外，很少有人反对李立三路线。我们别无选择，只有接受。"②

---

① 中共中央文献研究室、中央档案馆编：《建党以来重要文献选编（一九二———一九四九）》第 7 册，中央文献出版社 2011 年版，第 130 页。

② ［美］艾格妮丝·史沫特莱：《伟大的道路——朱德的生平和时代》，生活·读书·新知三联书店 1979 年版，第 316—317 页。

汀州会议根据中共中央的指示，决定将红四军、红六军、红十二军整编为红军第一路军（随后改为红一军团），由朱德任总指挥，毛泽东任政治委员，朱云卿任参谋长，杨岳彬任政治部主任；成立红军第一路军总前敌委员会，由毛泽东任书记。全军团共 1 万多人，内有党员 4000 人，有枪 7000 支。同时成立中国革命军事委员会，统一指挥红军的军事行动和政权建设，毛泽东任革命军事委员会主席，朱德、曾山等为委员。

汀州会议虽然受到了李立三"左"倾冒险错误的影响，但"对红军如何在政治上、思想上、组织上开始从游击战向运动战转变，以及红军的整编工作和闽西地方工作等问题，都作了讨论和决定"①。随着红一军团的成立，使赣南、闽西革命根据地的红军进入集中组织、统一指挥的新阶段，开始实行由以游击战为主向以运动战为主的战略转变，这对于后来中央革命根据地和中央红军的形成十分重要。由于中国国情的特殊性，革命只能走农村包围城市的道路，一开始革命的力量又比较弱小，因而在革命过程中难免出现一个个的"山头"，即一块块面积不很大、红军人数也不很多的革命根据地，但要从根本上推翻反动派的统治，进而取得全国胜利，就必须把一个个小的"山头"之间的联系打通，只有把分散在各地的游击性质的红军组成相对正规的兵团，才能产生更为强大的革命力量。

1927 年 4 月蒋介石的南京国民政府成立后，中国仍处于四分五裂的状态，蒋介石真正能够直接统治的主要是以江浙为中心的长江中下游地区，其他地方尚处于各派军阀的统治之下，虽然他

---

① 《郭化若回忆录》，军事科学出版社 1995 年版，第 28 页。

1930 年 6 月，红四军与赣南、闽西的地方武装在长汀整编为红一军团，由朱德任总指挥，毛泽东任政治委员兼前委书记

们在反共问题上完全一致，但内部又充满着难以调和的矛盾与争斗，这在客观上是有利于革命根据地的存在的。蒋介石野心很大，又具有强烈的独裁思想，他一直对那些尾大不掉的地方军阀采取削平之策，以实现他对中国的统一统治。事实上，蒋介石在南京政府建立后就不断地与地方军阀开战，总体来说虽然互有胜负，但蒋介石日益占据上风，一方面他毕竟手中有一个至少是名义上的中央政府，而且有一支以黄埔学生为骨干、数量庞大的所谓中央军；另一方面他统治的是中国富庶的长江中下游地区，有相对比较充足的财力。蒋介石靠阴谋手段起家和发家，具有丰富的政治斗争经验。因此，蒋介石不断地用军事打击、政治收买和经济贿赂等手段，打垮各派地方军阀。这样一来，随着蒋介石能够直接统治的地方越来越广，掌握的军队越来越多，就必然会对革命根据地和红军实施规模越来越大的"围剿"，这显然是红军以往的游击战术难以对付的，客观上也需要红军的相对集中和作战方式

向运动战转变。

### "很难占领中心城市"

1930 年 6 月 22 日，红军第一路军总指挥朱德、政治委员毛泽东在发布关于红一路军由闽西出发向江西集中的命令中指出："各地工农运动高涨，时局大为开展"；"本路军有配合江西工农群众夺取九江、南昌以建设江西政权之任务，拟于七月五日以前全路军开赴广昌集中"。[①]6 月 25 日，中国革命军事委员会发表《为进攻南昌会师武汉通电》，宣告"统率红一军团向南昌进发，与红军第二、第三各军团会师武汉，夺取湘鄂赣数省首先胜利，以推动全国革命高潮"[②]。

在红一军团北上之际，江西的国民党军队因被抽调去参加中原大战，兵力空虚，国民党江西省主席兼第九路军总指挥鲁涤平，得悉红军有夺取江西进而向武汉发展的计划后，即命令驻守南昌、九江、吉安的国民党军加紧修筑工事，蒋介石还调国民党军第十八师两个旅返回江西，加强防守力量。针对这一情况，红一军团决定不再执行攻打抚州的原计划，改到兴国地区集中，进一步了解敌情。7 月 9 日，毛泽东、朱德率红一军团总部到达兴国。

7 月 11 日，红一军团总部了解到敌人主力集中到了吉安，南昌之敌已赴铜鼓，并有与粤系张发奎、桂系李宗仁的联军混战之势，樟树只有邓英的新编第十三师一小部，兵力单薄。毛泽东决定

---

① 中共江西省委党史研究室等编：《中央革命根据地历史资料文库——军事系统9》，中央文献出版社、江西人民出版社 2015 年版，第 358 页。

② 中共江西省委党史研究室等编：《中央革命根据地历史资料文库——军事系统9》，中央文献出版社、江西人民出版社 2015 年版，第 360 页。

根据敌情的变化，从兴国移师北上，攻占樟树，于是向各军发出进攻樟树的命令："本军团决定进略樟树窥袭南昌，以响应武汉工人暴动，扩大政治影响，诱敌弃置吉安，退回与我野战，使赣西群众武装得以乘间占领吉安。"① 并以红十二军为右纵队，红四军为左纵队，红六军第二纵队为总预备队，分三路向樟树推进。7月24日，红一军团攻占樟树，歼灭守敌两个多营。

红一军团攻占樟树后，获悉敌军第十八师一个旅守南昌，一个旅在抚州地区，一个旅有由新淦（今新干）渡江来樟树之势，毛泽东遂同朱德召开军团干部会议，分析了南昌敌情和四面临水的地势，认为敌人主力没有被消灭，南昌难以攻入；如果东出抚州，敌人可能在我军未到达之前先行撤走；如果留在樟树一带，则有受到敌人3个旅夹击的可能。为了争取主动，毛泽东和朱德决定改变攻占南昌的计划，全军团西渡赣江，乘虚向南昌对岸前进。7月25日，红一军团渡过赣江，于27日到达高安、上高地区。

8月1日，在南昌起义3周年之际，红十二军代军长罗炳辉根据毛泽东、朱德的命令，率一部进至南昌对岸的牛行车站，隔江向南昌鸣枪示威。8月19日，毛泽东在给中共中央的信中特地解释了为何不打南昌的原因："此时抚州有敌二团，戴岳部则有由新淦渡河来樟树之势。若去攻抚州，抚州敌人必然跑走，打不到手，若敌人前进又不知何时将敌人结束。若直进南昌，则敌人主力没有消灭且在我军后，南昌又四面皆水，于势不利。故乘虚渡河向南昌对岸前进攻击牛行车站为目标，举行八一示威。经高安于七月三十日到达万寿宫、石子岭、生米街离南昌城三十里一带，派了两个纵队

---

① 中共江西省委党史研究室等编：《中央革命根据地历史资料文库——军事系统9》，中央文献出版社、江西人民出版社2015年版，第366页。

于八月一号到达南昌对河，攻击牛行车站，敌人在南昌城不还一枪，不出一兵，我们此时找不到敌人打，既不能打南昌，八一示威任务已经达到，遂向奉新、安义散开工作，发动群众、筹款、做宣传等。"①

这说明，虽然毛泽东一开始对李立三的冒险主义没有公开抵制，但能从实际出发，而不是机械地执行攻打中心城市的指示。朱德后来回忆："一九三〇年六月在汀州，中央派涂振农来传达立三路线时，成立了红一军团。包括四个军：红三军黄公略，红四军林彪，红十二军伍中豪，红二十军胡少海。由汀州出师，浩浩荡荡北上，先打下樟树，再过赣江打高安、上高等地，接连攻下十余县，事实上还是游击战争，所以取得了胜利。由于发动了广大群众，部队也有很大发展，出发时一万人左右，这时约有一万八千人。当时中央本来命令我们打南昌，我们知道打南昌没有把握，故只在'八一'的那天，派罗炳辉带了一点队伍到牛行车站去示威，以纪念三年前的南昌八一起义。"②

就在毛泽东、朱德率领红一军团到来赣江西岸的高安、上高一带时，彭德怀率红三军团于 7 月 4 日占领湖南北部的重要城市岳州（今岳阳）后，又于 7 月 27 日占领了湖南省会长沙。据彭德怀这年 9 月 20 日给中共中央的报告："于二十七日晚十二时攻克省会，平江、金井、渠梨、长沙四役，共缴得步枪约三千支左右，机枪二十八架。手提机关枪二十余挺，迫击炮二十余门，山炮二门，无线电九架，子弹炮弹几百石，其他军用品无数，俘虏敌兵四五千

① 中共江西省委党史研究室等编：《中央革命根据地历史资料文库——军事系统9》，中央文献出版社、江西人民出版社 2015 年版，第 401 页。

② 《朱德选集》，人民出版社 1983 年版，第 129 页。

人，伤敌团、营、连长没有统计，但我们也阵亡了二个师长，五个团长，连长二十一个，师、团政委伤亡共六个，连政委十余名，官兵共一千六百名。四千枪，八千人的红军，打败敌人十团以上兵力，使何键铲共最著名的败于共产党之手，不敢正眼看红军。"① 这是土地革命战争时期红军唯一攻克的省会城市，产生了很大的社会影响。但是，红三军团虽然趁国民党军兵力空虚之时一度占领了长沙，但当时敌强我弱的基本格局没有改变的情况下，要守住长沙这样的大城市是不可能的，当国民党军向长沙反扑时，红三军团于 8 月 6 日从长沙撤出，向平江地区转移。

8 月初，毛泽东和朱德得知红三军团攻占了长沙，决定红一军团西进湖南，前往长沙方向与红三军团会合。8 月 18 日，毛泽东与朱德率领红一军团总部直属队到达万载县黄茅市（离湖南浏阳文家市 30 里），在这里得知追击红三军团的何键部第三纵队 4 个团已进至湘赣交界的文家市、孙家墩一线，态势较为孤立。为援助红三军团和消灭敌人主力，毛泽东和朱德决定集中兵力，消灭这股敌人。8 月 20 日，红一军团主力突然向敌人发起猛烈攻击，经过 3 个多小时激战，歼灭其 3 个团、1 个营及 1 个机枪连，击毙纵队司令兼旅长戴斗垣，俘官兵 1000 多人，毙伤约 1000 人，缴获各种枪 1500 余支（挺）。这是红一军团组建后打的第一次大胜仗，极大地鼓舞了士气。

8 月 23 日，毛泽东和朱德率红一军团抵达浏阳的永和市，同由平江长寿街南下的红三军团会合。随后，两军团前委举行联席会议，根据中共中央关于统一军事指挥的指示，决定两军合编为

---

① 中共江西省委党史研究室等编：《中央革命根据地历史资料文库——军事系统 9》，中央文献出版社、江西人民出版社 2015 年版，第 452 页。

中国工农红军第一方面军，简称红一方面军，下辖红一、红三两个军团，共 3 万余人，朱德任总司令，毛泽东任总政治委员，彭德怀任副总司令，滕代远任副总政治委员；成立中共红军第一方面军总前敌委员会，毛泽东任书记，朱德、彭德怀等任委员；同时成立中国工农革命委员会，统一指挥红军和地方政权，毛泽东任主席。

红一方面军成立后，毛泽东主持召开中共红一方面军总前委会议，讨论中共中央关于再攻长沙的指示和红一方面军的军事行动问题。"当时有些同志看到三军团第一次攻打长沙取得很大胜利，缴获大批物资，部队武器装备大大改善，个个穿起崭新的军装，十分羡慕。认为三军团仅一个军团的兵力就能攻下长沙，现在两个军团合兵一处，打下长沙更没有问题，加之当时党内军内总的指导思想是要攻打中心城市，因而攻打长沙的主张便占了上风。"[1] 刚指挥红三军团占领长沙的彭德怀其实不想再打长沙，主要是从"红三军团本身来说，迫切需要短期整训。从一九二九年十一月起，到一九三〇年八月，部队扩大了六倍，从五月开始一直没有得到休整。有些连队不但没有党的支部，连党员也没有，只有士兵会而没有核心。这次打长沙和第一次是不同的。那次是迅速各个击破敌军，迅雷不及掩耳地给敌以袭击。这次追击之敌四个旅，一军团在文家市全歼了戴斗垣旅，其他三个旅安全退回长沙，原在长沙还有一个旅未出动。我军进迫长沙时，敌取得五、六天时间准备，野战工事做好了，这就使我失去进攻的突然性，变成正规的阵地进攻战。攻城能否速胜，难以肯定"[2]。但因为打大城市是当时中共中央确定的方针，多

---

① 李志民：《二打长沙》，《党史研究与教学》1992 年第 1 期。
② 《彭德怀自述》，人民出版社 1981 年版，第 158 页。

数人同意打，彭德怀也不好泼冷水。主持会议的毛泽东"对中央的这个指示提出疑问，预计长沙不易打下。由于总前委多数人主张立即再打长沙，毛泽东和朱德同意先试一试"①。于是会议决定再次进攻长沙。

1930 年 8 月 24 日，毛泽东和朱德下达向长沙推进的命令，红一方面军分三路向长沙进攻。红一军团为左路，红三军团的第十六军和平江地方武装为右路，红三军团的第五、第八军及浏阳地方武装为中路，于 28 日进抵长沙东南郊外里，对长沙形成攻击态势。然而，国民党军自红三军团从长沙撤出后，自南郊的猴子石至北郊的捞刀河口，修筑了大批坚固的工事，还装上高大的电网，易守难攻。红军没有重武器，红三军团在占领长沙时曾缴获有敌人的野炮，但转移时无法带出只好炸毁，现在两个军团仅凭数量有限的小炮和轻武器，难以攻破敌人坚固的工事；想诱敌出城加以歼灭，可守敌坚守工事不出。敌我双方僵持数日，战事无甚进展。

长沙国民党守军见红军攻城受阻，胆子大了起来，于 9 月 3 日发起对红军的反攻。当天下午，守敌两个旅由猴子石、新开铺向红军出击。红军一直想诱敌出城可守军就坚守不出，现在敌人主动出来，红军抓住战机，向出城的敌人发起猛烈进攻，共歼敌一个多团，毙敌 900 余人，俘敌两名团长及士兵千余人，缴枪 1000 多支。国民党军受此打击，再也不敢贸然出击。红军又围城 7 天，敌人仍坚守不出，双方对峙于长沙城下。

面对久围长沙而无战果，9 月 10 日，红一方面军总部发出《强攻长沙的命令》，决定于当天晚上 8 时向二里牌、乌梅岭、黄土岭

---

① 中共中央文献研究室编：《毛泽东年谱（1893—1949）》（修订本）上卷，中央文献出版社 2013 年版，第 312 页。

一带的国民党军施行总攻击。由于守敌准备充分，工事坚固，又架设高压电网，造成较大伤亡。为了突破敌人的阵地，红军甚至使用了"火牛阵"的办法，"买来一批公牛，在牛尾巴绑上沾了煤油的破布、破棉絮和鞭炮，一齐点着了火，公牛被火烧和鞭炮惊吓，发疯似地向敌人的电网冲去。可是，火牛冲近敌人阵地时，有的被敌人的枪弹打死，有的被电网高压电击毙，有的被敌人的枪炮声惊吓，掉转头往我们自己的阵地上冲，反而把跟在火牛阵后面的冲击部队冲散了"[1]。"在此期间，红一、三军团曾以猛打猛冲的战法，对长沙城组织了两次总攻，均未奏效，我军遭到很大伤亡，尤其是红三军团伤亡更重。"[2]

红一方面军围攻长沙前后达16天之久，发动两次总攻都未能奏效。对于长沙久攻未克的问题，9月17日，毛泽东在给中共中央的报告中解释说："此次攻长沙不克，其原因有三：（1）未能消灭敌之主力于打工事之前，敌共有三十一团之众。我在文家市、猴子石两役虽已消灭敌兵五团以上，但大部队尚未消灭，即退入城壕，因此敌有余力守城。（2）群众条件不具备，城内无工人暴动，无士兵暴动以为响应，粤汉路、株萍路及对河群众没有起来，不能断绝敌人之水陆交通，不能封锁敌人之经济及军事运输。（3）技术条件不具备，敌之工事是欧式的重层配备，铁丝网、壕沟等计八九层，我们只有肉搏没有炮火破坏敌之工事，交通器具如无线电等我们也没有，以致两个军团联络不好，因而失机。以上三点是没有打进长沙去的原因，而以第一点为主要原因。"毛泽东在报告中强调："依

---

① 李志民：《二打长沙》，《党史研究与教学》1992年第1期。
② 《黄克诚自述》，人民出版社2004年版，第90页。

我们的经验，没有群众条件是很难占领中心城市。"①明确对攻打中心城市表示不同意见。多年后，彭德怀则在其自述中也认为："第二次攻长沙未克，其军事原因是我军宜于运动战、突然袭击，缺乏正规阵地战进攻技术训练；政治原因是蒋冯阎军阀战争已经结束，蒋介石开始调兵向长沙增援，使守敌增加了信心。"②

此时，红一方面军总部得到消息，李宗仁、张发奎的部队已到达长沙南面的湘潭。9 月 12 日，毛泽东主持召开有中共湖南省委代表参加的红一方面军总前委扩大会议。与会人员认为，桂军和粤军来到湘潭，不是来打何键而是为了进攻红军，红军有腹背受敌的危险，必须从长沙撤围。对于这个问题，大家并无意见，而撤围后退到哪里，则有四种主张：一是认为不应该放弃对长沙的进攻计划，可由株洲萍乡铁路撤退，以消灭后面的敌人；二是撤退到岳州；三是撤退到江西袁州（今宜春）；四是撤围长沙，改打南昌。会议没有就此做出结论，而是决定先退株洲、萍乡，休整待机。

再说得知红三军团第一次占领长沙的消息后，李立三等人甚是兴奋。8 月 5 日，中共中央政治局在给共产国际的报告中说："现在红军猛烈发展，全国二十二军计三十余万人，农民占主要成分，主要各军均有工人干部的领导。第五军已与长沙工农暴动，汇合占领长沙，何键在长沙军队完全崩溃投入红军。长沙附近各县几百万农民兴起，现正与帝国主义及军阀联合军作残酷的战争。第三、四两军即可攻克南昌、九江，第二、六两军已攻取沙市，第一军已截断京汉路，第八军已下大冶，都在向着武汉进攻。""全国有组织的武

---

① 中共江西省委党史研究室等编：《中央革命根据地历史资料文库——军事系统 9》，中央文献出版社、江西人民出版社 2015 年版，第 445 页。

② 《彭德怀自述》，人民出版社 1981 年版，第 158 页。

装农民有五百余万，有组织的群众三千余万，农民暴动普遍全国，而且都坚决的要求夺取中心城市。""现在南京、镇江驻军主要部队，完全在我们领导之下，并且要求即刻暴动。汉口主要驻军的大部分，也在我们影响之下。"① 这显然是严重地夸大了事实。

8月6日，李立三在中央行动委员会作《目前政治形势与党在将来武装暴动中的任务》的报告，又提出"在红军占领长沙之后，广大的工农群众要求暴动在各处都表现出非常迫切"，要"以武装暴动的目的来布置全国的工作，这确是全党在今天的总任务"，② 因此，必须争取以武汉为中心附近省区的首先胜利。

红一方面军从长沙撤抵株洲时，曾缴获了国民党政府在部队中印发的中共中央和中央军委8月初的一封信。信中提到："第一军团的任务是夺取南昌、九江，占领南浔铁路，建立江西政权及全国性政权，封锁长江，向右进攻南京，向左保障武汉胜利。坚决的消灭当前一切敌人，解除其武装以武装红军，第一军团应扩大数量到十二万以上。目前应迅速的攻下吉安，引导赣西南千百万革命群众从樟树、抚州两路向南昌九江前进。第十军应出湖口、马当，第二十二军应出抚州、丰城，第二十军应出樟树、临江，向南昌包围前进，一、三两个军团则以一个军团占领南浔路直取九江，以一个军团攻南昌，第三军团在江西工作一个时期后再去湖南或湖北。"③ 看到中共中央这个指示后，红一方面军一部分干部主张立即进攻南

---

① 中共中央文献研究室、中央档案馆编：《建党以来重要文献选编（一九二一——一九四九）》第 7 册，中央文献出版社 2011 年版，第 341—342 页。

② 中共中央文献研究室、中央档案馆编：《建党以来重要文献选编（一九二一——一九四九）》第 7 册，中央文献出版社 2011 年版，第 353—354 页。

③ 中共江西省委党史研究室等编：《中央革命根据地历史资料文库——军事系统9》，中央文献出版社、江西人民出版社 2015 年版，第 446 页。

昌、九江；一些干部则主张在湘鄂赣坚持斗争，再攻长沙。"毛泽东深知，无论进攻南昌、九江，还是再攻长沙都难以奏效。"[①]

9月13日，毛泽东在株洲主持召开中共红一方面军总前委会议，决定红一军团攻取吉安，红三军团略取峡江、新淦，并先在萍乡、醴陵、攸县3县解决红一方面军的给养问题。会后，红一方面军沿株（洲）萍（乡）铁路从湖南折回江西。9月23日，毛泽东和朱德在萍乡发布红一军团由萍乡出发"攻取吉安城"的命令，限令总部各直属队及红四军于24日移至安源工作3天，27日全军团（缺红十二军）由安源、萍乡两处向宜春前进，经宜春到吉安城北90里之阜田附近集中；红十二军由湖南攸县照原计划到吉安城北集中待命。

李立三领导中共中央的时间虽然不长，但他的"左"倾冒险错误给中国革命带来了严重的危害。在执行立三路线的过程中，红二军团由1.6万人减少到3000人，并丧失了洪湖根据地；红七军由6000多人减少到2000人，丧失了右江根据地。白区党的力量也遭受严重损失，先后有11个省委机关遭受破坏，武汉、南京等城市的党组织几乎全部瓦解。这本是可以避免的损失。革命仅靠一时的热情和勇敢是不够的，革命者不但要敢于斗争，而且还要善于斗争。

李立三提出中国革命爆发必然掀起全世界大革命的观点，意味着中国即将成为世界革命的中心，这显然超过了共产国际所允许的范围。这年7月下旬，共产国际政治书记处作出《关于中国问题决议》，对李立三提出批评，并且派周恩来、瞿秋白回国纠正李立三

① 中共中央文献研究室等编：《毛泽东传（1893—1949）》，中央文献出版社1996年版，第234页。

的错误。就在红一方面军从湖南返回江西的时候，9月24日至28日，扩大的中共六届三中全会在上海召开。会议通过了《关于政治状况和党的总任务的决议案》，决定停止组织全国总暴动和集中红军进攻中心城市的冒险行动，纠正了李立三的"左"倾冒险错误。会议还改选了中央政治局，毛泽东当选为政治局候补委员，这也是毛泽东1927年秋收起义上井冈山后被当时的中共临时政治局会议开除政治局候补委员后，再次恢复这一职务（他在1928年7月的中共六大上缺席当选为中央委员）。可是，由于交通阻隔，扩大的中共六届三中全会的相关文件，毛泽东直到这年12月才看到。

## 不打南昌打吉安

1930年9月28日，毛泽东和朱德率红一军团由安源、萍乡开抵袁州（今宜春）。由于部队还有一部分人没有放弃打大城市的想法，到达袁州的当天，毛泽东主持召开中共红一方面军总前委会议，讨论红一方面军的行动方向。会上，就下一步打吉安还是打长沙、南昌的问题发生了争论，毛泽东坚持株洲会议的原有决定认为应先打吉安，但一部分人却提出要直攻南昌、九江。与会的滕代远回忆说："9月，我们占领了袁州，在袁州开了一天的前委会。会上，毛主席提出先打吉安的主张，但三军团的一部分干部却提出了不打长沙就去打南昌。那时我们水平低，觉悟不高，立三路线的盖子也没有揭开来，盲目地相信中央，看到主席不同意去打南昌，就质问，你又不打长沙，又不打南昌，你执行不执行中央路线。"① 会上，朱德支持毛泽东的意见，并与毛泽东一起做说服工作，会议终

---

① 滕代远：《谈罗坊会议的情况》，载《江西党史资料》第6辑，第253页。

于统一了认识，最后确定仍按原计划不打南昌，而以红一军团攻打吉安，红三军团进攻樟树并担任警戒任务。9月29日18时，毛泽东、朱德发出《红一军团由宜春出发到达阜田集中的命令》，规定红一军团由宜春出击，经分宜向吉安前进，并在先头部队到达吉安后，相机袭取吉安城。

就在毛泽东、朱德发出向阜田（属吉水县）集中命令的当天晚上，中共中央长江局军事部负责人周以栗到了袁州红一方面军司令部，传达长江局已查明桂军、粤军并没有到达湘潭，要红一方面军回去再打长沙的指示，并带来8月29日《中央关于再度占领长沙的战略与策略给长江局并转湘省委、湘鄂赣前委及行委的信》。信中说："我们预料你们既然取得联络，必然有过会议，讨论再度占领长沙问题。如果你们是决定以三、四、五、八军的主力集中进攻长沙，而以小部队留守赣省牵制南昌、九江之敌，并通知二、六军逼进武长线，以切断敌人联络线为任务，这一战略无疑是正确的。望你们坚决照此战略执行。"信中还要求红一方面军将湖南的国民党军完全予以消灭，在占领长沙后，配合红二、红六军夺取岳州，在湘中的主要敌人被消灭后再击溃江西的主要之敌，进一步做到占领南昌、九江，然后"向着武汉中心前进"。①

周以栗是湖南长沙人，在周南女校当教师时认识了徐特立、何叔衡等，并通过他们认识了毛泽东。周以栗于1924年入党，在湖南组织领导过农民运动。1927年初，时任中共中央农委书记的毛泽东到武汉，倡办江西、湖北、湖南三省农民运动讲习所，并于1927年1月16日在武昌成立筹备处，以毛泽东、周以栗、陈克文

① 中共中央文献研究室、中央档案馆编：《建党以来重要文献选编（一九二一——一九四九）》第7册，中央文献出版社2011年版，第379—380页。

为筹备委员。同年2月下旬，国民党中央常务委员会决定，将筹备中的湘、鄂、赣三省农民运动讲习所扩大为国民党中央农民运动讲习所，毛泽东为实际主持人，周以栗任教务主任。大革命失败后，周以栗任中共河南省委书记，1928年4月在开封被捕入狱，次年1月经党组织营救获释出狱，随后任中共中央长江局军事部长。所以，毛泽东与周以栗是老相识。

周以栗原本是要求毛泽东率红一方面军去攻打南昌，经过毛泽东的说服，接受不打南昌而打吉安的主张。袁州会议最终作出决定，不打南昌先打吉安。10月14日，毛泽东在给中共中央的报告中说："我们自安源到袁州，对于行动问题，又曾有几番讨论，仍决定目前行动为夺取江西政权，占领南浔路进攻南昌、九江，然后封锁长江，向右进攻南京，向左保障武汉胜利。复于我们在袁州束装待发时，长江局派来周以栗同志即赶到袁州，经过了周同志的报告之后，我们详细地讨论了一番，结果仍决定夺取江西政权。一军团以很短时间攻下吉安，建立江西省苏维埃政府，补充新兵，筹措给养等。三军团则占领清江县城及其附近，封锁赣江，筹款，发动群众，整理补充等。"①

由于周以栗支持毛泽东的意见，事情就比较好办了。于是，红一方面军总前委决定不再打长沙，也暂时不向南昌、九江进攻，而是夺取吉安。10月2日，毛泽东和朱德率红一军团从分宜到吉水阜田，发布红一军团进攻吉安的命令，决定10月4日攻打吉安。部队行进到吉安境内时，遇到从上海参加全国苏维埃区域代表大会和全国红军代表大会、会前为中共赣西南特委常委的李文林。李文

---

① 中共江西省委党史研究室等编：《中央革命根据地历史资料文库——军事系统9》，中央文献出版社、江西人民出版社2015年版，第503页。

林告诉毛泽东中共中央还是要红一军团去打南昌，毛泽东说，我们准备去打吉安，你看队伍已经向吉安开去了！李文林说，那也只好这样了。①

吉安当时虽然只是座县城，但是赣西南的政治、文化、经济中心。据守这里的国民党军是新编第十八师一部，兵力不多，战斗力不强。吉安的四围已经是苏区，从 1929 年 11 月至 1930 年 8 月，赣西南地方党组织和红军曾先后 8 次组织过围攻吉安的战斗，但一直没把吉安城攻下。

10 月 4 日，红一军团在赣西南十余万群众与地方武装配合下，向吉安城发起总攻，时称"十万工农下吉安"。守城国民党军及江西省警察大队等 4 团兵力乘黑夜潜逃出城，红一军团攻克吉安城。随后，连续解放泰和、安福、吉水、峡江、新淦、清江等地，使赣西南根据地连成一片。

吉安打下来后，红一方面军下一步的行动方向问题又成为军中争论的话题。由于中共六届三中全会的精神还没有传达到，全军上下也不知道李立三已经不再领导中央工作，中共中央已经停止了以武汉为中心的全国总暴动计划。此前，中共中央一再要求红一军团和红一方面军要攻打长沙、南昌、九江等中心城市，进而夺取武汉，实现一省或数省的首先胜利。因此，打下吉安后，红一方面军内部又有人继续主张攻打南昌、九江。"毛泽东从攻打长沙失利的教训中已经认识到，这样做是不能取得成功的，但不便同中央决定和红一方面军内许多干部的意见公开对抗，只能以'有计划、有配合、有步骤地夺取南昌、九江'为理由，决定将部队先向南昌以南

---

① 中共中央文献研究室编：《毛泽东传（1893—1949）》，中央文献出版社 1996 年版，第 235—236 页。

的袁水流域推进，等待战机。"①10月13日，毛泽东、朱德在吉安发布《红一军团移师北上向清江集中的命令》，其中说："本军团有进攻南昌、九江，消灭鲁涤平敌军，夺取江西全省政权，向左保障武装〔汉〕暴动胜利，向右进攻南昌，以促成全国的革命任务之任务。决于次日开始移师向北，以四天行程分两路到达清江附近集中。"②

10月17日，毛泽东随同红一方面军总部抵达峡江县城，并在这里主持召开总前委会议，继续讨论行动方针问题。毛泽东提出：不要继续攻打大城市，而要东渡赣江到革命根据地内部关门打狗。在敌强我弱和湘敌强赣敌弱的情况下，要避实就虚，以弱胜强。赣江西岸夹在湘江、赣江之间，机动范围小；赣江东岸则地跨闽、浙、赣边界，有大山，回旋余地大，在根据地内发动群众参加战争，想怎么打就怎么打。③但这次会议仍没有对要不要继续打南昌、九江形成统一意见。

10月19日，毛泽东在给中共湘东特委的信中说："总前委本月十七日抵峡江，在此召开了全体会议，对时局的估量、行动问题、土地问题、资本问题均有决议。对于时局，我们认为统治阶级的军阀混战，暂时决不能调和停顿。但也不会继续扩大到底。""我们不能离开阶级立场来分析，以为军阀混战会扩大下去，继续到底，要知道阶级矛盾超过统治阶级内部矛盾时，反动统治阶级，必联合的来进攻革命，但我们决不容悲观，因为这是革命

---

① 中共中央文献研究室编：《毛泽东传（1893—1949）》，中央文献出版社1996年版，第236页。

② 中共江西省委党史研究室等编：《中央革命根据地历史资料文库——军事系统9》，中央文献出版社、江西人民出版社2015年版，第499页。

③ 中共中央文献研究室编：《毛泽东年谱（1893—1949）》（修订本）上卷，中央文献出版社2013年版，第317—318页。

高潮的表现"。毛泽东的意思很清楚，国民党新军阀之间的战争不会无休无止地进行下去，他们之间妥协之后，会联合起来对付革命力量，革命高潮还没有到来，不要勉为其难去打大城市。但他又不知道中共中央的方针已经转变，主要领导人也不再是那位头脑发热的湖南老乡李立三（湖南醴陵人），因而不能公开对夺取中心城市唱反调，以免被指责为右倾，故而强调不要有悲观情绪，并说："目前我们的行动，是前去占领南浔铁路，进攻南昌、九江，消灭敌人。"①

由于红一军团仍有一部分领导人坚持要进攻南昌，10月19日，毛泽东和朱德发布红一方面军进攻高安的命令，要求"方面军以直占南浔路、待机略取九江、南昌之任务。第一步拟先歼灭高安当前之敌而占领之"②。但对于攻打南昌、九江的问题，用语比较灵活，是"待机略取"，也就是看情况再说，实际上是不想打南昌、九江。

就在这时，中原大战以蒋介石获胜而宣告结束，毛泽东了解"敌谭道源师已全部开到南昌，许克祥部及第五师熊式辉部之先头部队皆于月之十九日相继开抵九江，又据报载金汉鼎、毛炳文两部亦有继续来赣之说，公（秉藩）师现在南昌，张（辉瓒）师现在樟树丰城之线，邓（英）师现在抚州，袁州现有罗霖部（湘敌），分宜有其前进部队约一营"。10月22日，毛泽东随红一方面军总部到达清江县太平圩，并于第二天在这里主持召开红一方面军总前委扩大会议，集中讨论时局和红军行动问题。会议依据敌军部署情

---

① 中共江西省委党史研究室等编：《中央革命根据地历史资料文库——军事系统9》，中央文献出版社、江西人民出版社2015年版，第510—511页。

② 中共江西省委党史研究室等编：《中央革命根据地历史资料文库——军事系统9》，中央文献出版社、江西人民出版社2015年版，第512页。

况，决定"先在袁水与瑞州河之间布置工作，以主力沿袁水配置，发动这一带的群众筹措给养，竭力准备与敌决战的条件，暂以七天为期(如延长则另有命令)"[①]。10月29日，毛泽东和朱德又发布命令：红一方面军"拟仍在原地区延长工作三天"。这样，部队实际上不再向北推进，放弃了攻打南昌、九江的计划。

在李立三"左"倾冒险错误统治中共中央的这段时间里，对毛泽东来说是一个重大的考验。攻打中心城市是当时中共中央的决定，虽然毛泽东很清楚长沙、南昌、九江这样的中心城市难以打下，即使趁敌兵力空虚偶然占领一处中心城市，也是无力守住的，革命力量还只能在农村积蓄，走农村包围城市的道路。但是，对于中共中央的决定，他不能不执行，在这一点上，他具有全党服从中央、维护中央权威的自觉。如何处理好这个关系，他的态度就是既要服从中共中央决定，又要从实际出发，实事求是。闽西北上之时，南昌、长沙这样的城市能否打下，革命形势是否如同李立三所估计的那样乐观，他还有一个观察了解的过程，所以一开始他还是按照中共中央的规定，北上南昌，西进长沙，并且指挥了红一方面军对长沙的包围攻击，在长沙确实无法攻占的情况下，才作出撤出长沙东返江西的决策，随后又根据实际情况决定不打南昌打吉安。这样，既回应了中共中央夺取中心城市的要求，又避免了红军遭受更多不必要的损失，从而较好地处理了服从上级与从实际出发的关系，因而在立三路线统治党中央的这段时间，红一方面军受到的损失较小，而且总体上还得到了较大发展。

---

① 中共江西省委党史研究室等编：《中央革命根据地历史资料文库——军事系统9》，中央文献出版社、江西人民出版社2015年版，第516页

# （三）诱敌深入指挥反"围剿"战争

## "诱敌深入赤色区域"

就在毛泽东、朱德决定不打南昌、九江之际，蒋介石开始对中央苏区实行大规模的"围剿"。在毛泽东、朱德的指挥下，红一方面军相继取得了三次反"围剿"的胜利，极大地提高毛泽东在党和红军中的威望，奠定了他作为杰出军事家的基础。

在此之前，各地的红军和根据地从无到有得以建立，离不开一个重要背景，那就是自蒋介石的南京政府建立后，即使是蒋介石的二期北伐后，国民党新军阀之间的混战始终没有停止过，蒋介石的大部分兵力都用在同其他军阀的混战上，中共领导的革命根据地基本上都建立在离蒋介石核心统治区比较远的农村，进攻根据地和红军的主要是杂牌军。

中原大战的结果，长期与蒋介石抗衡的几个大的地方实力派，如冯玉祥的西北军，李宗仁、白崇禧的桂系，阎锡山的晋系，张发奎的粤系，都有了很大的削弱，对蒋介石的统治一时难以构成大的挑战。于是，中原大战一结束，蒋介石就调集重兵，对各革命根据地进行大规模的"围剿"，而不是以往的"会剿"。随着战争规模越来越大，单靠游击战的方式是不能打破国民党军的"围剿"的，必须集中主力红军，与敌开展灵活机动的运动战，大量歼灭敌人，才能打破"围剿"，实现红军和根据地的巩固发展。在1930年6月后近半年的时间里，随着红一军团、红一方面军的组建，红军实现了从游击军到正规军的转变，作战方式实现了从游击战到运动战的转变，为随后进行的反"围剿"战争准备了力量。

国民党新军阀之间的中原大战，一方面给人民带来了无穷的灾难，另一方面原来许多"进剿"根据地和红军的国民党军被抽调去参加中原大战，客观上给中国革命的发展创造了有利条件，虽然这期间由于盲目乐观，党内一度出现过"左"倾冒险错误，遭受了一些损失，但这个时间不长，纠正较快，大体上只有 3 个月。总的来说，1930 年是红军和根据地得到较大发展的阶段，到这一年全国大大小小的根据地已有十余块，全国红军总数已达约 10 万人。特别是活动在赣南闽西苏区的红军和湘鄂赣苏区的红军，分别成立了红一军团和红三军团，并在此基础上组建了红一方面军，这在红军发展史上还是第一次。受"左"倾冒险错误的影响，红一方面军曾有浩浩荡荡攻打长沙这样的中心城市之举。蒋介石没想到红军的发展如此之迅速，尤其红军冒险攻打中心城市使蒋介石甚为震惊。因此，中原大战一结束，蒋介石就调集重兵大举进攻各个革命根据地，尤其是重点"围剿"赣南闽西苏区，企图消灭红军，摧毁革命根据地。

红三军团攻占长沙后，蒋介石就开始着手对湘鄂赣的红军实施大规模的"围剿"，他命令武汉行营主任兼湘鄂赣三省"剿匪"总指挥何应钦，在武汉召开三省党、政、军高级官员会议，商讨"剿共"方案，制定了《湘鄂赣三省"剿匪"实施大纲案》，确定以军事为主，党政密切配合，分区组织对红军和根据地进行"围剿"的总方针。

1930 年 10 月 1 日，蒋介石任命国民党军第九路军总指挥、江西省主席鲁涤平为"围剿"军总司令，第四路军总指挥、湖南省政府主席何键为副总司令，第十八师师长张辉瓒为前敌总指挥，准备调动 8 个师 10 万人，发动对红一方面军和中央苏区的第一次"围剿"。随后，蒋介石陆续调集部队进入江西。到 10 月底，在江西的国民党"围剿"军已达 7 个师又 1 个旅，编为 3 个纵队：以张辉瓒的第十八师、许克祥的第二十四师和邓英的新编第十三师为第一纵队，位于樟树、丰城及抚州，目的是夺取永丰、吉水、吉安等地；以谭道源的第五师、刘夷的独立第十四旅为第二纵队，位于万寿宫、靖安，夺取新喻（今新余）、清江；以罗霖的第七十七师、公秉藩的新编第五师为第三纵队，位于上高、高安，夺取分宜、安福；以毛炳文的第八师为总预备队，驻南昌。同时，何键还调李觉的第十九师驻袁州，配合鲁涤平所部的行动。

在初步判明国民党军大规模的"围剿"意图后，10 月 25 日，毛泽东和朱德率领红一方面军总部抵达新喻县的罗坊，并在这里主持召开中共红一方面军总前委和江西省行委联席会议，讨论红一方面军打不打南昌和如何粉碎敌人"围剿"的问题。这时，毛泽东得知国民党军队先头部队已到清江，同红军只有一江之隔。在这样的情况下，毛泽东坚决主张不能按原计划攻打南昌、九江，应先向根据地内退却，在根据地内部诱敌深入再择机歼敌。

对于罗坊会议的情况，与会的陈正人有比较详细的回忆："罗坊会议是一次很重要的决策会议。""会议前后开了好多天，进行了七八次。多半是从下午开始，一直到晚上结束。会议期间，敌人的飞机经常来，有时白天也会在外面树底下开。会上讨论的中心问题是：打不打南昌和如何粉碎敌人的进攻。""毛主席在会上态度总是十分冷静，总是以极大的耐心、充分的事实，说服到会的一部分干部，向他们说明不能去打南昌、会师武汉的道理。我记得毛主席当时在会上分析形势。大概意思是讲，在强大的敌人进攻面前，红军决不能去冒险攻打南昌，南昌是敌人重兵驻守的地方，红军还没有足够的力量去攻打城市，红军必须采取'诱敌深入'的作战方针，退却到根据地去，选择好战场，创造有利条件，充分依靠人民群众，实行人民战争，把敌人放进来，才能集中力量消灭敌人，巩固发展农村革命根据地，以农村包围城市。"①

　　会议开始时，有少数人不赞成放弃攻打南昌、九江的主张，认为这是违背中共中央的精神，毛泽东又让周以栗做他们的工作。当

江西新余市渝水区罗坊镇的罗坊会议旧址。会议是在正对着电线杆的那间房子里召开的

---

① 《江西党史资料》第 6 辑（罗坊会议前后专辑），第 261 页。

时，红一方面军刚刚成立，下辖红一和红三两个军团，而红三军团
又下辖第五、第八、第十六三个军，其中第五军和第十六军大多数
是湖南平江、浏阳人，第八军大多数是湖北阳新、大冶人。红军的
官兵基本上来自农民，难免存在乡土观念，觉得革命总是在离家近
一点的地方搞为好，因而红三军团有一部分干部反对东渡赣江，而
主张两个军团分家，夹江而阵：红一军团位置于赣江以东，红三军
团位置于赣江以西，认为这样既可以集中消灭敌大部队，也可以团
为单位分散于湘赣边、湘鄂赣边、鄂东南区进行游击战，对将来夺
取湘鄂赣三省政权都有利。因此，红三军团军团长彭德怀的态度很
重要。

　　彭德怀明确表示赞同毛泽东提出的诱敌深入的方针，反对红
一、红三军团分开，认为两军团夹江而阵，这对于目前准备粉碎
蒋介石的大举进攻不利，应以朱、毛为旗帜，集中统一红军。他
在红三军团的会上说："要集中兵力，大量消灭当前蒋介石进攻之
敌，有意见到江东去讨论吧，我是一定要过江的，总前委这个决
定是正确的。红军要打遍全中国，不要地方主义。"后来彭德怀自
己说："我这一票在当时是起相当作用的一票，站在哪一方面，哪
一方面就占优势。"①1936 年毛泽东在与美国记者斯诺谈话时，对
此作了很高评价，他说："在李立三主义被确定埋葬以前，军内曾
经历一个危急的时期。三军团的一部分人赞成执行李立三路线，
要求三军团从红军中分离出来。但是彭德怀对这种倾向进行了坚
决的斗争，维持了在他指挥下的部队的团结和他们对上级指挥部
的忠诚。"②

---

① 《彭德怀自述》，人民出版社 1991 年版，第 162、161 页。
② 《红星照耀中国》，人民文学出版社 2016 年版，第 171 页。

在罗坊期间，毛泽东找了 8 个刚刚参加红军的兴国农民谈话，作了为期一个多星期的兴国农村情况调查。第一次反"围剿"结束后，他根据调查到的材料，整理出了著名的《兴国调查》

会议经过反复讨论，绝大多数与会者赞成毛泽东的主张，认为当前不是进攻大城市而是积极防御的问题。会议通过的《关于目前政治形势与一方面军及江西党的任务的指示》指出："目前在敌人大举增兵与南昌、九江固守工事的形势之下，单凭红军轻袭南昌、九江，而且红军相当给养都不具备，运输条件十分缺乏，这无疑地要成为游击的进攻，结果攻不下，又转而他往，反使一省胜利延期实现。""目前的战略是在占领南浔路占领南昌九江的总目标之下，继续吉安胜利，争取进一步的胜利，即在吉安南昌之间一带地区发动广大的群众，筹措给养，同时加紧后方的群众调动与给养筹措，准备与敌人作大规模的决战，消灭敌人主力，实现全省胜利。"①

11 月 1 日，红一方面军总部发布《诱敌深入赤色区域待敌疲惫而歼灭之命令》，指出："方面军以原任务拟诱敌深入赤色区域，待其疲惫而歼灭之。决以主力移到赣江东岸，相机取樟树、抚州，发展新淦、吉水、永丰、乐安、宜黄、崇仁、南丰、南城各县工作，筹措给养，训练部队。"②据此，红三军团留在赣江西岸监视国民党军，红一方面军其他部队相继从袁水两岸向赣江以东的新淦、崇仁、宜黄、乐安、永丰地区转移。随后，红三军团也从峡江地区东渡赣江，进入永丰地区。

毛泽东之所以选择赣江东而非赣江西作为诱敌深入的战场，主要是赣江东的地理条件要比赣江西好。赣江西紧邻湖南，相对来说湖南的反动势力比较强大，对于进攻江西的红军甚为积极，具体指挥"围剿"的鲁涤平、何键以及张辉瓒都是湖南人，湖南的反动势力将极力阻止红一方面军向紧邻赣西的湘南发展；而且赣江以西的地区处在赣江与罗霄山脉之间，回旋余地较小，发展空间有限。赣江以东没有大江大河阻隔，南为闽西闽北、东为浙江，且都是山区地形，向赣江东岸发展，不但可以将赣西南和闽西革命根据地连成一片，而且未来可向福建、浙江方向拓展根据地。

相对来说，闽浙赣交界地区的反动势力不如湖南强大。1929年 4 月中共红四军前委在给中共中央的报告中就作过这样的分析：

---

① 中共江西省委党史研究室等编：《中央革命根据地历史资料文库——军事系统9》，中央文献出版社、江西人民出版社 2015 年版，第 523、529 页。

② 《毛泽东军事文集》第一卷，中央文献出版社、军事科学出版社 1993 年版，第 181 页。

"我们觉得南方数省中广东湖南两省买办地主的军力太大，湖南则更因党的盲动主义的错误，党内党外群众几乎尽失。闽赣浙三省则另成一种形势。第一，三省敌人军力最弱。浙江只有蒋伯诚（时任国民党浙江省防军司令——引者注）的少数省防军。福建五部虽有十四团，但郭（指郭凤鸣，原任国民党福建省防军暂编第二混成旅旅长——引者注）旅已被击破；陈卢（陈指陈国辉，时任国民党福建省防军第一混成旅旅长；卢为卢兴邦，时任国民党军暂编第二师师长——引者注）两部均土匪军，战斗力甚低；陆战队两旅在沿海从前并未打过仗，战斗力必不大；只有张贞（时任国民党军暂编第一师师长——引者注）比较能打，但据福建省委分析，张亦只有两个团战力较强。且福建现在完全是混乱状态，不统一。江西朱培德、熊式辉（分别时任国民党江西省主席、国民党军第五师师长——引者注）两部共有十六团，比闽浙军力为强，然比起湖南来就差得多。第二，三省的盲动主义错误比较少。除浙江情况我们不大明了外，江西福建两省党和群众的基础，都比湖南好些。"① 虽然这是毛泽东一年多前的分析，但总的情况不会有大的变化，他着眼的不只是打破这一次国民党军的"围剿"问题，而且考虑未来红军和根据地的发展。

1930 年 10 月 5 日，鲁涤平命令国民党军 3 个纵队由北向南，以红一方面军主力原来所在的樟树至分宜段的袁水两岸为目标，采取"并进长追"的战术，开始向红军进攻，企图在革命根据地边缘地区与红军主力决战，一举歼灭之。10 月 7 日，各路国民党军分别进到清江、新淦、黄土街、新喻、分宜等地，由于红军主力已经

---

① 《毛泽东选集》第一卷，人民出版社 1991 年版，第 105 页。

转移至赣江东岸，鲁涤平的意图未能实现。

国民党军发现红一方面军主力已经东渡赣江后，为了寻找红军主力决战，同时担心红军夺取樟树、临川，除留下第三纵队在赣江西岸外，第一和第二两个纵队也东渡赣江。红一方面军则继续采取诱敌深入的方针，除留少数兵力配合地方武装分散活动迷惑国民党军外，主力继续从新淦、崇仁、永丰、吉水等地，逐次向根据地中部的吉安的东固、永丰的龙冈地区转移。接着，红一方面又以红十二军分散在富田（属吉安）、东固、龙冈一带活动，迷惑敌人，主力则转移到宁都的黄陂、小布、洛口地区进行休整与训练。

12月上旬，毛泽东在黄陂主持召开中共红一方面军总前委扩大会议，讨论反"围剿"作战方案。毛泽东认为："进剿"敌军10万，均非蒋介石嫡系。这些敌军分成多路，每路又分成几个梯队，各路、各梯队之间的间隔距离较大，有利于红军集中优势兵力各个击破。在这些敌军中，张辉瓒第十八师和谭道源第五十师为鲁涤平的嫡系部队，是"围剿"的主力军，消灭这两个师，敌之"围剿"便可基本打破。张谭两师各约1.4万人，而红军有4万余人，一次打敌一个师，占绝对优势。红军实行中间突破，将"围剿"军阵线打开一个缺口，东西诸敌便被分隔为距离较远的两个集团，有利于红军各个歼敌。会议决定红一军团正面迎击敌人，红三军团迂回敌后，地方则准备好担架、粮食等。①

红一方面军主力从东固、龙冈转移到黄陂等后，国民党军以为红军主力仍在东固，于12月16日向东固发进总攻，虽然占领了东

---

① 中共中央文献研究室编：《毛泽东年谱（1893—1949）》（修订本）上卷，中央文献出版社2013年版，第325页。

固，但红军主力早已转移。这时，鲁涤平侦知红军主力已在黄陂、麻田、小布一带，便集中第九路军的新五师、第十八师、第五十师和第六路军的第八师、第二十四师共 5 个师，采取长驱直入的战术，准备合围红军主力。至 12 月 28 日，国民党军先后进占万安、泰和、东固、源头、广昌、建宁一线，东西相距 800 里。其中，左路第十八师、第二十八师进至吉安的富田、东固、南垄；中路第五十师进至宁都的源头；右路第二十四师进至宁都的洛口，第八师先头部队进至广昌的头陂。

这时，国民党"围剿"军的前敌总指挥兼第十八师师长张辉瓒，将所属第五十四旅留守东固，自己亲率师部和戴岳的第五十二旅、王捷俊的第五十三旅由东固经南垄向龙冈冒进，其先头部队第五十二旅于 12 月 29 日上午抵达龙冈。毛泽东和朱德了解这一情况后，决定抓住战机歼灭张辉瓒部，并于 29 日签发《攻击龙冈张辉瓒部命令》，确定 10 日上午对龙冈之敌发动总攻击。

张辉瓒到达龙冈后，以为红军主力还在百里以外。12 月 30 日凌晨，他以第五十二旅为先锋，师部和第五十三旅随后，由龙冈向五门岭前进。9 时许，当张辉瓒部在龙冈以东、小别以西登山时，即受到红三军的迎头痛击。下午 3 时许，红十二军沿龙冈南侧从敌背后发起猛烈攻击，红四军和红三军团从龙冈北面高山上猛冲下来，被四面包围的国民党军，突围未逞，全线溃散。到傍晚战斗全部结束，歼灭国民党军第十八师师部和两个旅共 9000 余人，俘敌师长张辉瓒，缴获各种武器 9000 余件，子弹 100 万余发，电台 1 部，取得了第一次反"围剿"的首战大捷。

张辉瓒部被歼后，鲁涤平判断红军下一步将转攻谭道源的第五十师，下令该师速退洛口，与许克祥师靠拢。谭道源接到命令

江西宁都县小布赤坎的毛泽东旧居

后，率所属各部向东韶夺路撤退。次年1月1日，红一方面军乘胜挥师向东，追歼第五十师。3日，红十二军和红三军团相继抵达东韶附近，随即对第五十师发动攻击，并从西、南、北三面突破敌军阵地，只是由于红三军担任迂回的部队未能及时达到指定位置，致使第五十师乘隙向东和东北方向逃脱。东韶战斗共歼敌一个多旅3000余人，缴获长短枪2000余支。至此，红一方面军打破了国民党军的第一次"围剿"。后来毛泽东曾在《中国革命战争的战略问题》一文中总结说："我们的第一仗就决定打而且打着了张辉瓒的主力两个旅和一个师部，连师长在内九千人全部俘获，不漏一人一马。一战胜利，吓得谭师向东韶跑，许师向头陂跑。我军又追击谭师消灭它一半。五天内打两仗（一九三〇年十二月三十日至一九三一年一月三日），于是富田、东固、头陂诸敌畏打纷纷撤退，第一次'围剿'就结束了。"①

### "痛快淋漓地打破了'围剿'"

第一次反"围剿"胜利后，毛泽东的职务发生了一些变化。在此之前的 1930 年 9 月，中共六届三中全会后的中共中央决定组成中共苏区中央局，以周恩来为书记，在周恩来未到任之前，由项英代理。1931 年 1 月初，项英来到中央苏区，于 1 月 15 日在宁都的小布宣布中共苏区中央局正式成立，毛泽东为中央局委员。成立苏区革命军事委员会，以项英为主席，朱德、毛泽东为副主席，苏区革命军事委员会下设总参谋部、总政治部，毛泽东兼任总政治部主任，同时撤销中共红一方面军总前敌委员会和中国工农革命委员会。

对中央苏区的第一次"围剿"失败后，蒋介石自然极不甘心，决定对中央苏区实施第二次"围剿"。1931 年 2 月初，他让何应钦重组南昌行营并兼任行营主任，开始制订第二次"围剿"的计划。参与此次"围剿"的国民党军，除原有的第六、第九、第十九路军外，由湘鄂赣边增调王金钰的第五路军，由山东增调孙连仲的第二十六路军，总兵力达 22 个师另 3 个独立旅和 2 个空军中队，约 20 万人，比第一次"围剿"时增加了一倍，从江西赣州到福建建宁，对中央苏区形成一条西、北、东三面长达 700 里的钳形包围线。

红一方面军虽然取得第一次反"围剿"的胜利，但总人数由原

---

① 《毛泽东选集》第一卷，人民出版社 1991 年版，第 217—218 页。

来的 4 万人减少到 3 万人，敌我之比由原来的 2.5 比 1 变成了 6.6 比 1，敌我力量进一步悬殊。为了打破这次国民党军的"围剿"，毛泽东决定继续采取诱敌深入的作战方针。

3 月 27 日，何应钦下达向中央苏区进攻的命令。4 月 1 日，国民党军兵分四路，大举向中央苏区进犯。其中，第十九路军的两个师主力由兴国向龙冈、宁都方向攻击前进；第五路军的 3 个师又一个旅由泰和、吉安、吉水、永丰等地向吉安的东固、永丰的潭头和沙溪方向攻击前进；第二十六路军的两个师由乐安、宜黄向乐安的大金竹、宁都的洛口方向攻击前进；第六路军的 3 个师由南丰、康都地区向广昌方向攻击前进，并以另一个师由建宁经安远会攻广昌，企图将红一方面军主力围歼于广昌、宁都、兴国一带。红一方面军按照诱敌深入、歼敌于根据地内的战略方针，主动从广昌撤离。

在第二次反"围剿"战争前的 3 月 2 日，中共中央曾就如何打破这次"围剿"指示红一方面军："在战略上，当着敌人力量尚未集中的时候，我们必须利用优势击溃敌人的主力。当着敌人大举包围，我们必须利用敌人的弱点，击溃敌人的一方。如能诱敌深入，聚而歼灭他，这也是可采用的战略。"又说："若遇环境不利，不能作殊死战的时候，为着阻止敌人的猛攻，应一面继续战斗，以掩护基本部队的撤退（基本军，师，团），以便建立新的苏维埃运动根据地。在这种情形之下江西的红军，可退至湘南、粤桂北及贵州东南。""为着保全红军实力（基本力量），遇必要时可以抛弃旧的与组织新的苏维埃区域，这样做，我们的事业还是没有失败的。环境变更依然对我们是有利的。"① 这是一个前后矛盾的指示，前者要求

---

① 中共中央文献研究室、中央档案馆编：《建党以来重要文献选编（一九二一——一九四九）》第 8 册，中央文献出版社 2011 年版，第 255、256 页。

在根据地打破敌人的"围剿"，后者则是红军主力可以从根据地撤离另辟新区。

这时，中共六届四中全会已经召开，中共中央派来了任弼时、王稼祥、顾作霖组成的中央代表团，传达六届四中全会精神和中共中央的上述指示。因为这份指示自相矛盾，中央代表团来后，围绕第二次反"围剿"的战略策略即打还是走的问题，中共苏区中央局在宁都的青塘多次开会讨论。

4月中旬的第一次会议着重讨论第二次反"围剿"怎样打，以及留在中央苏区打还是退出中央苏区打的问题。

大多数人根据中共中央3月2日关于"遇必要时可以抛弃旧的与组织新的苏维埃区域"的指示，认为敌军包围严密、敌我力量对比相差太远，主张分兵退敌，甚至还有人主张退出中央苏区。中共苏区中央局秘书长欧阳钦这年9月3日写给中共中央的报告中说，"在中央局扩大会后第一次讨论，当时大多数同志以敌人包围得这样严密及在军事上敌我力量的对比相差得太远，我们此时主要的是如何退敌，所以当时的策略是'分兵退敌'，那时认为我们把兵力分散，一则可以使敌人包围落空，二则目标转移，可以退敌，当时只有分兵退敌，才可以巩固现有苏区，才可以扩大红色区域，才可以扩大红军，才可以解决给养，才可以训练干部"[1]。

毛泽东则提出留在中央苏区打，诱敌深入，依靠根据地军民团结破敌，不同意"分兵退敌"的战略。毛泽东认为，分兵不但不能退敌，反而会给红军带来更大的困难，这只是消极防御。可是，毛

---

[1] 中共江西省委党史研究室等编：《中央革命根据地历史资料文库——党的系统9》，中央文献出版社、江西人民出版社2015年版，第1753页。

泽东的意见只得到朱德等少数人的支持。这个问题不统一认识，第二次反"围剿"战争就无法进行，为此，毛泽东提议扩大范围讨论这个紧迫的战略问题。①

4月18日，中共苏区中央局召集扩大会议，参加者除中央局成员外，还有各军军长、政委、参谋长及政治部主任。毛泽东在发言中仍不赞同分兵。他说，第二次"围剿"的敌军虽多，但均非蒋介石嫡系，各军阀之间矛盾重重，指挥不统一，地形不熟悉，供给困难，官兵恐惧同红军作战。红军则打了胜仗，士气旺盛，官兵一致，准备充分，地形熟悉。根据地群众仇恨敌人，拥护红军，能积极配合红军消灭敌军。因此，红军打破敌军这次"围剿"的条件比第一次反"围剿"好，胜利的把握更大。与会军队高级干部支持毛泽东、朱德的主张，赣南、闽西特委负责人也不同意主力红军退出中央苏区。② 于是，会议决定采取打而不是走的方针。

要不要打的问题解决后，又面临打哪一路敌人的问题。有些人主张先打蒋光鼐、蔡廷锴的第十九路军，也有人主张打朱绍良的第六路军。主张打第十九路军的理由是它只有两个师，孤立地驻在兴国，距离其他各路军远。但蒋、蔡部队在这次"围剿"军中战斗力较强，而且到了兴国相当久的时间，完成了防御工事，两个师又集中在一起，不易分割，"如果我军去打兴国，实际上是攻坚，放弃我军打运动战的长处。如果一时打不下来，北边的敌人一下子压过

---

① 中共中央文献研究室编：《毛泽东年谱（1893—1949）》（修订本）上卷，中央文献出版社2013年版，第337页。

② 中共中央文献研究室编：《毛泽东年谱（1893—1949）》（修订本）上卷，中央文献出版社2013年版，第339页。

来，红军就要吃亏。即使打下兴国，北面的敌人势必靠拢，难于打破'围剿'"。主张先打朱绍良第六路军的理由是朱绍良是蒋介石的亲信。"但打它得向西扫，西边为赣江所限，打光后，无发展余地。若再向东转，又劳师费时。"①"这时泽东同志意见认为在进攻我们的人中，蒋、蔡比较是强有力的，在历史上未曾打过败仗，曾经在湘南把张发奎打得落花流水，我们现在主要的是择敌人弱点打破，打蒋、蔡没有绝对胜利的把握，我们应打王金钰这路，因为这路敌人既弱且地势群众都好。"②王金钰的第五路军，从兵力上是各路"围剿"军中最大的，一共有5个师，包括公秉藩的第二十八师、郭宗华的第四十三师、王金钰兼师长的第四十七师、郝梦龄的第五十四师、罗霖的第七十七师，但王金钰是孙传芳的旧部，部队又是新从北方来到南方，水土不服，不惯爬山，战斗力并不强。会议经过讨论，采纳了毛泽东关于"先打弱敌"的作战方针，决定先打第五路军。

4月19日，毛泽东、朱德发布《战前部队集中命令》，"决心以极迅速行动首先消灭王金钰敌军，转向敌军围攻线后与敌军作战，务期各个消灭敌军，完成本军任务"③。4月25日，红一方面军主动放弃宁都，退至永丰的龙冈、上固、石头坑、回龙地区，随后又西移到吉安的东固附近地区。

4月30日，苏区中央局又在东固山区召开军事会议，讨论战

---

① 郭化若：《横扫七百里的辉煌胜利——毛主席伟大革命实践回忆之二》，《历史研究》1978年第1期。

② 中共江西省委党史研究室等编：《中央革命根据地历史资料文库——党的系统3》，中央文献出版社、江西人民出版社2015年版，第1753页。

③ 中共江西省委党史研究室等编：《中央革命根据地历史资料文库——军事系统9》，中央文献出版社、江西人民出版社2015年版，第712页。

略策略问题。经过前面两次会议，毛泽东的意见已为大家所接受。会上，"由泽东同志先报告，这一次讨论的精神则完全转变了，认为目前全国革命是高涨的，我们应取积极进攻策略，敌人包围我们的军事力量虽多，但有许多弱点，如在包围的军阀与军阀不一致，指挥不统一，他们军官与兵士中间不一致，兵士不愿打红军，没有群众条件，地势不熟，给养运输非常困难。我们在军事力量的对比上虽然很小，但我们有几个优点：第一红军好，此时士兵群众斗争情绪非常之高，干部非常热烈，红军上下一致的团结力量非常坚强，大家都是磨拳擦掌的要打；第二群众好，群众得到了土地革命的利益，又被敌人的摧残，斗争情绪当然好，对红军是极端拥护；第三是地势好，我们对于这带地势都非常熟悉，我们可以占领优越的地势以进攻敌人。现在敌人有这么多弱点，我们有这么多优点，我们是可以以少胜众的。"①

5月11日，何应钦用恩威并施的语气电令王金钰"不顾一切，奋勇前进，如期攻下东固，树各路先声"。5月13日，王金钰指挥第五路军分左、中、右三个纵队，脱离富田巩固阵地，向东固地区前进。13日和14日，毛泽东、朱德相继发布《消灭进攻东固之敌的命令》《攻击富田消灭王（金钰）公（秉藩）两师的命令》。5月16日上午10时，公秉藩的第二十八师和王金钰的第四十七师第一旅分别进入红军的预伏地区，战斗打响，至下午3时战斗结束，第二十八师和第四十七师第一旅大部被歼，首战告捷。此战打死打伤敌人2000余人，俘敌4100余人，缴获各种枪5000余支、迫击炮和山炮20余门，并俘获第二十八师无线电队全部人员和缴获其新

---

① 中共江西省委党史研究室等编：《中央革命根据地历史资料文库——党的系统3》，中央文献出版社、江西人民出版社2015年版，第1753—1754页。

式无线电台和发电机各一部。

5月17日，毛泽东和朱德指挥红军主力乘胜向吉水的水南追击，并在吉水的白沙全歼敌第四十七师第一旅残部及第四十三师一部，余敌向永丰逃窜。随后，红一方面军又相继取得了中村（属永丰）、广昌、建宁等战斗的胜利。从5月16日至31日，红一方面军从赣江东岸一直打到闽西北山区，16天内由西向东横扫700里，五战五捷，共歼灭国民党军1个整师及5个师的一部共3万余人，俘敌1.1万余人，缴获各种武器2万余件及其他大批物资，国民党南昌行营被迫下令各部后撤到"围剿"前的位置，蒋介石对中央苏区发动的第二次"围剿"被打破。

对于这次反"围剿"战争，毛泽东后来总结说："十五天中（一九三一年五月十六日至三十一日），走七百里，打五个仗，缴枪二万余，痛快淋漓地打破了'围剿'。当打王金钰时，处于蔡廷锴、郭华宗两敌之间，距郭十余里，距蔡四十余里，有人谓我们'钻牛角'，但终究钻通了。主要因为根据地条件，再加敌军各部之不统一。郭师败后，郝师星夜逃回永丰，得免于难。"[①]

### "指挥作战更加得心应手"

对中央苏区的第二次"围剿"一结束，不甘心失败的蒋介石立即组织第三次"围剿"。1931年6月21日，他从南京赶到南昌，便命令原在中央苏区周围的国民党军固守阵地，并严令其第六路军、第二十六路军恢复南城、南丰间的交通，准备再次"围剿"苏区。随后，他又抽调嫡系的第六、第九、第十、第十一、第十四师

---

① 《毛泽东选集》第一卷，人民出版社1991年版，第218页。

从河南、湖北等地迅速进入江西，担任"围剿"军主力，这是他把中央军第一次大规模投入对红军的进攻，并亲任"围剿"军总司令，任命何应钦为前敌总指挥。

至 1931 年 6 月底，到达中央苏区周围的国民党军共有 23 个师又 3 个旅，总兵力达 30 万人，从数量上来说是红一方面军的 10 倍，并且有几十架飞机配合参战。鉴于第二次"围剿"采取的"稳扎稳打、步步为营"的战略失败，蒋介石决定此次"围剿"采取"长驱直入"之策，即首先深入根据地腹心地区，寻找红一方面军主力决战，然而再进行"清剿"，摧毁苏区。6 月下旬，国民党军的各路"围剿"部队已经集结部署完毕。

在第二次反"围剿"胜利之时，毛泽东等就估计到国民党军必然要组织新的"围剿"。6 月 2 日，毛泽东在建宁城外方面军总部主持召开中共红一方面军临时总前委会议。① 与会者认为，"两广反蒋军队正想急进湖南，蒋有先对付两广的必要，对我们有改守势之可能"。会议决定，红一方面军当前工作方向分三期推进：第一期向北，即向建宁、黎川、泰宁地区筹款，发动群众，扩大苏区，争取南丰、南城、宜黄等县城。第二期向南，即向江西南部，为下一次反"围剿"建立巩固的后方。第三期向西，打通赣江两岸与湘赣边根据地联系。整个三期工作的中心任务是准备第三次反"围剿"，并以赣南为工作中心地域。会前，在龙冈的苏区中央局曾来电要毛泽东回后方工作，会议经过讨论作出决定："毛同志在此地工作开

---

① 项英来中央苏区后部取消了红一方面军总前委，此前的 5 月 23 日，由于中共苏区中央局留在永丰的龙冈，不随军行动。为便于领导红一方面军作战和战区地方工作，决定组成中共红军第一方面军临时总前委，以毛泽东为书记，朱德、林彪、彭德怀、黄公略、谭震林、周以栗为委员。

展的需要，暂不去龙冈"①。由于此时估计国民党军的新一轮"围剿"不会马上开始，因此红一方面军按照第一期工作计划展开，红三军团在闽赣边的泰宁、黎川地区，红三军在赣东的宜丰、南城地区，红四军在南丰、南城之间，方面军总部和红十二军在闽北的建宁地区筹款，发动群众。

6 月上旬，在上海的中共中央了解到蒋介石即将发动对中央苏区的第三次"围剿"，曾于 6 月 10 日和 6 月 16 日两次给苏区中央局和红一方面军发来训令，提醒国民党军正在着手第三次"围剿"计划，蒋介石决定调动嫡系五六个师进入江西，并亲自指挥，主要目标是中央苏区和红一方面军，企图将红军驱逐出根据地外。但由于当时中央苏区与中共中央没有建立电讯联系，中共中央的训令苏区中央局和红一方面军未能及时收到。尽管如此，红一方面军临时总前委从蒋介石正在与北方军阀妥协，对两广军阀采取守势，调集大批军队入赣等迹象判断，新一轮反"围剿"战争即将到来。6 月 20 日至 22 日，红一方面军临时总前委召开扩大会议，着重讨论第三次反"围剿"作战地区的选定问题。毛泽东在会上指出："第三期作战大概会在由南丰来打我们，那我们就好办，可以引敌引入到宁都、黄陂、小布甚至石城才打。"他强调，"主要在于（都）、瑞（金）、石（城）、（长）汀四县布置巩固的苏区战场"。②即继续采取诱敌深入的方针，将战场放在根据地内部。

6 月 28 日，毛泽东写信给已经担任红一方面军政治主任的周以

---

① 中共江西省委党史研究室等编：《中央革命根据地历史资料文库——军事系统10》，中央文献出版社、江西人民出版社 2015 年版，第 777—778 页。

② 中共江西省委党史研究室等编：《中央革命根据地历史资料文库——军事系统10》，中央文献出版社、江西人民出版社 2015 年版，第 796—797 页。

栗和红十二军政治委员谭震林，提出第一期工作时间由三个月缩短一个月，"因敌进攻紧迫"①。但是，蒋介石对中央苏区的进攻比红一方面军总前委估计的还要快。6月下旬，蒋介石将在宜黄、南城地区的红三军的第九师和红四军的第十二师，误判为红军主力，于7月1日下达总攻击令，并命令各军同时向中央苏区发动"合围进剿"。"因红一方面军粉碎敌军第二次'围剿'后就投入紧张的开辟新苏区的群众工作和游击区的筹款工作，尚未得到休整，部队减员也尚未得到补充，仍是三万多人，而且主力在闽西北新区，故情况十分紧急。临时总前委研究决定，仍采取诱敌深入的战略方针，红军向赣南后部退却集中，以打破敌军'围剿'"②。中共苏区中央局秘书长欧阳钦这年9月3日给中共中央的报告中说："我们对于三次战争的策略，总的路线仍与第二次战争同"，"我们集中一切力量在一个优越的地势，仍是引敌深入，先选择敌强的一部分击破，然后各个击破，所以在三前战争前自动了放弃了很多的地方引敌人进来"。③

诱敌深入、避敌主力打其虚弱的方针确实后，毛泽东和红一方面军总前委决定以一部分兵力和地方武装，以游击战的方式迟滞、疲惫和消耗敌人，引敌到中央苏区内部。在苏区内部则广泛发动群众坚壁清野，国民党军进入中央苏区20多天，多次寻找红军主力却屡屡扑空。与此同时，临时总前委急调在闽西北、闽西分散活动的红军主力迅速集中，回师中央苏区中心区域。7月10日前后，

---

① 《毛泽东军事文集》第一卷，中央文献出版社、军事科学出版社1993年版，第236页。

② 中共中央文献研究室编：《毛泽东年谱（1893—1949）》（修订本）上卷，中央文献出版社2013年版，第348页。

③ 中共江西省委党史研究室等编：《中央革命根据地历史资料文库——党的系统3》，中央文献出版社、江西人民出版社2015年版，第1756—1757页。

红一方面军主力在闽赣边收拢后，冒着盛夏酷暑，急行军回师赣南，于 28 日到达兴国西北的高兴圩、老营盘地区，完成了回师集中的战略任务。

蒋介石、何应钦得悉红一方面军主力集中到兴国后，判断红军有北占泰和、吉安和西渡赣江的可能，于是以主力分两路向西南急进，企图压迫红军至赣江东岸而消灭之。为此，毛泽东、朱德决定采取由西向东中间突破、袭击敌人后方的战略，利用根据地群众基础好的有利条件，两次跳出国民党军的包围圈，先后取得了莲塘、良村、黄陂、高兴圩和老营盘、方石岭战斗五胜一平（即高兴圩和老营盘战斗，除黄陂战斗发生在宁都外，其他四战都在兴国境内进行）的战绩。

对此，毛泽东在《中国革命战争的战略问题》一文中回顾说："我们决定的第一个方针，是由兴国经万安突破富田一点，然后由西而东，向敌之后方联络线上横扫过去，让敌主力深入赣南根据地置于无用之地，定此为作战之第一阶段。及敌回头北向，必甚疲劳，乘隙打其可打者，为第二阶段。此方针之中心是避敌主力，打其虚弱。但我军向富田开进之际，被敌发觉，陈诚、罗卓英两师赶至。我不得不改变计划，回到兴国西部之高兴圩，此时仅剩此一个圩场及其附近地区几十个方里容许我军集中。集中一天后，乃决计向东面兴国县东部之莲塘、永丰县南部之良村、宁都县北部之黄陂方向突进。第一天乘夜通过了蒋鼎文师和蒋、蔡、韩（即第十九路军总指挥蒋光鼐、第十九路军第六十师师长蔡廷锴、第五十二师师长韩德勤——引者注）军间之四十华里空隙地带，转到莲塘。第二天和上官云相军（上官指挥他自己的一个师及郝梦龄师）前哨接触。第三天打上官师为第一仗，第四天打郝梦龄师为第二仗，尔后以三天行程到黄陂打毛炳文师为第三仗。三战皆胜，缴枪逾万。此时所有向西向南之敌军主力，皆转旗向东，集中视线于黄陂，猛力并进，找我作战，取密集的大包围姿势接近了我军。我军乃于蒋、蔡、韩军和陈、罗军之间一个二十华里间隙的大山中偷越过去，由东面回到西面之兴国境内集中。及至敌发觉再向西进时，我已休息了半个月，敌则饥疲沮丧，无能为力，下决心退却了。我又乘其退却打了蒋光鼐、蔡廷锴、蒋鼎文、韩德勤，消灭蒋鼎文一个旅、韩德勤一个师。对蒋光鼐、蔡廷锴两师，则打成对峙，让其逃去了。"①

9月18日方石岭战斗结束后，各路敌军纷纷撤退，而"我军因各次战役，特别是高兴圩一役损伤过大，若继续作战，必使精华过损，决定结束三期战争，各部退却之敌，只以地方武装担任追击，主力则转移瑞金整理"②。毛泽东、朱德指挥红一方面军以3万人迎敌30万人，在地方武装和人民群众配合下，历时一个多月，六战五捷一平，歼灭国民党军17个团共3万余人，缴枪1.5万余支（挺），各种子弹250万发，电台6部，取得了第三次反"围剿"战争的胜利。

第一至第三次反"围剿"战争，是红一方面军从游击战转向运动战的开端，可谓开局良好，取得了重大胜利。虽然因为采取诱敌深入方针，使根据地一部分地区被敌占领，第三次反"围剿"时，江西的根据地几乎丧失，但随着"围剿"被打破，失去的地方不但恢复，而且得到了较大发展。到1931年底，赣南、闽西苏区已经

---

① 《毛泽东选集》第一卷，人民出版社1991年版，第219—220页。
② 《红军第一方面军总司令部参谋处第三期战争胜利捷报》（1937年9月21日），转引自时光主编：《星火燎原》，上海人民出版社1994年版，第500页。

完全连成一片，包括近 30 个县，面积 5 万余平方公里，人口 250 余万。这年 11 月，第一次全国苏维埃代表大会在瑞金举行，宣布成立中华苏维埃共和国临时中央政府，标志着中央苏区的正式形成。红一方面军也有了很大发展，第三次反"围剿"后有 1.2 万余名苏区青壮年参加了红军。中央苏区成为当时全国最大的一块革命根据地，红一方面也成为当时中共领导的最强大的一支武装力量。

中央苏区的第一次反"围剿"是在李立三的"左"倾冒险错误被纠正、王明的"左"倾教条主义还没有上台的背景下进行的。中央苏区第二次反"围剿"之时，中共六届四中全会已经召开，这次会议是王明"左"倾教条主义统治中共中央的开始。但是当时传达中共六届四中全会精神的中央代表团刚到中央苏区，随后，中央代表团的人员参加中共苏区中央局，而仍以项英为代理书记，虽然后来项英成为王明路线的俘虏，"但由于他刚从上海来此不久，又不大懂得军事指挥，缺乏对敌作战经验，所以，在作战指挥上，毛泽东同志仍然能够起主要作用，第二次反'围剿'仍是在毛泽东同志的指挥下进行"[①]。第三次反"围剿"战争与第二次反"围剿"战争因为相隔很近，情况与第二次反"围剿"战争时大致相同，毛泽东与中共中央和中共苏区中央局的关系总体还比较融洽，因而这期间毛泽东的军事指挥才能得到了较好的发挥。加之"红一方面军先后取得两次反'围剿'的胜利，毛泽东在中央苏区和红一方面军中的威望大增，指挥作战更加得心应手"[②]。

毛泽东在指挥这三次反"围剿"作战中，形成了红军的基本作战原则，如诱敌深入、慎重初战、避强击弱，集中优势兵力、各个

---

① 《黄克诚自述》，人民出版社 2004 年版，第 98—99 页。

② 《黄克诚自述》，人民出版社 2004 年版，第 102 页。

歼灭敌人，在运动战中歼灭敌人有生力量，战役战斗中的速决战等。反"围剿"作战的丰富实践，为后来毛泽东军事思想的系统形成奠定了基础。这三次反"围剿"战争的胜利，也树立了毛泽东在军事问题上的威望，后来他虽然在一系列重大问题上与"左"倾教条主义产生严重分歧，甚至被免去了红一方面军总政委的职务，并在宁都会议上失去对红军的指挥权，处于"靠边站"的状态。但是，由于第五次反"围剿"的失败和中央苏区的丢失，党内军内自然联想到他指挥的这三次反"围剿"战争的胜利，正是因为有先胜后败的鲜明对比，才有后来遵义会议时党内军内要求毛泽东复出的强烈呼声。

四、宁都会议前后与临时中央的关系

1931 年 1 月，中共扩大的六届四中全会在上海召开，王明等
留苏学生在共产国际执委会远东局负责人米夫的支持下，进入中共
中央及中央政治局，史上称之为"从这时起，以王明为代表的'左'
倾教条主义在党中央领导机关内开始长达四年的统治"①。中共六届
四中全会至遵义会议这段时间，毛泽东与王明路线执行者之间多次
发生矛盾与冲突，并导致在 1932 年 10 月的宁都会议上被解除兵权，
在随后两年的时间内处于"靠边站"的状态。

## （一）打不打中心城市之争

### "狭隘经验论"

中共六届四中全会召开之际，毛泽东率领红一方面军取得了第
一次反"围剿"的胜利。恰在此时，中共中央派来的项英到了中央
苏区，与红一方面军总部领导人会合。虽然后来项英是宁都会议上
主张解除毛泽东兵权者之一，但此时的项英并非代表中共六届四中
全会新组成的中央而来，而是中共六届三中全会决定派来的中央代

---

① 中共中央党史研究室：《中国共产党的七十年》，中共党史出版社 1991 年版，
第 124 页。

表。1931年1月15日，在宁都的小布成立了以项英为代理书记的中共苏区中央局，毛泽东仅是苏区中央局的委员之一。同时撤销了以毛泽东为书记的红一方面军总前委，以及以毛泽东为主席的中国工农革命委员会，组成中央局领导下的中央革命军事委员会，以项英为主席，朱德、毛泽东为副主席，毛泽东兼任中央革命军事委员会总政治部主任和红一方面军总政委。

中共六届四中全会后，王明等人为贯彻会议精神，开始向各革命根据地派出大批干部，也就是后来毛泽东所批评的"钦差大臣满天飞"现象。1931年3月4日，中共中央政治局常委会议决定，由任弼时、王稼祥和顾作霖组成中央代表团，立即前往中央苏区，传达四中全会精神，加强对中央苏区的理论指导。4月初，中央代表团到达瑞金。4月17日，中央代表团在江西宁都县的青塘参加苏区中央局第一次扩大会议。会议批评了项英在处理富田事变中的所谓"错误"，但对毛泽东领导的红四军前委及后来的红一方面军总前委给予了较高评价，认为红四军前委执行中共六大的正确路线，贡献了解决土地问题的"许多宝贵经验"，对红军建设"有了正确的了解"；总前委"认清半殖民地的中国斗争的实质，农民战争的作用"，从苏维埃运动实际斗争中获得经验，"反对'左'右倾的机会主义"，取得了第一次反"围剿"战争的伟大胜利。①

但是，只过了几个月，毛泽东和苏区中央局的分歧便凸显出来了。1931年8月21日，中共苏区中央局根据共产国际新制定的关于中国土地问题的决议，以及王明1931年3月起草的《土地法令草案》的精神，通过了《关于土地问题的决议案》。这个文件虽然

---

① 中共中央文献研究室编：《任弼时年谱（1904—1950）》，中央文献出版社2006年版，第166—167页。

肯定毛泽东提出的在平分土地过程中实行"抽多补少，抽肥补瘦"的原则，"是土地革命中的一个成绩"，但认为毛泽东此前主张在分配土地的时候，把土地分配给乡村中的一切男女，使豪绅地主家属和富农与贫农、中农一样，分得数量上和质量上同样的土地，"是不正确的，是非阶级的"，这样做"模糊了土地革命的阶级意义"。《决议案》强调，在分配土地中，地主豪绅及其家属根本无权分得土地，"富农已分得的土地，应当交出来重新分配，好田应当转分给雇农、贫农、中农而把他们的坏田调给富农"。[①] 这就是所谓的"地主不分田、富农分坏田"。

同年 8 月 30 日，中共中央发出长达万余字的《给苏区中央局并红军总前委的指示信》。信中指出，中央苏区在肃反中犯了简单化和扩大化的错误，这个批评无疑是正确的。但是，这封信的主要内容，则是对毛泽东在中央苏区的各项工作进行批评。信中虽然肯定"在几年来土地革命的深入中，在最近一年多红军英勇的战争中，在苏区内外阶级敌人的残酷进攻中，中央苏区是获得了他伟大的成功"，但又强调"中央苏区还存在着错误和缺点"，其中"最严重的错误是：缺乏明确的阶级路线与充分的群众工作"。

信中认为，中央苏区过去工作的错误，主要表现在没用一切可能力量动员群众巩固河东（赣江以东）中心根据地；对于消灭地主阶级与抑制富农政策，还持着动摇的态度，没有实行"地主不分田、富农分坏田"的政策，使土地革命的果实"为富农所攫去"；中华苏维埃第一次全国代表大会至今未能开成，但又将工农革命委员会的临时政权取消了，而代之以军事组织，实际上党又包办

---

① 中国社会科学院经济研究所中国现代经济史组编：《第一、二次国内革命战争时期土地斗争史料选编》，人民出版社 1981 年版，第 559、560、562 页。

一切，这使群众对政权的认识模糊而不相信政权是自己的；红军直到现在还没有完全抛弃游击主义的传统与小团体的观念，这在红军已在进行大规模战争与担负着争取一省几省首先胜利的任务是不相称的。

信中要求红军在冲破三次"围剿"后必须向外发展，"占领一个两个顶大的城市"；必须消灭地主残余，"绝对不能使他们仍保有租借权而密接土地关系，对待地主残余的办法，只能是分配他们苦工做"；必须加紧"雇农贫农与富农的对抗"，"变更富农的土地，只有给他坏田耕种，富农的剩余工具要没收"，"而雇农贫农便可分得地主富农的肥田和工具"；红军的编制应"开始适应于大规模的作战的组织"，战斗力亦应着重于技术能力的增进，"特别是要有堡垒战，街市战，射击飞机等等的演习"，"以加强红军的作战能力而完全脱离游击主义的传统"。信中认为，唯有如此，才能实现一省与几省革命的首先胜利。①

9月20日，中共中央发出王明起草的《由于工农红军冲破第三次"围剿"及革命危机逐渐成熟而产生的党的紧急任务》的决议，强调"目前主要危险还是右倾机会主义"。中共中央认为，"目前中国政治形势的中心，是反革命与革命的决死斗争"，因此，苏区的党在冲破了蒋介石第三次"围剿"之后，"必须立刻在政治上与军事上巩固已得的胜利，更坚决的更彻底的执行国际与中央的一切指示，更深刻的发展苏区内部的阶级斗争，引起最广大群众斗争的热情，来发展与巩固苏维埃，贫农团，雇农工会与职工会等，并且集中力量追击敌人退却步〔部〕队，消灭它的一方面，在政治军事〈顺〉

---

① 中央档案馆编：《中共中央文件选集》第7册，中共中央党校出版社1991年版，第364页。

利的条件之下，取得一两个中心的或次要的城市"，并且"各级党部必定能够在最短的时间之内，百分之百的把这些紧急任务完成起来"。① 中共中央的这些要求，显然与毛泽东的一贯主张是不合拍的。

中共中央虽然不赞成毛泽东的土地分配主张，其所提出的夺取"顶大的城市"的思想，也与毛泽东农村包围城市的思想大相径庭，但是，就当时中共中央和中央代表团而言，在毛泽东和项英这两个中央苏区的主要领导人中，似乎对项的不满还更多一些。这一则在于作为中共苏区中央局代理书记的项英在处理富田事变问题上，力图在党内纠纷的框架内加以解决，而中共中央则认定富田事变是"反革命暴动"，项英此举自然有右倾之嫌；二则在于中央代表团经过一段时间的观察，认为毛泽东确实"有独特见解，有才干"，而项英"犹豫不决（特别在军事行动上），领导战争能力弱"。② 因此，这年 10 月 11 日，中共苏区中央局致电中共临时中央(1931 年 9 月下旬，鉴于此前的 4 月中共中央政治局候补委员、参与领导中央特科工作的顾顺章被捕叛变，同年 6 月中共中央政治局常务委员会主席向忠发被捕叛变，一批在中央工作的领导干部撤离上海，此时王明将去共产国际工作，周恩来将前往中央苏区，时在上海的中共中央委员和政治局委员不到半数，根据共产国际远东局的提议，在上海成立临时中央政治局，由博古、张闻天、康生、陈云、卢福坦、李竹声组成，博古、张闻天、卢福坦为常委，博古负总的责任，随后得到共产国际的批准，史称中共

① 中央档案馆编：《中共中央文件选集》第 7 册，中共中央党校出版社 1991 年版，第 406、409、415 页。
② 中共中央文献研究室编：《任弼时年谱（1904—1950）》，中央文献出版社 2006 年版，第 167 页。

临时中央），原苏区中央局书记项英"因解决富田事变完全错误"，"工作能力不够领导"，决定由毛泽东代理中央局书记并报请批准。电文中还提出请中共临时中央决定即将成立的中华苏维埃共和国临时中央政府成员名单。

中共临时中央很快作出答复。10月中下旬，中共临时中央两次致电中共苏区中央局，一次是同意中共苏区中央局书记由毛泽东代理；另一次是提出中华苏维埃共和国临时中央政府由毛泽东任主席。

可是，中央代表团对毛泽东的信任并没有延续多长时间。1931年11月1日至5日，在中央代表团的主持下，中央苏区党组织在瑞金叶坪召开第一次代表大会，即历史上有名的赣南会议。会议的中心内容是贯彻8月30日中共中央给苏区中央局并红一方面军临时总前委的指示信。会议在讨论过程中，就根据地、土地革命路线和军事等问题上展开了争论。毛泽东坚持认为，中央革命根据地从实践中形成的一整套路线和方针是正确的，是符合根据地实际情况的；几个中心县委书记也举出大量事实来支持毛泽东的看法。[①] 但是，中央代表团却根据中共中央8月30日来信，强调中央苏区"至今还存在许多严重的错误和缺点"，其表现就是"缺乏明确的阶级路线与充分的群众工作"。按照这个基调，会议通过的由中央代表团起草的相关决议案中，对中央苏区的工作实际上是对毛泽东进行了多方面的批评和指责。

在思想理论上，由于毛泽东一再强调反对"本本主义"，必须坚持从实际出发，结果被指责为"狭隘经验论"。会议通过的《党

---

① 中共中央文献研究室编：《毛泽东传（1893—1949）》，中央文献出版社1996年版，第270页。

1931 年 11 月 1 日至 5 日，中央苏区党的第一次代表大会（即赣南会议）在瑞金召开

的建设问题决议案》说，目前苏区党表现出的最严重的问题之一，是"马克思列宁主义最基本常识的系统教育工作，尚未能引起党严重的注意。而在党内流行一种狭隘的经验论调，实际上是反理论的倾向而形成一种事务主义的现象"①。会议通过的《红军问题决议案》中也说："红军中狭隘的经验论，在实际工作中产生了不小影响，根本〈否〉认马克思列宁主义的理论，单凭自己的狭小经验和短小眼光来分析各种问题，这完全是农民的落后思想，事实上会要走到错乱的非阶级路线的前途上。"② 中共中央文献研究室编著的《任弼

---

① 中央档案馆编：《中共中央文件选集》第 7 册，中共中央党校出版社 1991 年版，第 467 页。

② 中央档案馆编：《中共中央文件选集》第 7 册，中共中央党校出版社 1991 年版，第 487 页。

时传》曾披露了毛泽东被冠以"狭隘经验论"的缘由：1930 年 5 月，毛泽东写了《调查工作》（即《反对本本主义》）一文，提出"没有调查，没有发言权"的论断，提倡面向实际作社会调查，反对靠"本本"发号施令的错误。任弼时到中央苏区后，认为反对"本本主义"，就是不重视理论，忽视马克思列宁主义的理论教育，乃指责毛泽东是"狭隘经验论"和"事务主义"[1]。

在土地革命问题上，赣南会议指责毛泽东犯了"富农路线"的错误，模糊了土地革命中的阶级斗争。会议通过的《政治决议案》指出："'二七会议'（即 1930 年 2 月 7 日，红四军前委和红五、六军军委及赣西特委在吉安县陂头村召开了联席会议，史称"二七会议"——引者注）虽然反对了露骨的富农路线，虽然在土地问题上进了一步，但其'抽多补少''抽肥补瘦''分配土地给一切人'是模糊土地革命中的阶级斗争，也是同样的犯了富农路线的错误。""上述一切错误，使土地革命不能深入，使贫苦农民或者根本没有得到土地革命的利益（如没有分配土地的地方），或者没有得到最大利益，而使富农偷取土地的果实。这些错误，使农村中的阶级斗争与对阶级关系的认识模糊起来。"[2]因此，必须按照中共临时中央提出的"地主不分田、富农分坏田"的原则，"彻底解决土地问题"。

在根据地问题上，会议指责毛泽东对发展根据地右倾保守，"苏区的阶级斗争不但没有发展到最高程度"，"阶级异己分子时常占领

---

[1] 中共中央文献研究室编：《任弼时传》，中央文献出版社、人民出版社 1994 年版，第 224 页。

[2] 中央档案馆编：《中共中央文件选集》第 7 册，中共中央党校出版社 1991 年版，第 448 页。

领导机关","从政权一直到各种群众团体的组织非常散漫","中央苏区的地方工作是赶不上闽西和其他苏区的"。[①] 会议要求"于最短时间内""贯通中央区与湘赣苏区以及赣南的零星苏区",[②] 再进一步与赣东北与湘鄂赣边苏区贯通,这样来扩大并巩固苏维埃根据地。

在军事问题上,会议指责毛泽东倡导的保持党对红军的绝对领导,是"党包办一切",认为"党包办一切的结果,把红军中军事政治机关,失去其独立系统的工作,变成了不健全的残废机关。这种由党来包办一切的根源,仍然是国民党以党治国的余毒。党包办一切的结果,将党变成了事务主义的机关,反而放轻了党在红军中的本身工作"。提出"红军中包办一切军队行政的各级党的委员会应即取消。各级党的组织应当由各军政治部管理,各军党由革命军事委员会总政治部负责管理,并指导其工作"。[③] 至于毛泽东提出的"诱敌深入、后发制人"的战略方针,则被指责为"游击主义的传统",是"为进行大规模作战的绝大障碍",提出今后在军事训练上要有"堡垒战""街市战"的演习,为夺取中心城市做准备。

会议通过的几个决议案都强调,要"集中火力反对党内目前的主要危险右倾","在实际工作当中,要与一切立三路线影响和党内主要危险——右倾机会主义作最残酷的斗争"。这里虽然没有点毛泽东的名,但从所批评和指责的内容来看,其所指已是十分明了。

---

① 中央档案馆编:《中共中央文件选集》第 7 册,中共中央党校出版社 1991 年版,第 452—453 页。

② 中央档案馆编:《中共中央文件选集》第 7 册,中共中央党校出版社 1991 年版,第 459 页。

③ 中央档案馆编:《中共中央文件选集》第 7 册,中共中央党校出版社 1991 年版,第 486、478 页。

这次会议还根据中共临时中央的指示，设立了中华苏维埃共和国中央革命军事委员会（简称中革军委），取消红一方面军总司令和总政委、临时总前委书记的名义，毛泽东所担任的总政委、临时总前委书记之职自然被免除。11月25日，中央革命军事委员会正式成立，朱德为主席，王稼祥、彭德怀为副主席，毛泽东仅为15名委员之一。尽管如此，中共临时中央对赣南会议并不满意。第二年5月20日，临时中央在给中共苏区中央局的电报中批评中央代表团说："自我批评的发展，在大会及其前后都没有充分的发展，两条战线的斗争，尤其非常薄弱，大会上反对所谓狭隘的经验论，代替了反机会主义的斗争，这些都是党大会最主要的错误与缺点。"①

### "典型的右倾机会主义"

1931年11月7日至20日，中华苏维埃第一次全国代表大会在瑞金召开，毛泽东当选为中华苏维埃共和国中央执行委员会主席。在中央执行委员会之下组织人民委员会，毛泽东亦是人民委员会的主席。于是，在中央苏区，毛泽东就被人们称为毛主席了。12月底，周恩来抵达瑞金，中共苏区中央局书记之职也就无须再由毛泽东代理。

同年12月11日，中共临时中央发出《为目前时局告同志书》，对当时的形势作了十分乐观的估计，认为第三次反"围剿"胜利后，"苏维埃运动的发展与胜利，尤其是中华苏维埃共和国临时政府的成立，工农劳苦民众反对日本帝国主义进攻满洲，反对列强瓜分中

---

① 中央档案馆编：《中共中央文件选集》第8册，中共中央党校出版社1991年版，第220—221页。

1931 年 11 月 7 日，中共苏区中央局全体成员在瑞金叶坪的合影产。右起：王稼祥、毛泽东、项英、邓发、朱德、任弼时、顾作霖

国的反帝浪潮的汹涌澎湃，再加以全中国工农运动，灾民斗争与士兵斗争的开展，使地主资产阶级的国民党的统治日益动摇，使全中国的革命危机，日益成熟"。因此，在"新的革命的浪潮是汹涌地滚向前来"的情况下，"取得中国革命在几个主要省份（湘鄂赣皖）的首先胜利"，"是目前所要实现的摆在议事日程上的斗争任务"。为了实现这个"斗争任务"，就必须"在坚决的执行国际路线之下，发动广大的反帝国主义反国民党反富农的斗争，巩固苏维埃，扩大红军，把几个分离的苏区打成一片，并占领几个主要的与次要的中心城市"。①

---

① 中央档案馆编：《中共中央文件选集》第 7 册，中共中央党校出版社 1991 年版，第 544、547、548 页。

1932年1月9日，中共临时中央又作出《关于争取革命在一省与数省首先胜利的决议》，强调："国内阶级力量的对比已经变动了；这个变动是有利于工农的，有利于红军苏维埃的。国民党各派的力量都削弱了，相反地，工农与苏维埃运动的力量是增长了，强固了。红军成了极大的坚固的力量，苏维埃政权统治了几千万人口的区域。红军与游击队的发展，造成了包围南昌、吉安、武汉等重要的与次要的大城市的形势，过去正确的不占取大城市的策略，现在是不同了；扩大苏区，将零星的苏区联系成整个的苏区，利用目前顺利的政治与军事的条件，占取一二个重要的中心城市，以开始革命在一省数省的首先胜利，是放到党的全部工作与苏维埃运动的议事日程上面了。"为此，中共临时中央提出要将闽粤赣、赣东北、湘鄂赣、湘赣各苏区联系成整个一片的苏区，"并以占取南昌，抚州，吉安等中心城市，来结合目前分散的苏维埃根据地，开始湘鄂赣各省的首先胜利"。①

根据中共临时中央"占领几个主要的与次要的中心城市"的指示，1932年1月上旬，中共苏区中央局在瑞金召开会议，研究讨论攻打江西中心城市问题。会前，周恩来曾向毛泽东征求过对于这个问题的意见。毛泽东鉴于敌我力量的对比，认为现在还不能打中心城市。周恩来一开始也以为然，并致电中共临时中央，表示攻打中心城市尚有困难，但中共临时中央复电强调，攻打城市的决心不能动摇，如南昌一时不能夺取，至少要在抚州、吉安、赣州中选取一个攻占。

既然如此，看来城市是不能不打了。那么，在这几个城市中

---

① 中央档案馆编：《中共中央文件选集》第8册，中共中央党校出版社1991年版，第42页。

瑞金叶坪中华苏维埃共和国临时中央政府外景

先打哪一个，会议在讨论过程中，不少人认为抚州及其周围有敌军10个师，吉安及其周围有敌军5个师，只有赣州的守军较少，且同周围其他军队的联系不密切。于是，会议就转到讨论如何打赣州的问题。但是，毛泽东仍不同意打赣州，在发言中提出：赣州是赣南的政治经济中心，是通往闽粤两省的咽喉，是敌军必守的坚城；它三面环水、城墙高筑、易守难攻，前年3月红四军曾围攻赣州3天，没有结果，只得撤围；现在赣州南北都屯集着国民党重兵，以红军现有力量和技术装备很可能久攻不克，还是以不打为好。即使要打，也只能采取围城打援的战术。[1] 朱德也不赞成打赣州。

① 中共中央文献研究室编：《毛泽东传（1893—1949）》，中央文献出版社1996年版，第280页。

赣州古城楼。当年几乎没有重武器的红军攻打这样的城市，结果可想而知

　　然而，与会人员中，赞成打赣州的占了多数。毛泽东乃又建议能否听一听前线指挥员的意见，项英因在处理富田事变问题上受到中共临时中央的批评，故在打赣州的问题上表现甚为积极。他说在第一次苏维埃代表大会时，已问过彭德怀能不能将赣州打下来，彭告诉他，赣州守军马旅估计有 6000 人，地方"靖卫团"2000 人，共 8000 人，如有时间，蒋介石又不来增援，是可以打下的。<sup>①</sup> 这样一来，不主张打赣州的毛泽东和朱德成了少数，会议作出了打赣州的决定。1 月 10 日，中央革命军事委员会发布攻打赣州的训令，以红三军团并指挥红七军、红四军为主作战军，彭德怀任前敌总指挥，负责攻城；以江西、闽西军区共 6 个师为支作战军，陈毅为总

---

　　① 《彭德怀自述》，人民出版社 1981 年版，第 173 页。

指挥，以游击战争配合主作战军行动。

1月中旬，中共苏区中央局再次召开会议，报告三次反"围剿"的情况和九一八事变后的国际形势。会议由毛泽东主持。毛泽东在发言中认为，日本帝国主义大举侵华势必引起全国的抗日高潮，国内阶级关系必将发生变化。这本是正确的，但中央代表团不同意毛泽东的分析，认为日本占领东北主要是为了进攻苏联，"不作此估计就是右倾机会主义"，"我们必须提出武装保卫苏联"，如不这样，"就是典型的右倾机会主义"。面对这一指责，毛泽东只得报以沉默，会议也暂时中断，另选主持人才算把会开完。① 会后，毛泽东向中共苏区中央局请假要求休养。中共苏区中央局觉得毛泽东在打中心城市上总唱反调，很快同意了他的请求，至于他负责的临时中央政府的工作，则暂由副主席之一的项英（另一副主席为张国焘，此时在鄂豫皖根据地）负责。

2月4日，红三军团先头部队抵达赣州城郊。6日，红三军团全部抵达赣州城外，攻打赣州的战役正式开始。然而，赣州三面环水，城池坚固，守军依城垣固守待援，红三军团先后4次爆破城墙进攻，均未能奏效。攻城期间，敌人援军偷渡赣江进入城内，却未引起中革军委的高度重视，注意力仍放在全力攻城上。3月7日，赣州守敌和城外援军突然内外夹击攻城部队，红三军团处于腹背受敌的境地。

攻城失利之际，中革军委急电毛泽东，请其暂停休养，立即赶赴前线参与决策。项英手持中革军委急电，冒雨从瑞金赶到毛泽东休养的东华山，通报了有关情况。毛泽东虽然反对打赣州，但面

---

① 中共中央文献研究室编：《毛泽东年谱（1893—1949）》（修订本）上卷，人民出版社、中央文献出版社1993年版，第364页。

对红军处于危险境地，决定立即下山，随即复电前线指挥部，建议起用刚刚由原国民党第二十六路军起义部队编成的红五军团，掩护攻城部队撤出。根据毛泽东的建议，朱德命令红五军团第十三军驰援，掩护红三军团从赣州撤围，历经月余的攻打赣州之役宣告结束。

1932 年 3 月中旬，中共苏区中央局在赣县的江口召开会议，讨论攻打赣州的经验教训和红军今后的行动方针。会上，毛泽东指出攻打赣州的错误，主张红军主力向敌人力量比较薄弱、党和群众基础较好、地势有利的赣东北发展。在赣江以东、闽浙沿海以西、长江以南、五岭山脉以北广大地区发展革命战争，建立根据地。[1] 但有人认为，红军攻打赣州是依据中央和中央局的决议，在政治上是正确的；胜败乃兵家常事，现在虽从赣州撤围，并不是不再打赣州了；红军还是要执行中央的"进攻路线"，要夺取中心城市的。会议没有接受毛泽东的意见，而是决定红军主力夹赣江而下向北发展，相机夺取赣江流域的中心城市或较大城市；以红一、红五军团组成中路军，以红三军团、红十六军等组成西路军，分别作战。[2] 这时，毛泽东在红一方面军中已没有领导职务，只得以临时中央政府主席和中革军委委员这个尴尬身份率中路军行动。

3 月底，中共苏区中央局在瑞金开会讨论红军行动方向问题，毛泽东建议中路军向东方向，攻打龙岩，消灭闽西的国民党张贞

---

[1] 中共中央文献研究室编：《毛泽东年谱（1893—1949）》（修订本）上卷，人民出版社、中央文献出版社 1993 年版，第 367 页。

[2] 中共中央文献研究室编：《毛泽东传（1893—1949）》，中央文献出版社 1996 年版，第 282 页。

部。这个建议为会议所采纳，并决定将中路军改称东路军。4月20日，毛泽东率东路军攻占闽南重要城市漳州，缴获了大量的武器弹药和各类物资，其中包括两架飞机。

可是，就在此时，毛泽东与中共临时中央的关系却再次紧张起来。

4月4日，中共临时中央政治局常委洛甫（即张闻天），写出了题为《在争取中国革命在一省与数省的首先胜利中中国共产党内机会主义的动摇》的长文，在中共中央机关报《红旗周报》上发表。文章强调，中国地主资产阶级的统治日益走向崩溃，使中国的革命危机更加成熟，但"党内一部分最不坚定的同志"，则对于目前革命形势估计不足，"对于党所提出的许多中心任务发生机会主义的动摇"。①

文章具体地列举了各种所谓机会主义的表现，并且指责"中央苏区的同志""表现出了浓厚的等待主义，等待敌人的进攻，等待新的胜利。他们始终没有能够利用客观上的顺利环境去采取积极进攻的策略。他们把'巩固苏区根据地'当作符咒一样的去念，把消灭'土围子'当作了巩固根据地的中心工作，以等待敌人的新的进攻，新的'坚壁清野'，新'诱敌深入'与新的胜利"。"在分配土地上，中央苏区过去提出'分配一切土地给一切人'的观念，不用说是十足机会主义的观点"。② 不难看出，这里所说的"中央苏区的同志"，其实指的就是毛泽东。

---

① 中央档案馆编：《中共中央文件选集》第 8 册，中共中央党校出版社 1991 年版，第 611 页。

② 中央档案馆编：《中共中央文件选集》第 8 册，中共中央党校出版社 1991 年版，第 619、623 页。

文章强调，"目前的主要危险，是对于国民党统治的过分估计，与对于革命力量的估计不足的右倾机会主义"，"只有最坚决无情的反对机会主义倾向的斗争，才能使全党同志更能清晰的了解我们的任务，为这些任务的实现而斗争"。①

4月11日，项英向中共临时中央政治局常委会汇报了赣南会议前后情况，认为中央苏区是"狭隘经验论障碍新路线的执行"，但听取汇报的政治局常委会成员对这种说法并不认可，认为毛泽东不只是"狭隘经验论"的问题，而是右倾机会主义的错误。一位政治局常委说："中央区的领导，我以为对于目前中国革命的基本问题是民粹派的观点，是离开布尔什维克的认识的。中央区是以为目

宁都县青塘镇河背村青塘会议旧址。1931年4月17日，中共苏区中央局第一次扩大会议在这里召开

---

① 中央档案馆编：《中共中央文件选集》第8册，中共中央党校出版社1991年版，第621、611页。

前的革命是农民或贫民的革命（虽然没有文件上表示出来），这是与国际指出目前是民主的革命工农专政、无产阶级领导权的意义是原则上的不同。这在土地问题上、党的问题上、职工决议上、反帝问题上都表现出来。因此，中央区的领导是脱离了布尔什维克的路线的。"另一个常委则说："狭隘的经验论，毋宁说是机会主义障碍路线的执行。"①

为了纠正中央苏区存在的"右倾机会主义"，更好地贯彻所谓的"布尔什维克路线"，4月14日，中共临时中央下发了《中央反对帝国主义进攻苏联瓜分中国给苏区党部的信》。信中指出："日本占领满洲是帝国主义新的瓜分中国的开始，是进攻苏联的具体的危险的步骤"，现在，"反苏联战争的危险是箭在弦上"。信中重弹"武装保卫苏联"的老调，认为"扩大苏区，消灭国民党的武力，是给帝国主义的直接打击，是与帝国主义决战的准备，是民族革命战争胜利的先决条件，是真正的拥护苏联的革命争斗"。信的最后强调："右倾机会主义的危险是各个苏区党目前的主要危险。这些右倾机会主义是表现在：对于目前革命形势的估计不足，忽视反苏联战争的危险，忽视反帝运动与土地革命中的无产阶级的领导权，轻视中国革命的民族解放的任务与帝国主义直接干涉苏区的危险，不相信工农的力量能够战胜帝国主义的干涉，不了解红军的积极行动的必要而陷于庸俗的保守主义，甚至个别的情况之下，提议解散红军编为游击队，实际上这是对于帝国主义国民党完全的投降。"因此，必须对"右倾作最坚决无

① 中共中央文献研究室编：《毛泽东传（1893—1949）》，中央文献出版社 1996 年版，第 290 页。

情的争斗"。①

接到中共临时中央的指示信后，中共苏区中央局将其基本精神电告了在漳州的毛泽东。毛泽东接到来电后，坚持认为："临时中央对形势的分析、党的任务的规定和对党内主要危险的判断，是同实际情况完全不符的"②。5月3日，毛泽东复电中共苏区中央局，明确表示："中央的政治估量和军事战略，完全是错误的。"为此，他提出了两点理由：

"第一，三次战争和日本出兵之后的中国统治势力，特别是蒋系，已经受到很大的打击，对于我们只能取守势防御的攻击，至于粤军亦是防御攻击性质。决不应夸大敌人力量，以为敌人还有像去年三次进攻给中央苏区以大摧残的可能，而且在战略上，把自己错误起来，走入错误道路。"

"第二，在三次战争以后，我们的军事战略，大规模上决不应再采取防御式的内线作战战略，相反要采取进攻的外线作战战略。我们的任务是夺取中心城市实现一省胜利，似要以消灭敌人做前提。在现时的敌我形势下，在我军的给养条件下，均必须跳出敌人的包围之外，采取进攻的外线作战，才能达到目的。""此次东西两路军的行动完全是正确的。东路军深入漳州决不是主要为着筹款，西路军的分出也没有破坏集中的原则。我们已跳出敌人的包围之外，突破了敌人的东西两面，因而其南北两面也就受到我们极大威胁，不得不移转其向中区的目标，向着我东西两路

---

① 中央档案馆编：《中共中央文件选集》第 8 册，中共中央党校出版社 1991 年版，第 19、195、198、201 页。

② 中共中央文献研究室编：《毛泽东传（1893—1949）》，中央文献出版社 1996 年版，第 291 页。

军行动。"①

## "同毛泽东的错误进行斗争"

　　毛泽东敢于批评中共临时中央，但中共苏区中央局却未能顶住中共临时中央的批评，毛泽东复电中央局的同一天，中央局致电中共临时中央说："我们在〈中央〉苏区扩大方向和红军作战行动上有分歧意见。去年年底，在〈中共〉苏区中央局会议上，毛泽东提出沿福建、广东、江西和湖南边界的三山建立苏区的计划。科穆纳尔（即王稼祥——引者注）反对这一计划，并说在目前的政治形势下，这是避免占领大城市。我们应当在赣江两边之间建立联系并在它的上游占领最重要的城市。""中央局的其他委员都同意这个意见，并决定攻打赣州。""当莫斯克文（即周恩来——引者注）来到时，毛泽东提出了在〈赣〉东北扩大苏区的计划，并反对攻占中心城市。毛泽东遭到反对后，暂时放弃了自己的计划，而我们把占领大城市的计划具体化了，并开始攻打赣州。从被围困的赣州撤退后，毛泽东认为攻打该城的行动是立三路线的继续。"

　　电文还说："经过讨论后，毛泽东说了另番话，说在打赣州的同时，应派部分部队去东北方向扩大苏区。毛〈泽东〉再次建议在福建、江西、浙江和安徽边界地区建立大片苏区，并制定了十个月的工作计划，说今年内不可能占领大城市，必须向其他的农村推进。"电文认为，毛泽东"从没有发生变化的形势出发，制定了长期的行动计划。这条政治路线乃是百分之百的右倾机会主义，它低估了目前的形势，完全背离了共产国际和中央的指示，中央局所有

---

① 《毛泽东军事文集》第一卷，军事科学出版社、中央文献出版社1993年版，第271—272页。

其他委员都反对这条路线"。电报最后表示："我们决定同毛泽东的错误进行斗争，并在党的机关报上进行批评。""最近一次中央局的会议认为，毛泽东的错误是机会主义的。"①

5月11日，中共苏区中央局在福建长汀召开会议，决定"完全同意和接受"临时中央的批评，通过了《关于领导和参加反对帝国主义进攻苏联瓜分中国与扩大民族革命战争运动周的决议》（以下简称《决议》）。《决议》首先承认"中央局自去年三次战争胜利以来对于目前政治形势的估量，犯了极严重的一贯的右倾机会主义错误"，"这种错误主要表现在：由于对目前革命形势估量不足，对敌人溃崩的形势估量不足，过分的估量了帝国主义相互间的矛盾和冲突，以为太平洋上帝国主义战争将要'一触即发'，忽视了帝国主义反苏联战争的主要的根本危险，更不认识从满洲以至上海事变以来，帝国主义是在武装瓜分中国的进行中执行了以武力直接干涉中国革命的任务"。②

《决议》进而提出，现阶段苏区党的中心任务，"应使用一切力量开展群众的反帝国主义运动，组织、准备、领导和武装千百万的无产阶级与农民劳苦群众进行革命的民族解放战争，来保卫中国革命，保卫苏联，反对日本及一切帝国主义的侵犯与瓜分中国，压迫中国革命与武装进攻苏联，来争取中国的独立解放与统一。号召组织与领导无产阶级与农民发展群众阶级斗争，积极发展革命战争，粉碎国民党军阀新的进攻，坚决进行胜利的进攻，争取苏区扩大，

---

① 中共中央党史研究室第一编研部译：《共产国际、联共（布）与中国革命档案资料丛书》第十三卷，中共党史出版社 2007 年版，第 146—148 页。

② 中央档案馆编：《中共中央文件选集》第 8 册，中共中央党校出版社 1991 年版，第 209—210 页。

争取闽赣湘鄂苏区打成一片，争取中心城市——赣州、吉安、抚州、南昌与江西及其邻近省区的首先胜利"①。

《决议》最后强调："须彻底纠正中央局过去的右倾机会主义错误。右倾机会主义是苏区党内的主要危险，特别表现在对于目前革命形势估量不足，对敌人力量过分恐惧，过分估量了帝国主义大战的危机，忽视反苏联战争的主要根本危险，忽视反帝运动与土地革命中无产阶级的领导权，不认识帝国主义直接干涉苏区的危险，不了解红军积极行动的必要而对于迅速夺取大城市迟疑，主张向着偏僻区域发展，这简直是苏维埃运动中的机会主义路线。"②

毛泽东没有参加长汀会议，而这个《决议》在很大程度又是针对他而作的。5月底6月初，他从漳州回师赣南，途经长汀时看到了这个文件，自然十分不满。多年后，他对于此事尚不能释怀。1941年上半年，毛泽东在决定发动整风运动之际，曾写了一篇《驳第三次"左"倾路线》的文章，其中写道："六月回到长汀，见了这个皇皇大文，茅塞为之顿启。知道是采的缺席裁判办法，一审终结，不许上诉的。"③

然而，中共临时中央对此并不满意，并于5月20日给中共苏区中央局发来一封共有十条内容的指示电，内称：赣南会议"一般的接受了中央的指示，在苏区工作的转变上有进步的作用，但大会

---

① 中央档案馆编：《中共中央文件选集》第8册，中共中央党校出版社1991年版，第214页。
② 中央档案馆编：《中共中央文件选集》第8册，中共中央党校出版社1991年版，第218页。
③ 中共中央文献研究室编：《毛泽东传（1893—1949）》，中央文献出版社1996年版，第292页。

对于政治情势估计不足，因此，对于争取一省数省首先胜利及进攻的路线，缺乏明确的肯定的指出，虽然当时中央屡次电指示，但是没有为中区的领导同志所严重注意"。

电文中还指名道姓地对周恩来作了批评："伍（周恩来曾化名为伍豪——引者注）同志到苏区后，有些错误已经纠正，或部分的纠正，在某些工作上有相当的转变，但是未估计反苏联战争的危险，不巩固无产阶级的领导及加强工会工作，一切工作深入下层的彻底的转变"①。指示电强调："现在全国力量的对比，已经与三次战争时不同了的，更有利于红军的发展，有利于革命的。目前应该采取积极的进攻策略，消灭敌人的武力，扩大苏区夺取一二中心城市，来发展革命的一省数省的胜利"。

受到中共临时中央的点名批评之后，周恩来不得不就此做出表态。5月30日，他在中共苏区中央局机关刊物《实话》上发表《拥护全国红军胜利，坚决执行积极进攻的路线》一文，其中说："我们应当承认是犯了不可容许的迟缓、等待这种右倾机会主义错误的，来源是由于中央局过去对于目前政治形势估量不足，因此，对于争取一省几省首先胜利的任务与积极进攻的路线，便缺乏明确的认识。"文章还表示要"坚决的不调和的进行在苏区发展路线上的两条战线的斗争，反对'左倾'的'轻敌''盲动'等等错误，尤其要集中火力反对目前主要危险右倾机会主义的一切动摇"②。

6月上旬，中共苏区中央局又召开了一次会议。2007年出版的

---

① 中央档案馆编：《中共中央文件选集》第8册，中共中央党校出版社1991年版，第220—221、221—222页。

② 中共中央文献研究室编：《周恩来年谱（1898—1949）》，中央文献出版社、人民出版社1990年版，第221页。

《共产国际、联共（布）与中国革命档案资料丛书》第十三卷中，收录了一封 6 月 9 日中共苏区中央局致中共临时中央的电报，其中说："毛泽东已从前线返回，全会已经结束，取得很好结果，一致同意中央的指示信（指 5 月 20 日临时中央给中央局的电报——引者注），坚决揭露了以前的错误，进行了深刻的自我批评，确定了当前政治工作的积极进攻方针和在江西取得首先胜利的行动方针。在全会上，毛泽东同志表现出很好的态度，深刻承认了自己以前的错误，完全放弃了自己向东北扩张的意见。所有问题都迎刃而解了。""我们的讨论是在同志式的气氛中进行的，只限于中央局委员之间。这并不妨碍毛泽东的领导工作。目前我们正齐心协力地执行中央的指示，不会再有任何冲突。"①

6 月中旬，中共临时中央和苏区中央局决定恢复红一方面军总部，辖红一、红三、红五军团，取消东路军和西路军番号，由中革军委主席朱德兼总司令，副主席王稼祥兼总政治部主任，总政治委员一职空缺，毛泽东仍只能以政府主席和中央局委员的身份随军行动。

6 月 17 日，中共苏区中央局又一次在长汀召开会议，并通过了《关于争取和完成江西及其邻近省区革命首先胜利的决议——苏区党大会前后工作的检阅及中央苏区党的目前中心任务》。决议承认中共临时中央的批评是正确的，苏区中央局是犯了"不可容许的右倾机会主义的动摇"的错误。决议认为，苏区中央局造成这一错误的原因，"主要的是由于对目前革命形势估量不足，对反革命力量过分估计，对目前两个世界与中国两个政权的对立的不了解与估计不足，

---

① 中共中央党史研究室第一编研部译：《共产国际、联共（布）与中国革命档案资料丛书》第十三卷，中共党史出版社 2007 年版，第 164 页。

对于反帝国主义与土地革命中巩固无产阶级的领导的忽视——这些是右倾机会主义的根源。不彻底揭发这些右倾机会主义的严重错误，不坚决地向这些右倾机会主义的动摇开火，便不能坚决地执行积极进攻的路线，迅速地夺取中心城市，以实现一省数省革命的首先胜利"。决议提出："中央苏区红军的行动，必须达到最高度的积极化，必须与其他苏区红军更加有互相配合，互相策略〔应〕，互相牵制敌人的行动，以达到革命战争在全战线上的一致和继续的胜利。"为此，必须"夺取赣河流域的南昌、九江、抚州、吉安、赣州、萍乡等中心城市，以实现江西及其邻近省区革命的首先胜利"。①

中共临时中央对此仍不满意。7月21日，中共临时中央发出《给苏区中央局及苏区闽赣两省委信》。信中继续批评中共苏区中央局"没有及时采取进攻的策略，积极地扩大苏区，将争取一省数省首先胜利的任务放到全部工作的议事日程上面"，责成苏区中央局"根据中央的指示来严格与切实的检查各部门的工作与进行彻底的转变"，并且"迅速的提高红军中的军事技术与改善组织与编制，而想要战胜现代的帝国主义武力是很困难的。所以应该加十倍的努力，要加紧军事技术的训练，阵地战，做工事，现代的战术与特种兵器的使用，广大的采用新式的武器，组织特种兵的部队，炮兵，骑兵甚至飞机队"。②当时，红军根本没有与敌人进行阵地战的条件，不要说没有飞机队（漳州战役虽然缴获了两架飞机，但只有一架可以起飞，且红军中也没有可以驾机的飞行

---

① 中央档案馆编：《中共中央文件选集》第8册，中共中央党校出版社1991年版，第246—247、249页。

② 中央档案馆编：《中共中央文件选集》第8册，中共中央党校出版社1991年版，第299、305、311页。

员），就连炮兵也甚少。中共临时中央这种想当然的要求显然严重脱离了实际。

## （二）宁都会议失去对红军指挥权

### 前后方关于军事行动的分歧

在中共临时中央致信苏区中央局的同一天，周恩来以苏区中央局代表身份赶赴前方，后方由任弼时代理苏区中央局书记。

红一方面军总部恢复后，有了总司令和总政治部主任，却没有总政治委员。中共苏区中央局曾提议这一职务由周恩来兼任，但周恩来觉得毛泽东在军中没有职务，又要随军行动，参与作战的决策与指挥，没有一个名分不行，乃于 7 月 25 日和在前方的中央局成员毛泽东、朱德、王稼祥致电中共苏区中央局："我们认为，为前方作战指挥便利起见，以取消政府主席一级，改设总政治委员为妥，即以毛任总政委。作战指挥权属总司令、总政委，作战计划与决定权属中革军委，关于行动方针，中央局代表有决定权。"[1] 实际上，此举一方面是使毛泽东参与作战指挥，但另一方面也限制了毛泽东的军事行动权，因为作战计划和决定权在中革军委，毛泽东仅是中革军委的委员之一。但是，"后方的中央局成员对毛泽东能否执行中央的军事进攻路线是有怀疑的"[2]，周恩来的建议没有为中共

---

[1]　中共中央文献研究室编：《周恩来年谱（1898—1949）》，中央文献出版社、人民出版社 1990 年版，第 223—224 页。

[2]　中共中央文献研究室编：《任弼时传》，中央文献出版社、人民出版社 1996 年版，第 237 页。

苏区中央局所批准。

7月29日，鉴于中共苏区中央局仍坚持由周恩来兼任红一方面军总政委，周就改请由毛泽东任总政委一事，再次向中共苏区中央局陈说："现在我想是否可改为最高军事会议，由政府明令发表以周、毛、朱、王四人组织。周为主席，负责解决一切行动方针与作战总计划。如依你们提议，仍以周为总政委，这不仅对于政府主席、总政治部主任的关系弄得多头指挥，而且使政府主席将无事可做。泽东的经验与长处还须尽量使他发展，而督促他改正错误。他做总政委其权限于指挥作战战术方面为多。依上两次战役看，红军战术差得很，虽高级指挥员都须帮助。玉阶不细心，有泽东负责，可能指挥适宜。遇关重要或犹疑不定时，我便可以最高军事会议主席或中局代表名义来纠正或解决。以政府主席名义在前方，实在不便之至，且只能主持大计，这又与中局代表或军事会议主席权限相同。故此，银宝塔式的指挥权，必须改变。我觉得前方决定于实际、于原则均无不合。"①

周恩来的建议可谓用心良苦。一方面希望通过让毛泽东担任红一方面军总政委一职，避免"多头指挥"和让政府主席有事可做，且能发挥毛泽东的"经验与长处"，并督促其"改正错误"；另一方面又想让后方的中共苏区中央局成员们放心，毛泽东任总政委一职后不会独树一帜、不服从领导，因为对毛泽东授权有限，仅限于"指挥作战"，而他自己作为最高军事会议主席，有权"负责解决一切行动方针与作战计划"。

后方中共苏区中央局成员不想让毛泽东担任总政委一职，就是

---

① 《周恩来军事文选》第一卷，人民出版社1997年版，第159页。

担心毛泽东获得红军指挥权后，不贯彻中共临时中央和苏区中央局的指示，周恩来的这番话总算使他们有些放心了，于是同意组成最高军事会议和让毛泽东任红一方面军总政委之职。8月初，周恩来在兴国主持中共苏区中央局会议，决定对红一方面军进行整编，在前方由周恩来、毛泽东、朱德、王稼祥组成最高军事会议，周恩来为主席，负责军事行动方针和作战计划。8月8日，中革军委主席朱德，副主席王稼祥、彭德怀发布通令，宣布：奉中央政府命令，特任毛泽东同志为红军第一方面军总政治委员。

8月中下旬，红一方面军发动宜黄、乐安战役，攻克乐安、宜黄、南丰3座县城，歼灭国民党军一个师，俘敌5000多人，缴获长短枪4000余支以及一批军用物资，并且从战略上直接援助了鄂豫皖与湘鄂西两苏区的反"围剿"作战。

8月24日，红一方面军在占领南丰县城之后，准备攻打南城县城。可是，"当红一方面军主力进抵南城近郊时，发现国民党军队已在这里集中三个师准备固守，并有援军赶来，当地地形也不利于红军作战。周、毛、朱、王立刻当机立断地改变攻打南城的计划，将红军主力退却到根据地内的东韶、洛口，随后又撤至宁都以北的青塘一带休整，寻求战机"①。

然而，在后方的中共苏区中央局成员并不赞成此举。9月7日，任弼时和顾作霖联名致电周恩来，表示不同意休整待敌，而应秘密迅速北上，袭取永丰，将敌向西调动，给以各个击破为最有利。电文指出：如果不迅速向西求得在宜黄以西打击敌陈诚、吴奇伟部，敌军必南下广昌，"将造成敌人更积极向苏区中心前进，使之受敌

---

① 中共中央文献研究室编：《毛泽东传（1893—1949）》，中央文献出版社1996年版，第294—295页。

摧残，这给群众以十二分不好影响"①。

周恩来、毛泽东、朱德和王稼祥不同意苏区中央局关于袭取永丰的行动方针。9月8日，周恩来致电苏区中央局：敌之目的在驱逐我军，恢复据点，攻入苏区。我军5号始在东（韶）、洛（口）集中完毕，西袭永丰不仅疲劳未恢复，且敌军将先防我西进，袭取永丰将成为不可能。周恩来强调说：方面军现在小布、安福、平田一带休息7天绝对必要，已令二十二军及十二军在宜乐、宜南之间广大发展游击运动与新苏区。② 这时，国民党军队在恢复乐安、宜黄的据点后，并未如后方中共苏区中央局所预料的那样，向南进攻苏区腹地，反而将伸出东陂、黄陂和新丰等地的队伍撤离，故任弼时等人也就未再坚持袭取南丰的方针。

可是，没过多长时间，前后方的中共苏区中央局成员之间又为军事行动问题再次发生分歧。这年9月初，由于中共湘鄂西分局书记夏曦忠实执行中共临时中央的"左"倾路线，内部肃反严重扩大化，军事上又推行"两个拳头打人"，将红三军（原红二军团）分成两部分，一部分由夏曦率领固守洪湖根据地，一部分由贺龙率领转入敌后钳制敌人。可是，夏曦搞什么寸土必争，到处修碉堡，使部队分散挨打，结果，敌军进入根据地中心，红三军不得不放弃洪湖根据地。

湘鄂西的反"围剿"刚刚失利，中共鄂豫皖中央分局书记张国焘在指挥第四次反"围剿"时，先则盲目轻敌，认为敌人已是不堪

---

① 中共中央文献研究室编：《周恩来年谱（1898—1949）》，中央文献出版社、人民出版社1990年版，第227页。

② 中共中央文献研究室编：《周恩来年谱（1898—1949）》，中央文献出版社、人民出版社1990年版，第227页。

一击的"偏师"，强令红四方面军南下威胁武汉，继而在敌人三面包围根据地的情况下惊慌失措，急电中共临时中央，要求中央苏区紧急动员予以策应。

在这种情况下，中共苏区中央局为援助湘鄂西和鄂豫皖苏区的反"围剿"，乃要求红一方面立即北上出击，给两地红军以"直接配合"。

然而，前方的毛泽东和周恩来等人对于北上出击有着自己的看法。他们一方面建议红三军和红四方面军不要机械地固守一地，应采取诱敌深入的方针，在运动中疲劳敌人，以争取歼敌的有利条件；另一方面又向中共苏区中央局和中共临时中央报告说，在目前情况下，红一方面军不能立即北上作战。9 月 23 日，周恩来、毛泽东、朱德和王稼祥致电中共苏区中央局并转中共临时中央："出击必须有把握的胜利与消灭敌人一部，以便各个击破敌人，才是正确策略，否则急于求战而遭不利，将造成更严重错误。""我们认为在现在不利于马上作战的条件下，应以夺取南丰，赤化南丰河两岸尤其南丰至乐安一片地区，促起敌情变化，准备在运动战中打击与消灭目前主要敌人为目前行动方针。"四人同时认为："这一布置虽不是立即出击敌人，但仍是积极进攻的策略"。①

此时，不但前后方的中共苏区中央局成员之间就作战方向问题产生严重分歧，就是前方的中央局成员们意见也不尽一致。9 月 24 日，周恩来致信后方中共苏区中央局说：

"前方关于战略原则与发展方针，时常引起争论，而且在动摇的原则上变更意见，有时今天以为是的，明天立以为非，工作在不

---

① 《毛泽东军事文集》第一卷，军事科学出版社、中央文献出版社 1993 年版，第 290、291 页。

定状况之下非常难做，前方组织既不是集权于个人负责制，各人能力又均有长有短，许多事件既不能决之于个人，而且时常变更其解释的原则，尤令人无所适从，有时争论则不胜其争论。"

"本来利用目前行动的环境，我可以回后方一行，可以将前方对于群众工作的心得贡献到中局，并可以更具体地规定动员群众的办法。但稼祥同志坚决主张中局来一人到前方开会，泽东同志则主张任、项（即任弼时、项英——引者注）两人来。我以为既主张在前方开会，则须开全体会，彻底解决一切原则上的问题，而不容再有异议，否则前方工作无法进行得好。尤其是军事行动上，必须行专勿疑。大家都不放心，事情一定做不好。即使有错，也要在检阅时予以批评，遇事干涉，遇事不放心，即不错也会弄错！"

"前方每遇商榷之事，动辄离开一定原则谈话。有时海阔天空，不知'伊于胡底'，而实际问题反为搁下。即不搁下，也好像大问题没有解决，小问题没有把握似的。尤其是军事战略，更可以随意恣谈，不值定则，因此工作方针极难稳定。我意刘伯承必须调来当参谋长，才可以有一个帮手，才可以时时以应该遵循的原则来警醒我们。再则前方负责人太多，我意与其各持一见，不如抽出人来做前线与后方的群众工作，或到河西去都可。我想这还是到后方来，否则亦必须有另一办法解决。此事尚未与前方各同志谈，我亟望中局全体会能在前方开成，地点在广昌，以根本解决这一困难问题。"①

从周恩来的这封信可以看出，中共苏区中央局和周恩来原本没有在宁都召开会议的打算，但由于王稼祥和毛泽东主张中央局派人

---

① 《周恩来军事文选》第一卷，人民出版社 1997 年版，第 187 页。

来前方开会，周恩来于是放弃了回后方汇报的计划，转而认为既然要开中央局会议，就必须开全体会议，使"一切原则上的问题"一揽子解决，且不"再有异议"。周恩来所说的"原则上的问题"，既包括前后方的争论，也包括前方负责人之间的争论和"负责人太多"政出多门的问题。

由于急于援救鄂豫皖和湘鄂西苏区，中共苏区中央局坚持要求红一方面军"积极进攻"，不同意分兵赤化南丰河两岸的部署。9月25日，中共苏区中央局电复周恩来、毛泽东、朱德、王稼祥，对下一步行动方针提出不同意见。电文说，"在目前全国苏区红军积极行动艰苦作战中，我们不同意你们分散兵力，先赤化南丰、乐安，逼近几个城市来变换敌情，求得有利群众条件来消灭敌军，并解释这为积极进攻策略的具体布置与精神，这在实际上将要延缓作战时间一个月以上"，如果不能配合呼应鄂豫皖、湘鄂西红军，"可以演成严重错误"。①

收到中共苏区中央局电文的当天，周恩来、毛泽东等复电中央局，仍坚持原定作战计划。电文指出："现在如能马上求得战争，的确对于鄂豫皖、湘鄂西是直接援助，并开展向北发展的局面，我们对此已考虑再四。但在目前敌情与方面军现有力量条件下，攻城打增援部队是无把握的，若因求战心切，鲁莽从事，结果反会费时无功，徒劳兵力，欲速反慢，而造成更不利局面。"电文还说："我们认为打开目前困难局面，特别要认识敌人正在布置更大规模的进攻中区，残酷的战争很快就要到来，必需勿失时机地采取赤化北面地区，逼近宜、乐、南丰，变动敌情，争取有利于决战以消灭敌人

---

① 中共中央文献研究室编：《周恩来年谱（1898—1949）》，中央文献出版社、人民出版社 1990 年版，第 229 页。

的条件。"① 电文的最后，提议即刻在前方召开中央局全体会议，讨论红军行动总方针与发展方向等问题。

9月26日，中共苏区中央局电复周恩来、毛泽东等人，坚持"向西进击永丰"的意见，并且提出：如在轻敌之下分散布置赤化工作，则不但将失去运动战中各个击破敌人、稍缓即逝的时机，而且有反被敌人各个击破的危险。苏区中央局还以"项英、邓发已去闽西参加会议，而且你们亦须随军前进"为由，表示不可能召开中央局全体会议。②

同一天，周恩来等又致电中共苏区中央局："攻乐安无把握，且用最大力量，即使能消灭吴奇伟，以现时红军实力，将不能接着打强大增援队。此请中央局特别注意"。同时坚持"中央局全体会以项邓（即项英邓发——引者注）两同志回后，仍以到前方开为妥，因有许多问题如前电所指，必须讨论解决"。③

就在前后方电报你来我往之际，中共苏区中央局收到了中共临时中央发来转给周、毛、朱、王的急电："蒋由汉回庐山召集在赣将领开会，〈有〉即将倾全力向我中区及赣东北进攻之势。我方须立即紧急动员警戒，并以最积极迅速之行动，择敌人弱点击破一面，勿待其合围反失机动。望即定军事行动计划，电告中央。"④

---

① 《毛泽东军事文集》第一卷，中央文献出版社、军事科学出版社1993年版，第293、293—294页。

② 中共中央文献研究室编：《周恩来年谱（1898—1949）》，中央文献出版社、人民出版社1990年版，第229页。

③ 《毛泽东军事文集》第一卷，中央文献出版社、军事科学出版社1993年版，第296页。

④ 中央档案馆编：《中共中央文件选集》第8册，中共中央党校出版社1991年版，第531页。

看到这封电报后，后方中共苏区中央局成员意识到军情紧急，也认为有召开中央局会议的必要，乃于 9 月 27 日致电周、毛、朱、王，提议由周恩来立即回到瑞金参加中央局会议，理由是前方有毛、朱、王主持"无甚妨碍"，而项英、邓发要到 10 月 1 日才能回到瑞金，如果后方中央局成员到前方开会，路程过远，费时太多，对工作影响太大。

在苏区中央局致电周、毛、朱、王的前一天，即 9 月 26 日，朱德、毛泽东以红一方面军总司令和总政委的名义，发布红一方面军关于部队向北工作一时期的训令，命令部队在宜黄、乐安、南丰一带地区，做一时期争取群众、发展苏区以及加强本身训练的准备工作，消灭敌人的零星游击力量，肃清这一地区的反动武装，争取和赤化北面敌人据点附近的地区和群众，整顿扩大和建立这些地区的游击队，造成更有利于与北面敌人决战和消灭敌人主力的条件，来夺取大城市，实现江西革命的首先胜利。①

这个训令虽然也说要争取夺取大城市，实现江西革命的首先胜利，但从具体措施上，却与中共临时中央一向主张的"积极进攻"相左，后方的中共苏区中央局成员了解这一训令的内容后，立即产生了强烈不满，他们一改中央局会议须在后方召开的前议，决定立即前往前方召开全体会议。9 月 29 日，中共苏区中央局致电周恩来、毛泽东、朱德、王稼祥："我们认为这完全是离开了原则，极危险的布置。中央局决定暂时停止行动，立即在前方开中央局全体会议"。第二天，苏区中央局再次致电周恩来："我们现重新向你提出前次分散赤化南丰河两岸，做一时期扩大苏区工作等意见，是对

----

① 《毛泽东军事文集》第一卷，中央文献出版社、军事科学出版社 1993 年版，第 298 页。

形势估计不足，不去深刻领会攻取宜黄受分散所造成之严重的错误教训。"电文明确表示，对那种一切离开原则完成目前任务的分散赤化的观点，要"给以无情的打击"。①

## "批准毛同志暂时请病假"

到这时，后方中共苏区中央局成员觉得一段时间以来，前后方之间的矛盾与分歧，关键是毛泽东仍坚持其"机会主义路线"，周恩来又采取"调和主义"，未能很好地贯彻中央局的意见，因此，此次苏区中央局全体会议必须集中解决这个问题。

1932 年 9 月 30 日，中共苏区中央局致电中共临时中央说："毛泽东同志对于扩大中央苏区、占领中心城市和争取〈革命〉在一省或数省首先胜利的斗争表现动摇。他的扩大苏区到东部山区的机会主义路线仍在继续，他常常试图加以实施，忽视党的领导，而提拔干部是从私人关系出发，而不是出于社会实践的〈需要〉。虽然莫斯科文同志在那里，但他实际上很难贯彻〈中央〉局的意见，从根本上改变他们的活动。""为了军事领导人观点的一致，我们坚决而公开地批评毛〈泽东〉同志的错误，并把他召回后方〈中央〉苏维埃政府中工作。"② 同一天，任弼时、顾作霖、项英和邓发从瑞金出发，前往宁都。

10 月 3 日至 8 日，中共苏区中央局在宁都的小源村召开全体会议，即历史上著名的"宁都会议"。出席这次会议的，在后方的

---

① 中共中央文献研究室编：《毛泽东年谱（1893—1949）》上卷，人民出版社、中央文献出版社 1993 年版，第 387 页。

② 中共中央党史研究室第一编研部译：《共产国际、联共（布）与中国革命档案资料丛书》第十三卷，中共党史出版社 2007 年版，第 210 页。

宁都会议召开时毛泽东的住地

中央局成员有任弼时、项英、顾作霖、邓发，在前方的中央局成员有周恩来、毛泽东、朱德、王稼祥。中革军委总参谋长刘伯承列席了会议。

宁都会议虽然开了好几天的时间，但留下的史料却很少，今天能找到的只有一份《苏区中央局宁都会议经过简报》。简报不长，择其要点如下：

（一）一致同意中央长信指示，中央局在今年六月根据中央指示电所通过之关于争取和完成江西及邻近省区革命首先胜利决议的全部精神与指示信是吻合的。

（二）认为在今年采取积极向外发展民族革命战争，夺取中心城市，争取江西首先胜利策略，以及六月决议揭发过去党大会前后中央局所犯错误后，中央区一般的表现有相当进步。

（三）对二月后几次战役的估计，认为攻赣〈州〉和南雄，宜乐战役，依据当时情况都是绝对需要的。进占漳州虽获胜利，有很大政治影响，但来往延缓了北上任务之实现。……会议中批评泽东同志认为早应北上，过去七个月都错误了之不正确观点，指出这是动摇并否认过去胜利成绩，掩盖了领导上所犯错误。

（四）由于苏区与红军胜利，白区革命斗争急剧发展，敌人在四次围攻中，现正布置大举进攻中区。会议中经过讨论后，一致接受中央行动方针的指示，认为需立即有紧急充分动员，要以最积极迅速的行动，在敌合围未成之前，选择敌弱点各个击破敌人，已〔以〕粉碎敌人大举进攻，夺取中心城市，争取江西首先胜利。

（五）为着实现这一战斗任务，主力军须首先向北面敌之弱点出击敌人，包围一面，争取充分动员准备工作开展胜利的进攻敌人，艰苦动员全苏区工农劳苦群众，以最大努力扩大和巩固红军。……会议中特别指出：要及时和无情的打击一切对革命胜利估计不足、对敌人大举进攻的恐慌动摇失却胜利信心、专去等待敌人进攻的右倾主要危险，同时要反对不认识敌人大举进攻的严重性，忽视与放松充分动员群众工作的严重错误。

（六）会议中批评了泽东同志过去向赣东发展路线与不尊重党领导机关与组织观念的错误，批评到前方同志对革命胜利估计不足，特别指示〔出〕泽东同志等待观念的错误，批评到总政治部对有政治问题的人采取了组织上自由主义与组织观念的错误，开展了中央局从未有过的反倾向的斗争。对前方战争领导，留在后方中央局同志对于过去前方领导不能统一，认为战争领导必须求得专一独断，迅速决定问题，提出由恩来同志负战争领导总责，泽东同志回后方负中府〔央〕政府工作责任。因恩来同志坚持要毛同志在前方助理或由毛同志负主持战争责任，恩来同志亦在前方负监督行动总方针责任。在大多数同志认为毛同志承认与了解错误不够，如他主持战争，在政治与行动方针上容易发生错误。最后是通过了恩来同志第一种意见，但最后批准毛同志暂时请病假，必要时到前方。①

文中的"中央长信指示"和"中央指示电"，分别是指 1932 年 7 月 21 日《中央给中区中央局及苏区闽赣两省委信》和 5 月 20 日《中央给苏区中央局的指示》。

宁都会议无疑是一次集中批判毛泽东的会议，用中共苏区中央局的话说，"开展了中央局从未有过的反倾向的斗争"。至于是如何开展这种斗争的，简报没有提及。

毛泽东在红军中的去留，成为会议讨论的中心问题。后方中共苏区中央局的成员主张将毛泽东召回后方，专负中央政府工作的责任，而由周恩来负战争领导的总责。这样一来，周恩来不得不就此表态。他一方面在发言中检查了前方同志"确有以准备为中心的观念"，肯定后方中央局成员"集中火力反对等待倾向是对的"；另一方面也认为后方中央局成员对敌人大举进攻认识不足，对毛泽东的

① 中央档案馆编：《中共中央文件选集》第 8 册，中共中央党校出版社 1991 年版，第 528—531 页。

批评过分，表示"泽东积年的经验多偏于作战，他的兴趣亦在主持战争"，"如在前方则可吸引他贡献不少意见，对战争有帮助"，主张毛泽东留在前方。周恩来还提出了两种选择方案："一种是由我负主持战争全责，泽东仍留前方助理；另一种是泽东负指挥战争全责，我负监督行动方针的执行。"① 但与会的大多数不赞成毛泽东留在前方，毛泽东本人也不同意周恩来提出的第二种方案。会议最后决定：毛泽东暂时请病假回后方，必要时到前方。

对于周恩来在宁都会议上的表现，后方中共苏区中央局成员很不满意，认为他"在斗争上是调和的"。11 月 12 日，在后方的中共苏区中央局成员致电中共临时中央说："这次会议是开展了中局内部从未有过的两条战线斗争，打破过去迁就和平的状态"，"恩来同志在会议前与前方其他同志意见没有什么明显的不同，在报告中更未提到积极进攻，以准备为中心的精神来解释中央指示电"，并且"不给泽东错误以明确的批评，反而有些地方替他解释掩护，这不能说只是态度温和的问题"。"我们认为恩来在斗争中不坚决，这是他个人最大的弱点，他应深刻了解此弱点加以克服。"

对于这种指责，周恩来表示不能接受。他也在同一天致电中共临时中央说："我承认在会议中我对泽东同志的批评是采取了温和态度，对他的组织观念错误批评得不足，另外却指正了后方同志对他的过分批评。"但对于苏区中央局的顾作霖、项英等人"认为未将这次斗争局面展开，是调和，是模糊了斗争战线，我不能同意"。

中共临时中央收到这两份电报后，做出裁判："中央局会议所

---

① 中共中央文献研究室编：《周恩来年谱（1898—1949）》，中央文献出版社、人民出版社 1990 年版，第 231 页。

取路线与一般的方针是正确的","泽东同志在会议上已承认自己的错误，必须帮助泽东迅速彻底的改正自己的观点与吸引他参加积极的工作";"恩来同志在会议的立场是正确的，一部分同志责备恩来为调和派是不正确的"。①

再说尚在上海的中共临时中央在了解到毛泽东与中共苏区中央局间的分歧后，于10月7日致电苏区中央局表明自己的态度。电文说："至于与毛泽东同志的分歧，我们再重复一遍：请尝试用同志式的态度争取他赞成积极斗争的路线。要在党内、红军内和群众中宣传积极的路线。争取党和红军的干部，使他们相信纯粹防御路线的错误与危险，不进行反对毛泽东的公开讨论。现在我们反对将他从军队中召回，如果他服从党的纪律的话。目前采取这一步骤会给红军和政府造成严重的后果。要保证领导的一致，这是斗争成功的前提。速发给我们补充信息，不要等到〈一切〉事实既成之后。"②

10月8日，共产国际代表埃韦特在给共产国际执行委员会政治书记处委员、主席团委员皮亚特尼茨基的报告中，曾提到了宁都会议的争论及中共临时中央的态度。报告写道："关于我们的策略问题在江西省的领导中引起了重大意见分歧。毛泽东主张防御策略，反对目前发动任何攻势。面对敌人的优势兵力，他建议撤退到山区去。""江西党的领导坚持认为，我们应该实行进攻策略，我们现在能够做到这一点。为了保证对敌人进攻的反击，必须撤销毛泽

① 中共中央文献研究室编：《周恩来年谱（1898—1949）》，中央文献出版社、人民出版社1990年版，第233—234页。
② 中共中央党史研究室第一编研部译：《共产国际、联共（布）与中国革命档案资料丛书》第十三卷，中共党史出版社2007年版，第213—214页。

东前线总指挥的职务，对他进行公开批评并谴责他的错误立场。只有在这些决议通过后，才能告知这里的中央。""这里的中央主张进攻策略，但反对撤销和公开批评〈毛泽东〉。"①

这份报告不但清楚地表明了毛泽东与后方苏区中央局成员之间分歧之所在，而且表明此时中共临时中央的基本态度是：不满意毛泽东对进攻战略的消极反对态度，也不赞成对毛泽东进行组织处理，而是希望毛泽东能够转变立场，能够与临时中央的进攻方针保持一致。

中共临时中央之所以不赞成对毛泽东"撤销和公开批评"，很大程度上出于毛泽东在苏区威望的考虑。10月6日，中共临时中央政治局常委会讨论苏区中央局的问题，临时中央负责人博古说："分散工作的观点，我是坚决反对的。在这里泽东又表现他一贯的观念，同时伍豪不能将自己正确路线与自己的权威与之做坚决斗争，而表示没有办法，又暴露一次调和以至投降的弱点。泽东的观点是保守、退却。""我以为应该做坚决的斗争，但不一定指出泽东名字，而与他的倾向在党内做积极的斗争，这因为要估计到泽东在苏区红军中的威信。"②

然而，当中共苏区中央局收到临时中央10月7日电报的时候，宁都会议已经结束，毛泽东也已离开前线回到后方。留在宁都的中央局成员继续开会，研究毛泽东的去留问题，会议决定毛泽东回后方主持临时中央政府工作，红一方面军总政委由周恩来代理。

---

① 中共中央党史研究室第一编研部译：《共产国际、联共（布）与中国革命档案资料丛书》第十三卷，中共党史出版社2007年版，第217页。

② 中共中央文献研究室编：《毛泽东传（1893—1949）》，中央文献出版社1996年版，第297页。

10月12日，中革军委主席朱德，副主席王稼祥、彭德怀发布通令："当此革命猛烈向前发展的时候，苏维埃政权的巩固与发展，是十二万分重要的。工农红军第一方面军兼总政治委员毛泽东同志，为了苏维埃工作的需要，暂回中央政府主持一切工作。所遗总政治委员一职，由周恩来同志代理。"

在这种情况下，中共临时中央也只得接受既成事实。10月26日，中共临时中央来电，正式任命周恩来兼任红一方面军总政委，毛泽东也由此失去了对红军的指挥权。11月10日，中共临时中央又致电中共苏区中央局："我们可同意现在召回泽东同志与公开批评他的错误观点，批评方法应该说服教育，并继续吸引他参加领导机关工作，不然，在目前将削弱我们的地位。"①

### "带着很大的盲目性"

宁都会议解除毛泽东在红军中的领导职务，使他不得不离开自己亲手创立的红军，这对他来说是一个很大的打击。毛泽东遭解职的根本原因，无疑是他一再坚持其"右倾机会主义路线"，对中共临时中央的"积极进攻"和攻打中心城市的方针持消极与反对态度。

当时，中共苏区中央局的多数成员是中共中央派来的（此时中央局的8位成员中，除毛泽东和朱德外，其余的周恩来、项英、任弼时、王稼祥、邓发、顾作霖都是由中共中央派来的），并且来中央苏区的时间不长（其中项英和邓发进入中央苏区的时间是1930年底，任弼时、王稼祥、顾作霖是1931年4月，周恩来是1931年底）。一方面，他们中的一些人对中央苏区的情况未必十分了解，

---

① 中共中央文献研究室编：《毛泽东年谱（1893—1949）》（修订本）上卷，人民出版社、中央文献出版社1993年版，第391页。

对与国民党军队作战也没有太多的经验，而毛泽东自 1927 年领导湘赣边界的秋收起义后，一直处于与国民党军队作战的第一线，1929 年初进入赣南闽西后也长期战斗在这里，已经积累了较丰富的革命战争经验，故而他的主张实践证明是正确的（王稼祥本来在打赣州的问题上甚是积极，但后来与毛泽东同在前方，故对毛泽东的军事思想有较多的了解，因而在宁都会议上反对解除毛泽东军权）。但是，在当时的情况下，中共苏区中央局的多数成员未必有这样的认识。

另一方面，正是由于中共苏区中央局的多数成员来自中共中央，而且有的还是在六届四中全会之后才进入领导层的，不但负有按中央指示办事的职责，而且在某种程度上对中共临时中央那一套"左"的方针政策的认识有共同性，并未意识到所谓进攻方针和夺取中心城市的错误所在。这样一来，他们与毛泽东难免产生意见分歧，而当毛泽东一再坚持自己的主张之时，他们自然就难以容忍了。在他们看来，毛泽东此举不但是错误的，而且也是违背中共临时中央和共产国际的指示的，解除他对红军的指挥权，是为了贯彻临时中央正确方针必须采取的组织措施。

王明等人曾反对过立三路线，而且王明、博古还受过立三路线统治时期中共中央的组织处分，尽管他们是从更"左"的角度去反对"左"，但立三路线确实是错误的，这就为他们中共六届四中全会及其后在党内取得领导地位获取了一定的资本。而且他们又善于写理论文章，并得到了共产国际的支持，在当时党内理论水平普遍不高，对共产国际的迷信没有破除的情况下，这就使得他们教条主义那一套东西容易唬住一些人。彭德怀没有参加宁都会议，但他曾赞成打赣州，他在自述中说："我当时并没有认识四中全会（王明路线）实际是立三路线的继续。当时四中全会的中央，把它称为国际路线，布尔什维克化的。至于它同样是反毛泽东人民战争思想的，是反对农村包围城市的战略方针的，也即是依靠红军打天下的单纯军事路线，我当时完全没有这样去想。一个共产党员凡事要问一个为什么，当时自己仅仅是服从中央决定，带有极大的盲目性。"[1] 当时参加宁都会议的苏区中央局多数成员对"左"倾教条主义的认识恐怕也是如此。

在宁都会议上，周恩来的处境很微妙，他不是王明"左"倾教条主义阵营的成员。1930 年 9 月，他与瞿秋白一起主持召开中共扩大的六届三中全会，决定停止组织全国总暴动和集中红军进攻中心城市的冒险行动，纠正了李立三的"左"倾冒险错误。但是，共产国际对这次会议并不满意，认为李立三的错误"是反国际的政治路线"，"是用假冒的'左派'空谈遮盖着自己的消极性，而实质上却是机会主义立场"，而六届三中全会没有揭露李立三的路线错误，采取了调和的态度。于是，王明等人打着"反对三中全会的调和路线"的旗号，要求改组中共中央。正是在这样的背景下，共产国际远东局负责人米夫来到中国，并提出召开以反右倾为中心的中共六届四中全会。会前，周恩来曾提出他和瞿秋白一起退出中央政治局，但为米夫所拒绝。

在中共六届四中全会上，周恩来不得不检讨了所谓"调和主义"的错误，并被选为中央政治局常委。为什么要留用周恩来，主要是自八七会议以来周恩来一直都是中共中央的主要领导人之一，在实际工作中显现出很强的组织领导才能和协调能力，中共中央的领导

---

① 《彭德怀自述》，人民出版社 1981 年版，第 176 页。

工作需要他。但共产国际对他又不放心，用米夫的话说："如恩来同志自然应该打他的屁股，但也不是要他滚蛋，而是在工作中纠正他，看他是否在工作中改正他的错误。"[①] 周恩来是一个组织观念极强的人，虽然他对四中全会后王明"左"倾教条主义有自己的看法，但从服从组织的角度又使他难以完全公开抵制，只能采取一些变通的办法减小其危害。

来中央苏区之前，周恩来与毛泽东并没有很深的私人关系，但他作为中共中央的主要领导人之一，又曾担任中共中央军事部长，在党内负责军事工作，自然对各根据地及其领导人有较多的了解，而毛泽东在建立井冈山和赣南闽西根据地过程中显现出的军事才能，给周恩来留下了很深的印象，他多次在中共中央给各地的指示信中介绍朱毛红军的游击战争指导原则、军事训练以及党的建设等方面的经验。周恩来进入中央苏区特别是以中共苏区中央局代表身份随军活动后，使他对毛泽东的军事才能有了更多的了解。他在宁都会议前一再要求苏区中央局给毛泽东以红一方面军总政委一职，也主要是为了充分发挥毛泽东的军事才能。

宁都会议前，由于前后方中共苏区中央局成员之间因"战略原则和发展方针"引起争论，在后方的中共苏区中央局是根据地中共党组织的最高领导机关，从组织原则的角度中央局成员都有服从其指示的义务，周恩来也不能例外。但是，后方的中央局成员对前方的情况未必了解，周恩来夹在各方中间确实左右为难，在这种情况下，他也就只能将解决问题的希望寄托在召开中央局全会上。令他始料不及的是，宁都会议召开前夕，后方的中共苏区中央局就已经有了

---

① 中央档案馆编：《中共中央文件选集》第 7 册，中共中央党校出版社 1991 年版，第 39 页。

将毛泽东召回后方的打算，故而在会上对毛泽东开展了"从未有过的反倾向"斗争，毛泽东成了少数派。周恩来到中央苏区虽然半年有余，但真正带兵打仗还刚刚开始，对于即将开始的第四次反"围剿"能否顺利取胜，恐怕也没有十足的把握。因此，周恩来确实希望毛泽东能留在前方协助他指挥作战，以发挥毛泽东之所长。但是，对于他提出的折中方案，不但中央局的多数人不赞成，就是毛泽东本人也不愿在别人的"监督"之下"负作战指挥全责"，毛泽东离开前方就成了唯一的选择，周恩来本人也就只得服从会议作出的决定。

周恩来以中共苏区中央局代表的身份赴前线后，由任弼时代理中共苏区中央局书记。延安整风时，任弼时自己说："在中区时期（二年），我在政治上是接受四中全会后中央的路线，在军事上是主张积极进攻的，对于苏区红军发展的历史特点不了解，不懂得战争规律……与毛的思想政策对立，以至于反对。在扫清道路的斗争中成为积极的协助者。"[1] 当时，包括任弼时在内的中共苏区中央局的多数成员，他们都是年轻的革命者，虽然有很高的革命热情，但对中国革命规律的认识，每个人都需要一个过程。毛泽东自己后来也说："过去那么多年的革命工作，是带着很大的盲目性的。如果有人说，有哪一位同志，比如说中央的任何同志，比如说我自己，对于中国革命的规律，在一开始的时候就完全认识了，那是吹牛，你们切记不要信，没有那回事。过去，特别是开始时期，我们只是一股劲儿要革命，至于怎么革法，革些什么，哪些先革，哪些后革，哪些要到下一阶段才革，在一个相当长的时间内，都没有弄清楚，

---

① 中共中央文献研究室编：《任弼时传》，中央文献出版社、人民出版社 1994 年版，第 246 页。

或者说没有完全弄清楚。"① 无疑，毛泽东是这群革命者中对这些问题比较早弄清楚的，而有的人本来没有弄清楚，却被教条主义所束缚，反而把正确的东西当作错误去反对，正因为如此，导致毛泽东在宁都会议上受到了不公正的待遇。

毛泽东在革命战争的实践中显露出杰出的军事指挥才能，而且在领导开创革命根据地的过程中也显示出他卓越的政治远见，是中国革命家群体中出类拔萃者。他个性坚强，藐视权威，敢于创新，鄙视教条主义，自然与中共临时中央派来的"钦差大臣"难免产生隔膜；而中共苏区中央局的多数成员由中共中央派来，有的还在莫斯科系统学习过，自认为自己有理论水平且能领会共产国际和中共临时中央的精神，于是双方之间的矛盾也就难免产生。在后方中共苏区中央局成员看来，毛泽东虽然在建立发展根据地和红军上有功，但他的那些主张违背了四中全会精神和共产国际指示，是典型的"右倾机会主义"，实有必要对其开展斗争。

## （三）"我的任务是吃饭、睡觉和拉屎"

### "毛泽东有什么可看的"

宁都会议后，毛泽东不得不离开他亲手创建的红军，从前方回到后方。临走之时，他曾向周恩来表示，前方军事急需，何时电召便何时回来。随后，他回到后方的长汀福音医院休养。

1933 年 1 月下旬，中共临时中央负总责的博古和政治局常委

---

① 《毛泽东文集》第八卷，人民出版社 1999 年版，第 300 页。

宁都会议后毛泽东实际上"靠边站",随后到长汀福音医院养病。毛泽东在长汀的住地西门罗汉寺

张闻天等人到达瑞金,这意味着中共临时中央从上海迁到了中央苏区。博古、张闻天进入中央苏区后不久,中共临时中央与苏区中央局合并,开始仍称苏区中央局,约在6月改称中共中央局。

中共临时中央在上海时,对中央苏区还只能是遥控式地进行领导,在这之后,教条主义那一套在中央苏区得到全面贯彻。博古后来说:"在上海中央破坏以后,由老的中央政治局委员指定我做临时中央负责人。当指定我做这个工作的时期,我并没有感到不能担任领导整个党这样的事情。相反的,当时背了相当多的包袱,反对李立三的英雄是一个包袱,李立三把我处分了,四中全会取消了我的处分,这时又洋洋得意,再加上四中全会后我在青年团做了一个时期的工作,少共国际的决议上,说我们的工作有成绩有进步,这又是

1933 年 1 月中共中央临时从上海迁至瑞金后，博古、张闻天等就在这里办公和居住

一个包袱，说我领导团还行，难道就不能领导党?""在临时中央到了苏区以后，这个时候我只是在形式上推一推，'请别的同志担负吧!'别的同志说，'还是你来吧'。我说'好，就是我'。所以这个时期，我是中央的总负责人，我是这条路线所有一切错误发号施令的司令官，而且这条路线在这个时期所有的各方面的错误，我是赞成的。"①年轻气盛的博古当时自认为自己真理在手，是正确路线的代表。

同年 2 月下旬和 3 月中旬，红一方面军在周恩来、朱德的指挥下，分别在宜黄的黄陂、草台岗设伏，歼灭国民党中央军近 3 个师，俘敌万余名，缴枪万余支，胜利结束了第四次反"围剿"战争。

---

① 中共中央党史资料征集委员会、中央档案馆编：《遵义会议文献》，人民出版社 2009 年版，第 114—115 页。

而第四次反"围剿"战争胜利的取得，又使中共临时中央认为，即使没有毛泽东指挥作战，红军照样能取得反"围剿"的胜利，自然更不想让毛泽东过问军事问题了。所以宁都会议规定毛泽东"暂时请病假，必要时到前方"，这一"暂时"便是两年多时间。

宁都会议后，毛泽东失去了对红军的指挥权，"专负"中华苏维埃共和国临时中央政府的工作。临时中央政府牌子很大，机构也很健全，基本上把苏联中央政府的那一套都搬来了，但中央苏区人口、面积有限，与其他苏区又处于隔离状态，所以，实际上不具备中央政府的职能和职权，主要任务也就是为前方筹措粮草、扩充兵源。但是，临时中央对失去军权的毛泽东仍不放心，觉得他在根据地和红军中还有影响，仍是其贯彻中共六届四中全会精神的障碍，因此有必要进一步地肃清其影响。于是，中共临时中央一到中央苏区，就用指桑骂槐之术，开展了一场矛头实际指向毛泽东的所谓反"罗明路线"运动。

关于反"罗明路线"的起因，据罗明回忆：宁都会议后，毛泽东到长汀的福音医院养病，他作为中共福建省委代理书记在随红一方面军进攻漳州时跌伤了腰，此时也在福音医院住院，毛泽东乃找他谈话，大意是福建和江西一样，应加紧开展广泛的地方游击战争，以配合主力红军的运动战，使主力红军能集中优势兵力，选择敌人的弱点，实行各个击破，消灭敌人的有生力量，粉碎敌人的"围剿"。毛泽东还说，要在（上）杭、永（定）、（龙）岩老区开展游击战争，牵制和打击漳州国民党第十九路军和广东陈济棠部队的进攻，这对粉碎敌人的"围剿"、保卫中央苏区是十分重要的。

罗明出院后，在长汀主持召开中共福建省委会议，传达毛泽东的意见，省委立刻决定派他为特派员，去到杭、永、岩一带进一步开展游击战争。博古等人从上海进入中央苏区时，途经上杭，罗明去迎接。博古责问罗明："你是省委代理书记，不领导全省工作，来杭、永、岩干什么？"罗明回答："是按照毛泽东同志的指示并经省委研究决定，来这里开展游击战争的。"博古问罗明对当前斗争有什么意见，罗明谈到要和各党派、各军队联合起来共同抗日。他还没有讲完，博古便不耐烦地说："吃饭了，不谈了。"①据中共中央文献研究室编纂的《毛泽东传》说，博古到长汀时，有人提议去看一下正在疗养的毛泽东。博古又说："毛泽东有什么可看的。"②

博古等人与毛泽东并无个人恩怨，主要是思想认识的分歧。当然，毛泽东对于中共临时中央那些从莫斯科回来的留学生们，内心多少有些鄙视，故称其为"洋房子先生"，而博古等人对于坚持自己主见的毛泽东自然也有些看不惯，认为他轻视理论不过有些经验罢了，双方之间在情感上不融洽也是事实。在此之前，毛泽东与中共临时中央之间的矛盾，更多是体现在他与中共苏区中央局间的关系上。现在，中共临时中央搬到苏区来了，中共苏区中央局与临时中央合二为一，令博古等人没想到的是，虽然中共六届四中全会以来不断地批判毛泽东的"右倾机会主义"，但毛泽东在中央苏区仍有不小的影响，仍有不少的支持者，罗明便是其代表之一。这种情况显然不利于中共临时中央"进攻路线"的贯彻，因此有必要对此采取措施，以树立中共临时中央的权威。

罗明是博古等进入苏区之后见到第一个较高级别的干部，而他

① 罗明：《关于"罗明路线"问题的回顾》，载《福建党史资料》第二辑，第51—52页。

② 中共中央文献研究室编：《毛泽东传（1893—1949）》，中央文献出版社1996年版，第300页。

的主张竟然与毛泽东完全一致，说明毛泽东在中央苏区的影响仍然很大。但考虑到中央苏区和红一方面军，毛泽东是主要的创建者之一，中共临时中央是在上海站不住脚才搬到这个他们原本认为出不了马克思主义的山沟沟里来的，所以又不便直接对毛泽东展开批判，于是罗明就成为博古等批判毛泽东的一个突破口。

罗明惹怒博古等人的，主要是他 1933 年 1 月 21 日向中共福建省委写的《对工作的几点意见》和同月下旬写的《关于杭永情形给闽粤赣省委的报告》。这两个材料的基本观点是：红军应向敌人力量薄弱的地方发展，以巩固和扩大根据地，处在根据地边缘的地方武装应先打击当地的地主武装，不要去硬打敌人的正规军，要在游击战、运动战中锻炼和提高红军的作战能力；不能一味地将地方红军扩充到主力红军中去，对边缘区、新区的工作指导应与已巩固的中心区有所区别等，这些观点自然与临时中央的"进攻路线"不相吻合。尤其是罗明说，如果不这样的话："那就请我们最好的领袖毛主席、项主席、周恩来同志、任弼时同志，或者到苏联去请斯大林同志或请列宁复活，一齐到上下溪南或者到其他地方去，对群众演说三天三夜，加强政治宣传，我想也不能彻底转变群众的情绪"①。在罗明眼里，毛泽东仍是"最好的领袖"，而在中共临时中央的领导人看来，毛泽东是犯严重错误的人，怎么称得上是"最好的领袖"？

### "实际上是指鸡骂狗"

1933 年 2 月 15 日，博古来到瑞金没几天，中共苏区中央局就

---

① 转引自博古：《拥护党的布尔雪维克的进攻路线》（1933 年 2 月 16 日），载中央档案馆编：《中共中央文件选集》第 9 册，中共中央党校出版社 1991 年版，第 465 页。

通过了《关于闽粤赣省委的决定》（闽粤赣省委实为福建省委），认为中共福建省委"形成了以罗明同志为首的机会主义路线"，应当"在党内立刻开展反对以罗明同志为代表的机会主义路线的斗争"，并且"立刻撤消罗明同志省委代理书记及省委驻杭永岩全权代表工作"①。

2月16日，博古在工农红军学校第四期的毕业生党团员大会上作了《拥护党的布尔什维克的进攻路线》的政治报告，正式展开了对"罗明路线"的批判。博古在报告中称，罗明形成了"自己的机会主义的取消主义的逃跑退却路线"，而苏区的干部却"缺乏拥护党的路线而斗争的布尔什维克的彻底性与坚定性，因此在实际工作中犯着许多极严重的机会主义的错误"。因此，必须"用十倍努力、十倍坚定、十倍积极，勇敢地去克服自己队伍中的机会主义"。② 随后，苏区中央局机关刊物《斗争》发表张闻天的《什么是罗明同志的机会主义路线》、任弼时的《什么是进攻路线》等文章，号召对"罗明路线""进行最坚决的斗争"。

紧接着，中共临时中央又将反"罗明路线"扩大到江西，将会（昌）寻（乌）安（远）中心县委书记邓小平，中共苏区中央局秘书长毛泽覃，江西军区二分区司令员兼独立第五师师长谢唯俊，江西省政府委员、裁判部长和党团书记古柏，作为江西"罗明路线"的代表进行批判和组织处理。这四个人中，毛泽覃是毛泽东的弟弟，谢唯俊和古柏较长时间在毛泽东身边工作，而且他们曾称中共临时

---

① 中央档案馆编：《中共中央文件选集》第9册，中共中央党校出版社1991年版，第94页。

② 中央档案馆编：《中共中央文件选集》第9册，中共中央党校出版社1991年版，第463、468页。

中央及其派来的"钦差大臣"是"洋房子先生"，并说过大城市产生了"立三路线"，我们苏区的山上却全是马克思主义这类话。邓小平本与毛泽东没有历史渊源，但到中央苏区后与毛泽东的观点接近，在赣南会议前后对中共临时中央的一些错误做法进行过抵制。

　　博古等开展反"罗明路线"，其用意当然是希望通过此举肃清毛泽东的影响，"反'罗明路线'，无论在福建还是在江西，矛头都是指向毛泽东的正确路线的"①。博古自己也曾在中共七大上说："苏区反对'罗明路线'，实际是反对毛主席在苏区的正确路线和作风。这个斗争扩大到整个中央苏区和周围的各个苏区，有福建的'罗明路线'，江西的'罗明路线'，闽赣的'罗明路线'，湘赣的'罗明路线'，等等。"②毛泽东本人对此更是心知肚明，后来多次讲到反"罗明路线"就是打击他。例如，他在1941年9月的中共中央政治局扩大会议上讲到反对主观问题和宗派主义的问题时说："一九三三年反邓、毛、谢、古'右倾机会主义'的一篇文章，实际上是指鸡骂狗的。"③

　　事实也是如此。1933年5月6日，中共苏区中央局机关刊物《斗争》上，曾发表有《为党的路线而斗争——要肃清在江西的罗明路线，粉碎反党的派别和小组织》一文，其中所批判的邓、毛、谢、古的观点，许多其实本身就是毛泽东提出的。如文中说：在三次战争后，依据全国的形势，红军应该向着中心城市发展，他们却说红军的力量只能留在苏区打土围子。打赣州的时候，他们袖手旁观的

---

① 李维汉：《回忆与研究》（上），中共党史资料出版社1986年版，第337页。
② 中共中央党史资料征集委员会、中央档案馆编：《遵义会议文献》，人民出版社2009年版，第113页。
③ 《毛泽东文集》第二卷，人民出版社1993年版，第373页。

1933 年 4 月，由于国民党飞机连续轰炸叶坪村，为安全起见，中华苏维埃共和国临时中央政府由叶坪搬迁到沙洲坝

讥笑，对党指示的工作，完全怠工。在敌人第四次大举进攻的前面，他们主张放弃苏区根据地，红军主力应退到兴国一带来或调到河西去，实行退却逃跑。因为他们根本不相信红军有力量在白区消灭敌人。他们都反对彻底解决土地问题，说土地是一次分不好的，要经过三次四次以至好几次，甚至主张"抽多补少、抽肥补瘦"的富农路线。①

不过，这场"项庄舞剑"式的反"罗明路线"运动，却始终没有点毛泽东的名，一个重要的原因是出于共产国际的干涉。就在中共临时中央大张旗鼓地开展反"罗明路线"之际，共产国际执行委

---

① 中央档案馆编：《中共中央文件选集》第 9 册，中共中央党校出版社 1991 年版，第 494、495 页。

员会政治书记处于 1933 年 3 月 19 日至 22 日间给中共临时中央发来了一份电报，指出："对于毛泽东，必须最大限度的克制态度和施加同志式的影响，为他提供充分的机会在党中央或中央局领导下担任当负责工作。"[①] 顾忌到这一点，中共临时中央对毛泽东的批判就只能在批所谓"罗明路线"的名义下进行。

### "硬是读了两年书"

1933 年 5 月 8 日，中华苏维埃共和国中央人民委员会第四十一次常委会作出决定，在前方另行组织中国工农红军总司令部

瑞金沙洲坝镇乌石垅村的中革军委旧址

---

① 中共中央党史研究室第一编研部译：《共产国际、联共（布）与中国革命档案资料丛书》第十三卷，中共党史出版社 2007 年版，第 354 页。

瑞金沙洲坝白屋子的红军总政治部旧址

兼第一方面军总司令部，由朱德、周恩来分任总司令和总政治委员；将中央革命军事委员会由前方移至瑞金，增加项英、博古为中革军委委员，中革军委主席朱德在前方指挥作战时由项英代理主席。同年9月，共产国际派来的德国人李德来到中央苏区，不懂军事的博古便将军事指挥权交到了他的手中。李德在苏联学习过军事理论，担任过苏联红军的中级指挥员，又来自共产国际，自认为自己具有统帅之才，加之博古等人对其极度信任，几乎到了言听计从的地步，自然不会再让毛泽东过问军事问题了。

为了不至于使毛泽东无事可做，中共临时中央决定让他去领导中央苏区的查田运动。

早在1932年2月，中共苏区中央局就提出要开展查田运动，以此彻底解决苏区的土地问题。但此后将近一年的时间，查田运动是雷声大雨点小，直到中共临时中央进入中央苏区后，查田运动才在中央苏区广泛开展起来。

1933 年 2 月 1 日，中华苏维埃共和国临时中央政府土地人民委员会发出《关于在苏区实行查田运动的训令》，提出在"苏区内田未分好或分得不好的地方"，"要马上发动群众，重新分田，或彼此将田对调。土地分得好的地方，要组织突击队、查田队，去检查别区和别县的土地，发动他们重分或对调。限两个月内全县田园必须彻底分好，要使地主分不到一寸土地，富农分不到一丘好田"。①

之所以要开展查田运动，主要是因为当时中共临时中央认为，此前苏区的土地革命不彻底，主要表现是按人口平均分配土地，而且实行的是"抽多补少、抽肥补瘦"，没有彻底贯彻"地主不分田、富农分坏田"的方针。博古等人认为，这是毛泽东犯了"右倾机会主义"错误的重要表现。按理说，这项工作再由毛泽东来主持并不合适，博古等人主要是出于让毛泽东在工作中"改正错误"的考虑。1933 年 1 月，中共临时中央在一份电报中说："我们可同意现在召回泽东同志与公开批评他的错误观点，批评方法应该说服教育，并继续吸引他参加领导机关工作，不然，在目前将削弱我们的地位。"②1933 年 2 月中旬，中共临时中央一纸命令，将在长汀已"休养"了 4 个月的毛泽东召回了瑞金，由其具体领导查田运动。

毛泽东接受了这个任务，"一方面因为这是组织的决定，他

---

① 《关于在苏区实行查田运动的训令》，《红色中华》第 52 期，1933 年 2 月 13 日。

② 中共中央文献研究室编：《毛泽东传（1893—1949）》，中央文献出版社 1996 年版，第 301—302 页。

必须服从；另一方面，毛泽东也发现，中央苏区的土地分配虽然已基本完成，但是由于一直处于战争时期，为求快捷，工作比较粗糙，确实存在不少问题，需要进行一番调查和研究"①。虽然他并不赞成"地主不分田、富人分坏田"的做法，但为了使查田运动能顺利开展，也为使自己的工作不至于一开始就被中共临时中央指责，

毛泽东在八县查田运动大会上作报告

因而在查田运动中毛泽东没有对这个政策明确提出反对。

　　1933 年 6 月 1 日，毛泽东和项英以临时中央政府主席和副主席的身份，发布《关于查田运动的训令》。第二天，中共苏区中央局在听取毛泽东和胡海（临时中央政府土地人民委员会副部长）关于查田运动的报告后，出台《关于查田运动的决议》。这两个文件内容没有本质的不同，都认为在"许多区域中，土地问题还没有得到彻底的解决"②，因此必须进行普遍的深入的查田运动。

　　6 月 14 日，毛泽东写了《查田运动的群众工作》一文，提出

---

①　蒋伯英：《走出困境的毛泽东——土地革命战争的历史报告》，福建人民出版社 1993 年版，第 469 页。

②　中央档案馆编：《中共中央文件选集》第 9 册，中共中央党校出版社 1991 年版，第 210 页。

查田运动是查阶级，而不是查田亩；查阶级是查地主富农，而不是查贫农、中农，不是挨家挨户地去查。这篇文章后来发表在 10 月 28 日出版的《斗争》上。接着，毛泽东又主持瑞金、会昌、于都、长汀等 8 县区以上苏维埃负责人参加的查田运动大会。从此，查田运动在中央苏区迅速开展起来。

同月上旬，中共中央局曾在宁都召开会议，毛泽东对第一次宁都会议上受到不公正待遇提出申诉。博古说，没有第一次宁都会议，就没有第四次反"围剿"的胜利。毛泽东的申诉自然没有效果。

由于查田运动的前提是认为苏区的土地问题还没有彻底解决，那些已经分配了土地的地区，"地主豪绅与富农常常利用各种方法"，"阻碍雇农贫农积极性的发展，以便利他们的土地占有，甚至窃取土地革命的果实"，因此，必须"检举每一个隐藏着的地主和分得好田的富农"，"清洗一切混入党与苏维埃机关的地主富农的暗探"。① 结果在这场以查阶级为重点的运动中，将许多中农甚至贫农也查成了地主富农，仅在查田运动全面展开的 1933 年 6、7、8 三个月，中央苏区就查出了"地主"6988 家、"富农"6638 家。这样一来，许多中农纷纷跑到苏维埃政府要求将自己的成分改成贫农，他们说："中农危险得很，捱上去就是富农，改为贫农咧，隔富农就远了一点。"甚至有的中农怕自己被查成富农，跑到山上躲藏起来。②

毛泽东不但生长在农村，而且自大革命失败后就一直战斗在农村，虽然他也赞成搞查田运动，但他对农村的实际情况毕竟比长期

---

① 中央档案馆编：《中共中央文件选集》第 9 册，中共中央党校出版社 1991 年版，第 206、209—210 页。

② 毛泽东：《查田运动的初步总结》，《斗争》第 24 期。

生活、工作在城市的博古等人要了解得透彻，觉得不能再这样查下去了，必须将这种随意拔高阶级成分、扩大打击面的做法有所控制。8月29日，他在《斗争》上发表《查田运动的初步总结》一文，强调"要在党内团内开展思想斗争，反对任何党员团员侵犯中农利益，违犯联合中农策略的思想与行为"，"已经没收了中农的土地财产的地方，苏维埃人员要向当地中农群众公开承认自己的错误，把土地财产赔还他"。随后，他又主持制定了《关于土地斗争中一些问题的决定》和起草了《怎样分析农村阶级》一文，前者对土地斗争中遇到的20个实际问题作了具体的规定和解释，后者提出了如何划分农村阶级的具体标准。这两个文件对纠正查田运动的过"左"做法起到了积极的作用，一些地方开始将错划为地主富农者改正过来。

本来，博古等人也觉得查田运动有些过火，所以正式公布了毛泽东主持的《关于土地斗争中一些问题的决定》和《怎样分析农村阶级》这两个文件，以之指导查田运动。但是，当查田运动中的过"左"做法逐渐纠正之时，博古等人又担心毛泽东的"右倾机会主义"会旧病复发，使"地主不分田、富农分坏田"的政策不能彻底贯彻，再次对毛泽东进行排斥打击。

1934年1月，中共六届五中全会在瑞金召开。会前，博古本想把毛泽东的苏维埃人民委员主席和中央政治局候补委员两个职务一并取消，但由于早在中共临时中央进入中央苏区之前，共产国际驻中国代表提出的中央政治局13名委员的名单中已将毛泽东列为第10号，所以这次会议毛泽东虽然没有参加，但还是被选举为中央政治局委员。

不过，这次全会虽使毛泽东由中央政治局的候补委员变成了正

瑞金叶坪的毛泽东旧居

式委员，但处境并没有因之改善。博古在全会的报告和总结中号召全党"集中火力反对主要危险的右倾机会主义"。在酝酿临时中央政府人选时，博古提出让张闻天代替毛泽东任人民委员会主席，周恩来就此事询问博古，并认为"似无此必要"，博古表示"毛泽东不管日常事"，仍坚持原议。张闻天认为，这是博古"'一箭双雕'的妙计。一方面可以把我从中央排挤出去。另一方面又可以把毛泽东同志从中央政府排挤出去"①。

这样，在这年1月下旬召开的第二次全国苏维埃代表大会（简称"二苏大"）上，毛泽东虽然继续保留着临时中央政府中央执行委员会主席(相当于国家元首)的虚位，但他的人民委员会主席(相

---

① 中共中央党史资料征集委员会、中央档案馆编：《遵义会议文献》，人民出版社 2009 年版，第 86 页。

瑞金沙洲坝的毛泽东旧居

当于政府总理）职务则被张闻天所取代。这就使得毛泽东不但在党和军队中失去了发言权，就是政府中的那一点发言权也被博古等人给剥夺了，"实际上毛泽东已被架空了"①。

3月15日，新任人民委员会主席张闻天发布第一号训令——《关于继续开展查田运动的问题》，认为上届人民委员会《关于土地斗争中一些问题》的决定发表后，"各地查田运动中又发生了许多严重的问题"，许多地方"忙于'纠正'过去在查田运动中甚至在查田运动前的一些过'左'的错误，并且给地主、富农以许多反攻的机会"。强调要"坚决打击以纠正过去'左'的倾向为借口，而停止查田运动的右倾机会主义"，"右倾机会主义是目前的主要

① 李维汉：《回忆与思考》（上），中共党史资料出版社1986年版，第339页。

危险"。① 如此一来，查田运动的"左"倾错误再度泛滥起来，"靠边站"了的毛泽东对此也就无能为力了。

尽管如此，博古等人对毛泽东还是不放心，觉得只要他还在中央苏区，总是有些碍手碍脚，影响他们"进攻路线"的贯彻，最好将他送到苏联去。1934 年 3 月 17 日，留守上海的中共中央政治局委员、中共上海中央执行局书记李竹声在给共产国际执行委员会书记皮亚特尼茨基的电报中说："中央报告说，毛泽东已长时间患病，请求派他去莫斯科。他已停止工作。"② 随后，共产国际专门讨论了此事，"认为他（即毛泽东——引者注）不宜来莫斯科，必须尽一切努力在中国苏区将他治好。只有在中国苏区绝对不能医治时，他才可以来苏联"③。4 月 9 日，共产国际执行委员会政治书记处给其驻中国代表埃韦特的电报中又说："反对毛泽东出行，因为我们不能认为能够使他在旅途中免遭危险。即使需要大笔开支，也绝对需要在苏区组织对他的治疗。只有在完全不可能在当地医治和有病死危险的情况下，我们才同意他来莫斯科。"④ 由于共产国际的这一态度，博古等人才不再坚持让毛泽东去莫斯科。

不知何故，中共中央并没有将六届五中全会和二苏大的有关情况及时向共产国际报告。直到 9 月 16 日，康生和王明在给中共中

---

① 中国社会科学院经济研究所中国现代经济史组编：《第一、二次国内革命战争时期土地斗争史料选编》，人民出版社 1981 年版，第 770—771 页。

② 中共中央党史研究室第一编研部译：《共产国际、联共（布）与中国革命档案资料丛书》第十四卷，中共党史出版社 2007 年版，第 101 页

③ 中共中央党史研究室第一编研部译：《共产国际、联共（布）与中国革命档案资料丛书》第十四卷，中共党史出版社 2007 年版，第 103 页。

④ 中共中央党史研究室第一编研部译：《共产国际、联共（布）与中国革命档案资料丛书》第十四卷，中共党史出版社 2007 年版，第 104 页。

1934 年毛泽东和警卫战士的合影

央的信中还说："五中全会的决议及第二次苏大会的文件，我们收到的只有一个政治决议及毛泽东同志的报告（即毛泽东在"二苏大"作的总结报告——引者注），其余五中全会及第二次苏大会的一切材料，没有收到。""苏维埃大会选举的名单，在此地各报及各国党报以及我们的报纸都要发表宣传，但是中央怎么不送来，我们又不敢根据敌人的报纸为根据，各国党天天向我们要，而我们无法供给。"① 有研究者认为，这是博古有意向共产国际封锁毛泽东被免去人民委员会主席的消息。②

① 中共中央党史研究室第一编研部译：《共产国际、联共（布）与中国革命档案资料丛书》第十四卷，中共党史出版社 2007 年版，第 248—249 页。
② 余伯流：《历史转折中的毛泽东、张闻天、周恩来》，中央文献出版社 2008 年版，第 100 页。

　　这时的毛泽东再次成了被排斥与打击的对象，完全处于"靠边站"的地位。后来他自己说："他们迷信国际路线，迷信打大城市，迷信外国的政治、军事、组织、文化的那一套政策。我们反对那一套过'左'的政策。我们有一些马克思主义，可是我们被孤立。我这个菩萨，过去还灵，后头就不灵了。他们把我这个木菩萨浸到粪坑里，再拿出来，搞得臭得很。那时候，不但一个人也不上门，连一个鬼也不上门。我的任务是吃饭、睡觉和拉屎。还好，我的脑袋没有被砍掉。"①

　　说"连一个鬼也不上门"自然有些夸张，这时毛泽东毕竟还有中华苏维埃共和国临时中央政府主席这个头衔，完全被冷落却是事实。其实，坏事也变成了好事。由于在博古等人眼中，毛泽东不过是有一点工作经验而没有掌握多少理论，于是他利用这段"靠边站"后时间比较充足的机会，将打漳州时找到的几本马列著作作了一番认真的研读。几十年后，他对别人说："1932 年（秋）开始，我没有工作，就从漳州以及其他地方搜集来的书籍中，把有关马恩列斯的书通通找了出来，不全不够的就向一些同志借。我就埋头读马列著作，差不多整天看，读了这本，又看那本，有时还交替着看，扎扎实实下功夫，硬是读了两年书。"② 后来毛泽东能写出《矛盾论》《实践论》《新民主主义论》这样的理论著作，与他这两年的读书生活有着密切的关系。

　　也正是博古等人在各项工作中继续推行"左"倾政策，第五次

---

① 中共中央文献研究室编：《毛泽东传（1893—1949）》，中央文献出版社 1996年版，第 323 页。

② 《缅怀毛泽东》编辑组编：《缅怀毛泽东》（上），中央文献出版社 1993 年版，第 402 页。

曾上了小学课本的《吃水不忘挖井人》一文所描写的沙洲坝"红井"

反"围剿"战争日渐陷入被动，最后不得不放弃中央苏区进行战略转移。中共临时中央来到中央苏区仅一年多的时间，一个好端端的中央苏区完全丧失，人们终于认识到毛泽东的政治路线和军事路线是正确的。在经历成功与失败的比较之后，在1935年1月的遵义会议上毛泽东进入了中共中央领导集体核心层，此后逐渐成为全党所公认的领袖。

五、领导地位的确立与长征胜利

毛泽东曾说过："自从盘古开天地，三皇五帝到于今，历史上曾经有过我们这样的长征吗？十二个月光阴中间，天上每日几十架飞机侦察轰炸，地下几十万大军围追堵截，路上遇着了说不尽的艰难险阻，我们却开动了每人的两只脚，长驱二万余里，纵横十一个省。请问历史上曾有过我们这样的长征吗？没有，从来没有的。"①他还说："当一九三五年冬季中央苏区红军长征到陕北时，只剩下七千人，成了'皮包骨'。我们当时说长征是胜利了，长征是播种机和宣传队，留下的这点力量，不要看轻了它，它的发展前途是很大的。"②红军长征是悲壮的史诗，也是英雄的史诗。因为有了长征的磨难，锻造了中国共产党的强毅，因为在长征中毛泽东领导地位的确立，中国共产党从此有了以他为核心的坚强领导集体。

## （一）通道会议：复出的重要起点

### 随队参加战略转移

毛泽东是中国共产党的创始人之一，也是农村包围城市革命道

---

① 《毛泽东选集》第一卷，人民出版社 1991 年版，第 150 页。
② 《毛泽东文集》第三卷，人民出版社 1996 年版，第 139 页。

路的主要开创者，但在很长时间，他在党内担任的职务并不显著，并未进入中共中央核心层。尽管在中共三大上曾当选为中央执行委员会中央局成员兼中央局秘书，协助中央局委员长处理中央日常工作，可以说第一次进入中央领导层，但1924年底因回湘疗养未能参加1925年1月召开的中共四大，所以此后一段时间没有在党内担任重要职务，直到1926年11月中旬，才就任中共中央农民运动委员会书记，在1927年四五月间召开的中共五大上，也仅当选为候补中央委员。在1927年的八七会议上，毛泽东被增补为中央政治局候补委员，但随后因领导湘赣边界的秋收起义未能执行中共中央攻打长沙的决定，且"工农军所经区域没有执行屠杀土豪劣绅的策略"①，因而被开除中央临时政治局候补委员。1928年6月在莫斯科召开的中共六大上，毛泽东缺席当选为中央委员。

上井冈山之后及在开辟中央苏区的过程中，毛泽东担任过红四军前委书记兼党代表、红一军团政治委员、红一方面军总前委书记兼红一方面军总政委，但这些都不是中央领导层面的职务。1930年6月中旬，中共中央决定成立中国革命军事委员会，由毛泽东担任主席，名义上可以统一指挥各地红军的军事行动和苏维埃政权，可当时各革命根据地处于被分割包围状态，而中国革命军事委员会并没有具体的机构，毛泽东的主席一职实际上只有一个名义。同年8月7日，中共中央指示长江局："如南昌攻下后，中国革命委员会，应在南昌建立，并可暂由毛泽东任主席"②。8月23日，中国工

---

① 中央档案馆编：《中共中央文件选集》第3册，中共中央党校出版社1989年版，第481页。
② 中央档案馆编：《中共中央文件选集》第6册，中共中央党校出版社1989年版，第29页。

农革命委员会在湖南浏阳永和市宣告成立,毛泽东任主席,但这同样是个虚职。直到 1930 年 9 月的中共六届三中全会,毛泽东才再次当选为中央政治局候补委员。

在 1931 年 1 月召开的中共六届四中全会上,毛泽东虽然保留住了政治局候补委员的身份,但随后因为在事关中国革命的一系列重大问题上,与四中全会组成的中共中央存在严重分歧,他的处境日渐艰难。这次会议后不久,以项英为书记的中共苏区中央局正式成立,撤销以毛泽东为书记的中共红一方面军总前委,另成立由苏区中央局领导的中央革命军事委员会,毛泽东仅为副主席,同时取消了以他为主席的中国工农革命委员会。中共六届四中全会后,毛泽东虽然也在短时间担任过中共苏区中央局代理书记,并在 1931 年 11 月中华苏维埃第一次全国代表大会上当选为中华苏维埃共和国临时中央政府中央执行委员会主席和人民委员会主席,但中华苏维埃共和国成立后组成的中央革命军事委员会(中革军委),毛泽东仅是其中的一名委员,所以只能以临时中央政府主席和中革军委委员这样的尴尬身份随军行动。1932 年 8 月,毛泽东重新担任红一方面军总政委,但仅过了一个多月,中共苏区中央局在宁都召开全体会议即宁都会议,他的意见不但未被采纳,而且会议"最后批准毛同志暂时请病假"回后方,他刚刚担任的红一方面军总政委一职由周恩来代理,实际上是剥夺了他对于红军的指挥权,只得去"专心"做政府工作。1934 年 1 月的中共六届五中全会上,由于共产国际的干预,毛泽东在缺席的情况下得以当选为中央政治局委员,但由于在军内没有领导职务,在政府中原来有实际工作的人民委员主席又被张闻天取代,因而只保留了一个临时中央政府主席的虚衔,更是远离了决策中心。

1933 年 9 月下旬，蒋介石在做好充分的准备之后，对中央苏区发动了第五次"围剿"。蒋介石此次"围剿"采取步步为营的堡垒战术，在中央苏区的周边修筑了大量碉堡，"企图依托碉堡逐步紧缩中央苏区，消耗红军有生力量，尔后寻求红军主力决战，彻底消灭红一方面军，摧毁中央苏区"①。在这种情况下，博古和李德却机械地搬用苏联红军的经验，采取"短促突击"、以堡垒对堡垒的所谓新战术，使一向机动灵活、善于在运动中歼敌的红军陷于被动挨打的境地。在无力打破蒋介石新的"围剿"的情况下，1934 年春，共产国际派来的军事顾问李德向博古提出：要准备作一次战略大转移。②

　　1934 年 4 月，中央苏区北部门户广昌失守，国民党军队进入中央苏区腹心地区。这年 6 月，中共中央书记处决定红军主力撤离中央苏区，并将这一决定报告了共产国际。随后，博古、李德从前方回到瑞金，共产国际复电同意中央红军（1933 年 12 月，博古与李德取消红一方面军番号与组织，中央苏区的红军各部队由中革军委直接指挥，从此，红一方面军被称为中央红军）主力撤离中央苏区，实行战略转移。从这时起，长征的准备工作在极少数领导人中开始秘密进行。随后，为准备红军主力撤离苏区，实行战略转移，中共中央书记处会议决定由博古、李德、周恩来组成"三人团"，又叫最高"三人团"，负责筹划。政治、军事由博古、李德分别做主，周恩来负责督促军事计划的实行。

---

① 中国工农红军第一方面军史编审委员会：《中国工农红军第一方面军史》，解放军出版社 1993 年版，第 409 页。

② 中共中央文献研究室编：《周恩来传（1898—1949）》，人民出版社、中央文献出版社 1989 年版，第 277 页。

1934 年 7 月，中共中央和中央政府机关从沙洲坝迁至梅坑的云石山村。这是毛泽东居住的云石山上的云山古寺。毛泽东就是从这里出发离开中央苏区走上长征路的

　　这年 7 月间，毛泽东曾向中共中央提出建议：中央红军往西边去，"改取战略进攻，即以主力向湖南前进，不是经湖南向贵州，而是向湖南中部前进，调动江西敌人至湖南而消灭之"。但博古和李德没有采纳毛泽东的意见，只赞成红六军团向湖南中部转移。①1934 年 10 月 10 日，中共中央和红军总部从瑞金出发，率领红军主力及后方机关共 8.6 万余人开始进行战略转移，也就是后来的长征。在出发之前，毛泽东"得知张闻天对中央最高'三人团'将张闻天、毛泽东、王稼祥等政治局成员分散到各军团去有意见，立即向中央提议，转移时将他们安排在一起，'三人团'采纳了这

①　中共中央文献研究室编：《毛泽东年谱（1893—1949）》（修订本）上，中央文献出版社 2013 年版，第 431 页。

江西于都的红军长征渡口，中央红军主力从这里渡过于都河，离开苏区

个意见"①。

### 提出讨论军事失败问题

长征之初，由于毛泽东在红军中没有领导职务，所以在军事上没有发言权，基本上处于跟着走的状态。据李德的翻译王智涛回忆，长征到达湘南时，毛泽东曾提出"红军不能西渡湘江，而是留在湘南，乘桂军南下，兵力空虚之机，集中我军主力，从宜章至湘江地区出击。这里，是敌人防御力量最薄弱，未构筑堡垒和坚固工事的区域，便于我军机动作战"。毛泽东将自己的想法告诉了张闻天和王稼祥，得到了他们的赞同，遂到江华县城中革军委的驻地见

---

① 中共中央文献研究室编：《毛泽东年谱（1893—1949）》（修订本）上，中央文献出版社 2013 年版，第 433 页。

到了周恩来。周恩来了解他们的来意后，认为李德对毛泽东成见太深，不论毛泽东提什么意见，李德都不会接受，于是建议由王稼祥去同李德、博古主谈，然后把李德、博古请了出来。王稼祥说完建议后，博古没有表态，却遭到了李德的拒绝。①

1934年11月底，中央红军在广西的全州、兴安一带的湘江突破敌人第四道封锁线时，遭受重大损失，全军出发时有8万余人，到渡过湘江时只剩下3万人。据中共中央文献研究室编纂的《毛泽东年谱》介绍，"过了湘江后，毛泽东向中央提出讨论军事失败的问题"。12月上旬，中央红军翻越广西北部越城岭的老山界。从这时起，"中共中央领导内部发生争论，毛泽东、王稼祥、张闻天开始批评中央的军事路线，认为第五次反'围剿'以来的失败是由于军事领导上的错误路线所造成的"②。

也就在这时，蒋介石在湖南西南部的洪江、芷江，贵州东部的松桃、铜仁、石阡一带集结了近20万军队，设置4道防线，以阻止中央红军主力北上与红二、红六军团会合。在这种情况下，毛泽东曾建议中共中央放弃去湘西同红二、红六军团会合的计划，改向敌人力量薄弱的贵州前进，到川黔边建立根据地。但"秦邦宪、李德不予采纳，而把希望寄托在与红二、红六军团的会合上"③。

12月10日，中央红军占领了湖南西南部紧靠广西、贵州的通

① 王智涛：《红军洋顾问李德在长征之初》，《中华儿女》2002年第6、7期。
② 中共中央文献研究室编：《毛泽东年谱（1893—1949）》（修订本）上，中央文献出版社2013年版，第437、438页。
③ 中共中央文献研究室编：《毛泽东年谱（1893—1949）》（修订本）上，中央文献出版社2013年版，第438页。

道县城，中共中央决定在这里召开中央负责人紧急会议。被李德称为"飞行会议"的通道会议没有留下文字材料，就连开会的时间学界也曾有 12 月 10 日、11 日、12 日之说①，有关会议的回忆史料也都比较间接，所以对于会议的具体情况难知其详。

据王智涛回忆，这时毛泽东考虑到蒋介石在湘西南已布置重兵，主张废弃原计划前往湘西与红二、红六军团会合的计划，改向敌人力量比较薄弱的贵州进军，以变被动为主动。"他将此意见与洛甫、王稼祥商量后，由洛甫向周恩来提出召开中央政治局会议的建议。"周恩来听取了他们三人的意见后，向博古作了转达。一开始，博古不同意召开中央政治局会议，周恩来说，张闻天是政治局常委、毛泽东是政治局委员、王稼祥是政治局候补委员，他们三人有权建议召开会议，而且他们的意见自己也赞同。现在是扭转危机的关键时刻，应该趁敌人还没有追上来，抽空召开个会议，以统一认识、明确方向并作个决定，有利于红军今后步调一致的行动。"此时的博古已不完全信赖李德，对执掌中央和红军的领导大权，也已有些心灰意懒，就顺水推舟，未与李德商量，便同意了。"②

另据罗明回忆，他在部队进驻通道的第二天去看毛泽东，当时正好傅连暲给毛泽东看完病打过针，对罗明说他们正在商量军事问题，要罗与傅谈谈话，随后毛泽东便进大厅与张闻天谈话，"因为距离很近，我们听得很清楚"。张闻天提出国民党方面已经发现了中央红军去湘西与红二、红六军团会合的意图，并布置了大批兵力

---

① 中共中央文献研究室编纂的《毛泽东年谱（1893—1949）》和中共中央党史研究室编纂的《中国共产党历史》第一卷，都采用 12 月 12 日之说，也有可能是 11 日晚或 12 日晨。

② 王智涛：《红军洋顾问李德在长征之初》，《中华儿女》2002 年第 6、7 期。

企图将中央红军包围，现在处境极其困难，今后应该怎么办？还想不出好的办法。毛泽东说："现在我们突破敌人的第四道封锁线，受到了严重的损失，无论如何不能照原计划去湘西与二、六军团会合了，因为敌人已调集了三四十万兵力，部署在我们前进的道路上企图消灭我们。我主张现在应坚决向敌人兵力比较薄弱的贵州前进，才能挽救危机，争取主动。"①

出席通道会议的有博古、李德、周恩来、张闻天、毛泽东、王稼祥、朱德7人，其中博、周、张是政治局常委，毛、朱是政治局委员，王为政治局候补委员，可以说这是一次中共中央政治局会议。自八七会议以来，毛泽东深入农村开创根据地，而中共中央却一直在上海这样的大城市中，他也就远离了中共指挥中枢。后来中共临时中央在上海无法立足搬来中央苏区，但当时党内生活不正常，中央政治局和政治局常委会基本上没有开过会，真正意义上的中央会议也就是1934年1月召开的中共六届五中全会，而在这次会议上毛泽东尽管当选为中央政治局委员但并没有参加。所以，通道会议是毛泽东自1927年八七会议以来第一次出席中央会议。

据李德回忆，他在会上提出一个建议请大家考虑，即"是否可以让那些在平行路线上追击我们的或向西面战略要地急赶的周部（即敌周浑元部——引者注）和其他敌军超过我们，我们自己在他们背后转向北方，与二军团建立联系。我们依靠二军团的根据地，再加上贺龙和萧克的部队，就可以在广阔的区域向敌人进攻，并在湘黔川三省交界的三角地带创建一大片苏区"。但这个建议被毛泽东"粗暴地拒绝了"，毛泽东在会上"坚持继续向西进军，进入贵

---

① 罗明：《关于通道转兵一些情况的回忆》，《中共党史资料》1984年第1期。

州内地"。① 因为会前毛泽东已将关于改向贵州进军的意见与张闻天、王稼祥做了沟通，会前又得到了周恩来的支持，因而会议过程中，朱德"首先表示同意这一意见"，张闻天、王稼祥、周恩来等"多数人也表示了赞同"。②

这样一来，博古的态度就很重要，因为他毕竟是在负责中共中央工作。博古这时情绪很沮丧，湘江一战，中央红军损失严重。过湘江后，红军总参谋部立即对各部进行清点检查，并将情况向最高"三人团"报告，周恩来看过报告后"沉重地将总参报告递给了李德和博古，他们两人看完了报告，沮丧无奈，沉默不语"③。据聂荣臻回忆，湘江战役后，"博古同志感到责任重大，可是又一筹莫展，痛心疾首，在行军路上，他拿着一支手枪朝自己瞎比划"④。因而在这种情况下，也不再一味地听信李德的主张，而是同意了大多数人的意见。李德"因为自己的意见被否定而提早退出会场"⑤。

通道会议乃作出决定：不是直接北上湘西，而是先西进贵州，然后再寻找时机前往湘西。当天下午 7 点半，中革军委致各军团、各纵队首长"我军明十三号继续西进"，并要求红一军团第一师"相机进占（贵州）黎平"。⑥12 月 13 日晚 21 时，朱德急电各中革军

① ［德］李德（奥托·布劳恩）：《中国纪事（1932—1939）》，现代史料编刊社 1985 年版，第 124 页。

② 中共中央文献研究室编：《朱德年谱（1886—1976）》（新编本）上，中央文献出版社 2006 年版，第 438 页。

③ 王智涛：《红军洋顾问李德在长征之初》，《中华儿女》2002 年第 6、7 期。

④ 《聂荣臻回忆录》，解放军出版社 1984 年版，第 185 页。

⑤ 中共中央文献研究室编：《毛泽东传（1893—1949）》，中央文献出版社 2004 年版，第 349 页。

⑥ 中国人民解放军历史资料丛书编审委员会编：《红军长征·文献》，解放军出版社 1995 年版，第 171 页。

委和军委纵队负责人："我军以迅速脱离桂敌，西入贵州，寻求机动，以便转入北上的目的"①。

### 结束"靠边站"状态

当然，通道会议还仅仅是战术转兵而非战略转兵，会议决定进军贵州也是为避敌锋芒，并没有从根本上放弃前往湘西与红二、六军团会合的计划。会议之所以作出进军贵州的决定，是因为这是中央红军从破译的国民党军电报中得知，蒋介石以中央红军五六倍的兵力在湘西南布置了4条防线，正在扎下一个大口袋，等待中央红军"请君入瓮"以一网打尽。② 李德在会上提出的建议自然是异想天开，博古在湘江战役后不得不考虑中央红军的前途命运，对于李德也由过去的言听计从变为将信将疑，所以在通道会议上也只得听从多数人的意见。

事后看，通道会议尽管决定西进贵州，并没有从根本上改变战略方针，但这次会议对于毛泽东后来在党内领导地位的确立、对于红军与党的命运的改变可以说是意义非凡。前文已经说及，通道会议是毛泽东自八七会议以来首次出席中央会议，也可以说是自宁都会议以来他第一次得到了中共中央领导层多数人的支持，尤其是得到了周恩来的明确支持，这对于毛泽东在遵义会议后进入中央领导核心十分重要。

通道会议否定了李德的意见，作出西进贵州的决定，动摇了李

---

① 中共中央文献研究室编：《朱德年谱（1886—1976）》（新编本）上，中央文献出版社 2006 年版，第 439 页。

② 中共中央文献研究室编：《毛泽东传（1893—1949）》，中央文献出版社 2004 年版，第 349 页。

德的权威，从而也动摇了博古在中共中央的地位，这为遵义会议上中央高层人事变动创造了条件。由于李德来自于共产国际，又有在正规军事学院学习过的经历，并且也担任过苏军的中级指挥员，而作为中共中央主要领导人的博古在军事上完全是外行，于是李德1933年9月一到中央苏区，就获得了中央红军的最高指挥权，成了中共中央在军事指挥上说一不二的人物。李德进入中央苏区时，第五次反"围剿"便已开始。作为一个刚来中国不久的外国人，自然不懂得中国的情况，加之李德来自共产国际，而当时的党内上上下下对共产国际充满敬畏，博古等人对李德言听计从也就不足为怪了。由这样一个自视甚高而又不了解中国情况的人指挥这支并不正规的红军，与训练与装备都大大优于自己的国民党军作战，第五次反"围剿"的结局也就可想而知了。经过湘江之战，全军上下对于李德的军事指挥才能已完全失望，通道会议否决了李德的意见转而采纳毛泽东西进贵州的建议，连一向对李德偏听偏信的博古也不得不尊重多数人的意见，这是对李德威信的一次重大打击，也表明中共领导层对共产国际不再那么迷信，开始独立自主地解决自己的问题，没有这种独立自主精神，就不会有遵义会议的成功召开。

在通道会议上，朱德还提出要将在红五军团任参谋长的刘伯承调回中革军委，恢复其总参谋长职务，并且得到了与会者的同意。[①]1934年9月，刘伯承曾向李德建议：必须尽快改变目前的这种情况，否则我们就会变成千古罪人。李德听后勃然大怒，竟然训斥刘伯承："白进过伏龙芝军事学院，战术水平还不如一个参谋，还当什么总参谋长？"博古得知后，立即找刘伯承谈话，要他尊重

---

① 中共中央文献研究室编：《朱德年谱（1886—1976）》（新编本）上，中央文献出版社2006年版，第438页。

共产国际军事代表的意见。① 结果，刘伯承从中革军委总参谋长降为红五军团参谋长。通道会议决定刘伯承重新担任中革军委总参谋长，也说明李德在红军中的地位已经动摇。

同时，博古同意召开通道会议，并尊重了多数人的意见，表明博古开始转变。博古尽管不懂军事，但毕竟是中共中央主要领导人，如果没有他的同意，连中央会议的召开可能都很困难。自李德指挥红军以来，第五次反"围剿"严重失利，中央苏区损失殆尽，中央红军长征两个月又损失一大半，怎样挽救危局也是博古不得不考虑的问题，他自然深知责任的重大。湘江战役的失败可以说是博古对李德军事才能怀疑的开始，也是他自省的开始，因为博古毕竟是心怀崇高理想的革命者，博古的这种怀疑与自省对于遵义会议的成功召开十分重要，如果博古依旧如同以往那样对李德言听计从，坚持原计划前往湘西与红二、红六军团会合，等待中央红军的可能是第二个湘江战役。尽管在随后的黎平会议上博古出现反复，仍然主张前往湘西与红二、六军团会合，但此时的博古毕竟已不是刚到中央苏区时那样刚愎自用，在黎平会议上最终接受了多数人的意见。

通道会议还是中国共产党健全党内民主集中制的重要起点，为遵义会议的召开创造了条件。民主集中制在中国共产党创建之后就被确立为根本的组织原则，但在一段时间内执行得不是很好，大革命时期陈独秀在党内就存在家长制的倾向，中共六届四中全会后进入中央的领导人，因为在党内资历相对较浅，有的从党内普通干部迅速进入中央领导层，并没有明显的业绩，为了推行其"左"倾教

---

① 杨国宇等：《刘伯承军事生涯》，中国青年出版社1982年版，第72页。

条主义，只能搞"残酷斗争、无情打击"，严重践踏了民主集中制原则。

博古和中共临时中央到达中央苏区后，重大问题很少集体研究决定。准备进行战略转移后，作为党和红军核心领导机关的是最高"三人团"，"这个三人团主要从事转移的军事方面的准备，只开过两次会，一次在李德房中，一次在中央局。"①如此重大的行动最高"三人团"竟然只开过两次会，可见当时党内民主集中制已遭受严重破坏。在战争环境下，军事工作是头等大事，但"博古同志特别是华夫同志（即李德——引者注）的领导方式是极端的恶劣，军委的一切工作为华夫同志的个人包办，把军委的集体领导完全取消，惩办主义有了极大的发展，自我批评丝毫没有，对军事上一切不同意见不但完全忽视，而且采取各种压制的方法，下层指挥员的机断专行与创造性是被抹煞了"②。通道会议决定转兵贵州，博古同意召开通道会议，并尊重了多数人的意见，表明这种局面开始改变。正因为如此，才有随后召开的黎平会议、猴场会议，也才能有改变党和红军命运的遵义会议。

自博古和临时中央进入中央苏区、李德指挥红军以来，不但未能打破国民党的第五次"围剿"，还把一个好端端的中央苏区折腾掉了，而且把一支好不容易发展起来数量已经不算小的中央红军，也折腾得损失大半，全党全军上下对于博古、李德是否具有领导中国革命胜利的能力，由开始时的将信将疑转变为怀疑与不满。像博

①　中共中央文献研究室编：《周恩来传（1898—1949）》，人民出版社、中央文献出版社1989年版，第277页。

②　中共中央党史资料征集委员会、中央档案馆编：《遵义会议文献》，人民出版社1985年版，第21页。

古这样一个20多岁的年轻人，一跃而成为党的主要领导人。像李德这样一个外国人，来中国没有几天而获得中央红军的最高指挥权，这固然与博古有在莫斯科学习的经历、李德是共产国际工作人员，当时全党上下对共产国际、对莫斯科充满敬意有关，也与中国共产党有严格的组织纪律尤其是强调下级服从上级有关。

但是，自从博古和李德来到中央苏区后，形势便急转直下，全军上下自然要与他们来之前中央苏区的发展壮大相对比，越发认识到毛泽东领导的重要。没有这种认识，就不会有通道会议毛泽东获得多数与会人员的支持，而没有党内领导层多数人的支持与认可，就不会有后来毛泽东在遵义会议上进入中央领导集体，更不会有毛泽东在党内核心地位的形成。通道会议意味着毛泽东结束了"靠边站"的状态。

### 由战术转兵到战略转兵

通道会议决定中央红军不直接从通道北上湘西，而是决定先转兵贵州，尔后沿黎平、锦屏北上，去同红二、红六军团会合。这样做的主要考虑是从通道走湖南境内直接北上，国民党方面已经布置重兵，这样势必会同国民党的中央军及湘军相遇，而根据红军多年的作战经验，中央军及湘军有较强的战斗力。当时，贵州在军阀王家烈的统治之下，王家烈的黔军人数不多，战斗力亦较弱，号称"双枪兵"，即士兵在身挂两支枪，一支步枪，一支烟枪。当时，贵州境内种植和吸食鸦片成风，黔军官兵普遍抽鸦片，往往是战斗之前要过足烟瘾才能打仗。而且黔军的武器装备也不如中央军和湘军，手持的是赤水兵工厂自制的武器。贵州的地方民团组织程度也不如广西和湖南，行进贵州可以少受这些地头蛇的纠缠。

通道会议后，中央红军从通道进入贵州境内。12月15日，红一军团攻占紧邻通道的黎平县城。17日，军委纵队进驻黎平。随着中央红军占领黎平及周围地区，这时关于下一步的行动方向问题中央领导层又出现了意见分歧。在通道会议上，博古虽然勉强同意中央红军进入贵州境内，认为这样可以避开国民党的重兵，由此北上从黔东再折回湘西，与红二、红六军团会合。现在这个目的已经基本实现，中央红军应当按照既定的方针向湘西方向行进。在博古看来，进入贵州只是权宜之计，目标仍是湘西。

博古、李德之所以要一意孤行前往湘西，主要是考虑那里有一块现成的根据地。他们没有意识到虽然湘江战役中央红军损失惨重，但毕竟还有3万之众，是完全可以在敌人相对薄弱的地方建立新的根据地的。他们没有创建新根据地的勇气，就在于他们既没有创建根据地的经验，又在于他们把长征看成是一次搬家。长征开始之时，博古、李德之所以要把坛坛罐罐都带上行军，甚至连印报纸、钞票的石印机都抬着走，想到的就是要去安一个新家，继续去当这个新家的主人，他们当年就是这样来到中央苏区当家作主的。也就是说，他们只想做新家的主人，却不想自己建新房子。

在中央苏区第五次反"围剿"失败之时，与中央苏区相邻的较大根据地几乎已经全部丧失，放眼全国，只剩下两块比较大的根据地，一个是以湘西为中心的湘鄂川黔根据地，由贺龙等人开辟，作为长征先遣队的红六军团已经从湘赣苏区转移到了那里；另一块是红四方面军主力放弃鄂豫皖苏区后创建的川陕根据地。事实上，当时还有刘志丹、谢子长开创的陕甘边和陕北根据地，但由于当时通信、交通等隔绝的原因，中共中央对那里的具体情况并不掌握。在这种情况下，前往川陕路程相对遥远，较近的湘鄂川黔显然是比较理想的安新家之地。这是博古、李德坚持要前往湘西的重要原因。

　　虽然此前红六军团经过千里转战，已经成功地转移到了湘鄂川黔根据地，实现了与红二军团的会合，问题是此时蒋介石已经对博古、李德的行动方向做出了准确的判断，布置了重兵等待中央红军前往。既然蒋介石千方百计要阻止中央红军与红二、红六军团的会合，如果坚持前往湘西，就必然与蒋介石的中央军和湘军硬拼，况且敌人是以逸待劳，而中央红军是劳师远征，后果可想而知。这也是毛泽东在通道会议上极力主张西进贵州的理由。刚进贵州境内，如果要继续向湘西方向前进，不但通道会议上的努力将付诸东流，而且中央红军前途堪忧。这时，周恩来认为，要改变李德、博古等人决定，必须召开一次中央政治局会议，以会议决定的形式确定中央红军的下一步行动方针。因此，通道会议后，周恩来即同红一军团先头部队行动，选择召开政治局会议的合适地点。

　　第五次反"围剿"期间，周恩来主张集中优势兵力，在运动中创造战机发现并抓住敌人的弱点加以歼灭，他的军事思想同毛泽东一致。因此，他在此时和此后的黎平会议、遵义会议同毛泽东站在一起，坚决支持毛泽东的正确主张是很自然的。在遵义会议前后的重大历史转折中，周恩来发挥了特殊而又重要的作用。

　　以此之前，由于博古放弃民主集中制原则，重大决策不是中央集体讨论而是由"三人团"决定，实际上是博古、李德商量，周恩来具体贯彻执行。现在，周恩来已明确支持毛泽东的意见，而"三人团"没有周恩来实际上已难起作用。前文已经分析过，博古年纪轻轻就成为中共临时中央主要负责人，而且在中共六届五中全会上正式当选为中央政治局常委，负责中共中央工作，靠的不是他的能力而是在党内的职务。同样，他在党内的权威也不是来自对革命所作的贡献和所取得的业绩，仅是中共党内下级服从上级、全党服从中央的自觉。至于李德在红军的地位，也完全是党内同志对共产国际的信赖。第五次反"围剿"的失败特别是湘江战役的失败，用客观事实教育了大家，不能再盲目地听信博古、李德的主张，当务之急是寻找中央红军的生存空间。

1934 年 12 月 18 日，中共中央政治局会议在黎平县城召开。会议由周恩来主持，参加会议的政治局成员有博古、周恩来、朱德、张闻天、毛泽东、王稼祥等。李德自己回忆说他没有参加黎平会议。据他的《中国纪事》一书所述："占领黎平之后，我们又举行了一次会议，彭德怀和林彪也参加了，我因为发高烧没有出席。周恩来事先来问我的意见，我提议，改变行军方向转向西北，以便绕过省会贵阳（因为根据我们的情报，已有六、七个蒋介石的部分机械化精锐师向贵阳方向出动了），渡过乌江，消灭较弱的贵州省军队，解放乌江以北和以西的、以遵义城为中心的地区；然后在这个地区建立临时根据地，寻找同蒋介石向前推进的军队进行战斗的时机。虽然这个方案除去最后一部分大体上符合毛泽东在以前的谈话中所表示的意见，但又被他粗暴地驳回了，他没有提出一个不同的建议。其实，如果撇开周恩来提出的几个战术行动，向遵义继续进军的方案，同我的建议并没有什么区别。"① 实际上，李德和博古一样，即使同意向贵州进军，为的还是再折向湘西与红二、红六军团会合。

在黎平会议上，博古仍坚持由黎平北上，前往湘西与红二、红

---

① ［德］李德（奥托·布劳恩）：《中国纪事（1932—1939）》，现代史料编刊社 1985 年版，第 125 页。

六军团会合，而毛泽东主张继续向贵州西北进军，在川黔边建立根据地。会议经过激烈争论，王稼祥、张闻天等多数人表示赞成毛泽东的主张，主持会议的周恩来最后决定采纳毛泽东的意见，继续西进渡过乌江北上，向黔北发展。

这次会议通过的《中共中央政治局关于战略方针之决定》明确提出："鉴于目前所形成之情况，政治局认为过去在湘西创立新的苏维埃根据地的决定在目前已经是不可能的，并且是不适宜的。""政治局认为新的根据地区应该是川黔边区地区，在最初应以遵义为中心之地区，在不利的条件下应该转移至遵义西北地区，但政治局认为深入黔西、黔西南及云南地区对我们是不利的。我们必须用全力争取实现自己的战略决定，阻止敌驱迫我至前述地区之西南或更西。""在向遵义方向前进时，野战军之动作应坚决消灭阻拦我之黔敌部队。对蒋、湘、桂诸敌应力争避免大的战斗，但在前进路线上与上述诸敌部队遭遇时则应打击之，以保证我向指定地区前进。"①这个集体的决策，否定了博古、李德坚持的前往湘西的主张，采纳了毛泽东主张的灵活机动的战略战术思想，中央红军改向敌人力量相对薄弱的黔北地区。

黎平会议作出西进黔北而不是东进湘西的决定，毛泽东的主张得到了中央政治局多数成员的认可，而主持会议的周恩来对毛泽东的支持很关键。后来周恩来回忆说："从湘桂黔交界处，毛主席、稼祥、洛甫即批评军事路线，一路开会争论。从老山界到黎平，在黎平争论尤其激烈。这时李德主张折入黔东。这也是非常错误的，是要陷入蒋介石的罗网。毛主席主张到川黔边建立川黔根据地。我

---

① 中共中央文献研究室、中央档案馆编：《建党以来重要文献选编（一九二一——一九四九）》第 11 册，中央文献出版社 2011 年版，第 656 页。

决定采取毛主席的意见，循二方面军原路西进渡乌江北上。李德因争论失败大怒。此后我与李德的关系也逐渐疏远。"①

黎平会议实现了由战术转兵到战略转兵，可以说这是一个从根本上改变中央红军命运的重大决定。对于会议的情况，1935年10月，陈云在共产国际所作的报告中说："在黎平，领导人内部发生了争论，结果我们终于纠正了所犯的错误。我们对此前'靠铅笔指挥'的领导人表示不信任。在湘黔边界，敌人集结了四五倍于我军的兵力严阵以待，以为我们会沿着红六军团从前进军的路线行进。桂军则从南面进攻我们的后卫部队。此外，后面还有大部队追击。""原来的领导人坚持直线前进的做法，认为此后也必须照此办理。我们坚决加以反对，指出这一计划只能有助于敌人，不会给红军和中国革命带来任何好处。原来的领导人竟要将持此种意见的人送上军事法庭。我们回答说：应该交付法庭审判的是你们这些领导人，而不是我们。全体红军将士都主张应该突破薄弱环节，朝着敌方较弱而红军可获得新的兵员补充的地方前进。这场争论以决定改变原来的方针而告结束。至此，西征的第一阶段完成。这一阶段大体上持续了一百天。当我们到达贵州时，红军已不再是经常不断地被敌人攻击、四处流窜的部队，而变成了一支能战能攻的有生力量。"②

黎平会议使中央红军避免了陷入绝境，中央红军变被动为主动，并为随后的遵义会议奠定了基础。时任红一军团政治委员的聂荣臻就此有过这样的评价："黎平会议是一次重要的会议，经过毛泽东同志的努力说服，许多同志改变了观点，同意了毛泽东同志的正确意见。""这是一个十分重要的决议，是我们战略转变的开

---

① 《周恩来军事文选》第二卷，人民出版社1997年版，第433页。

② 《陈云文集》第一卷，中央文献出版社2005年版，第7页。

始。其中最主要的是指出，去湘西已不可能也不适宜，决定向遵义进发。这样，一下子就把十几万敌军甩在了湘西，我们争取了主动。"①

黎平会议的当天，中革军委就将会议精神连夜电告各军团，要求传达到师以上干部。时任红三军团政治委员的杨尚昆回忆说："我和德怀同志没有参加通道会议和黎平会议，黎平会议的决定是在行军途中由军委电告我们的。我们当即向师以上干部传达，大家听了十分高兴，因为这一来，打乱了蒋介石原来的部署，把几十万敌军甩在阻挡红军去湘西的道上，使我们取得了主动。德怀同志和我立刻联名向军委发电，坚决支持新的战略方针，并且提出建议。"②

会议的第二天，朱德、周恩来发出《关于军委执行中央政治局决议之通电》，决定中央红军分左、中、右三路，向以遵义为中心的黔北前进。

1934 年 12 月下旬，中央红军在黔东北击溃黔军侯之担部，连续攻克锦屏、剑河、镇远、施秉、黄平、余庆、瓮安等县城，变被动挨打为主动进攻。12 月 31 日，中央负责人所在中央纵队抵达瓮安县的猴场，准备在这里抢渡乌江，进军黔北。就在此时，博古、李德对于黎平会议决定的到黔北开辟根据地提出异议，主张不过乌江，在乌江南岸建立一个临时根据地，再找机会向湘西发展，实现与红二、红六军团的会合。

为了解决领导层在中央红军向何处发展问题上的分歧，中共中央政治局于 12 月 31 日晚至次年 1 月 1 日凌晨在猴场召开会议。会

---

① 《聂荣臻回忆录》，解放军出版社 1984 年版，第 237 页。
② 《杨尚昆回忆录》，中央文献出版社 2007 年版，第 113 页。

议仍由周恩来主持，参加会议的政治局委员有博古、周恩来、毛泽东、朱德、张闻天、陈云，候补委员有刘少奇、王稼祥、邓发，李德列席会议。毛泽东在会上重申在川黔边地区建立新根据地的主张，并且得到了多数与会者的赞同。这次会议再次否决了博古、李德的意见，通过了《关于渡江后新的行动方针的决定》，强调必须"建立川黔边新苏区根据地"，首先以遵义为中心的黔北地区，然后向川南发展，"是目前最中心的任务"。"军委必须特别注意敌情的分析研究，道路敌情的侦察，抓住反攻的有利时机，并不失时机的求得在运动战中各个击破敌人，来有把握地取得胜利。"针对李德来到中央苏区掌握军事指挥大权，重大事项由博古、李德说了算，中央的集体领导形同虚设的情况，会议决定加强对中革军委的领导，《决定》特别强调："关于作战方针，以及作战时间与地点的选择，军委必须在政治局会议上做报告。"①

黎平会议和猴场会议表明，博古、李德的错误主张在中央领导层已没有市场，特别是猴场会议规定军事指挥权必须置于中央政治局的领导下，这实际上解除了李德对红军的指挥权。这是中国共产党走向独立自主非常重要的一步。

由一个年轻的书生领导中共与反革命经验极为丰富的蒋介石作斗争，一个不了解中国情况、初来乍到的外国人指挥红军与国民党军作战，是那个特殊年代的特殊现象。博古清楚，在上海负责临时中央工作时，写写文章、发发电报即可。到了中央苏区，军事工作是第一要务，打仗是要靠真本事的。由于他在军事上基本上是外行，几乎没有任何领军作战的经历与经验，这一点自知之明博古还

---

① 中共中央文献研究室、中央档案馆编：《建党以来重要文献选编（一九二一——一九四九）》第 12 册，中央文献出版社 2011 年版，第 1—2 页。

是有的，但来中央苏区后在军事上不能依仗毛泽东。其实博古等人与毛泽东之间并非什么权力之争，而是思想认识分歧。这也不难理解，由于人生经历的不同、思想认识的差异和在莫斯科学习过的自负，博古等人与毛泽东一开始有比较深的隔膜。至于朱德和周恩来，也总觉得他俩受毛泽东的影响较大。问题是蒋介石不会因博古到了中央苏区就停止战争，仗不但要打而且规模比以往更大。好在他刚到中央苏区不久，李德前后脚也来了，为了树立自己在军事上的权威，博古就寄希望于李德，将红军最高指挥权给了他，于是李德一时成了红军的"太上皇"。

作为一个外来人，李德虽然在苏联上过军校，也担任过苏联红军的中级指挥员，但毕竟不了解中国情况，不熟悉中国革命战争特点，没有指挥过千军万马，顶多懂得一点具体的战术。问题在于，李德虽然只担任过苏联红军团一级指挥员，但到了中央苏区却自我感觉良好，真以为自己是了不起的军事家，根本不把中国同志放在眼里，而且十分固执，几乎听不进任何不同意见。其实对于一个人来说，有些事情不懂不要紧，谦虚学习便是，但万不可不懂装懂，甚至自以为是，而李德恰恰缺少这样一种自觉。

李德来到中央苏区的时候，中央红军有了较大的发展，人数与过去相比有了很大的增加，但敌强我弱的格局没有改变，红军的武器装备要大大落后于国民党军，而且蒋介石吸取以往几次"围剿"失败的教训，由前德国国防军总司令冯·赛克特等人担任军事顾问，第五次反"围剿"战争开始时，放弃前几次的"长驱直入"之策，而是改用"步步为营，稳扎稳打"的堡垒战术，在根据地四周广筑碉堡封锁线。本来，红军擅长打运动战和游击战，但李德却要扬短避长，提出要"以堡垒对堡垒"，进行"短促突击"，也就是让红军以阵地战的方式与敌人硬拼，其结果是第五次反"围剿"战争越打越被动，最后只要战略转移一条路可走。在长征过程中，李德又一意孤行，坚持要前往敌人做好充分准备的湘西，主动陷入蒋介石的罗网。事实证明，不能再让李德这样瞎指挥了，这也是领导层与广大红军指挥员的共识。取消李德的指挥权，也就意味着博古失去了军事上的依靠，表明中国共产党人有了独立自主的自觉，这就为随后遵义会议的成功召开奠定了基础。

## （二）遵义会议：领导地位的确立

### "一致拥护毛主席"

1935 年 1 月 2 日，中央红军开始强渡乌江，至 6 日，全军渡江完毕。1 月 7 日，红一军团第二师袭占贵州第二大城市遵义，这是中央红军长征以来占领的首座较大的城市。1 月 9 日，军委纵队进驻遵义。随后，中央红军以遵义为中心向四周展开，控制了黔北大片地区，附近已经没有大股的敌人，这是长征开始以来未曾有过的情况。为此，中共中央政治局决定在这里召开会议，中心议题是"（一）决定和审查黎平会议所决定的暂时以黔北为中心，建立苏区根据地的问题。（二）检阅在反对五次'围剿'中与西征中军事指挥上的经验与教训。"[①]

会议于 1 月 15 日召开，连续开了 3 天。根据刘伯承、聂荣臻

---

① 《陈云文选》第一卷，人民出版社 1995 年版，第 36 页。

这两位四川籍将领的建议，会议对黔北地区是否具有建立根据地的条件作了分析，认为这里人口稀少，物产不丰，少数民族多，党的基础薄弱，不具备建立大面积根据地的条件。四川人口众多，物产丰富，对外交通不便，而且还有川陕根据地的红四方面军可以接应。因此，会议决定放弃黎平会议确定的在黔北地区建立根据地的计划，北渡长江，进入四川同红四方面军会合，在川西或川西北地区建立新的根据地。

遵义会议的中心议题，是讨论总结第五次反"围剿"战争以来的经验教训。博古首先在会上作关于第五次反"围剿"的主报告，核心观点是第五次反"围剿"失败的主要原因，是敌人的力量过于强大，同时也与瓦解敌军工作薄弱，各根据地互相配合不密切，中央苏区的后方工作、物资供应工作没有做好有关。这些固然对第五次反"围剿"失败有影响，但显然不是问题的关键，因为这些情况以往也存在，为何前几次反"围剿"能够胜利？博古的这种解释，是为大家所不满意的。

博古作完主报告后，由周恩来作副报告，他认为第五次反"围剿"失败的主要原因是军事领导犯了战略战术方面的严重错误，"主动承担了责任，作了自我批评，同时也批评博古、李德的错误"[①]。

随后，会议由张闻天作反对"左"倾军事错误的报告，即"反报告"。张闻天系统地批评了博古、李德在军事指挥上的错误。他在作报告时手里拿了一个提纲，基本上照着提纲讲的，"这个提纲实际上是毛泽东、张闻天、王稼祥三位同志集体创作而以毛泽东同

---

① 中共中央党史研究室第一研究部：《红军长征史》，中共党史出版社 2017 年版，第 91 页。

志的思想为主导的"①。

在这之后，由毛泽东作了一个多小时的发言。他对博古在报告中谈到的第五次反"围剿"失败的主要原因是敌强我弱等观点进行了反驳，认为第五次反"围剿"失败的主要原因是军事指挥上和战略战术上的错误，其主要错误在于：

第一个错误是以堡垒对堡垒。第五次反"围剿"时，蒋介石改变了以往历次"围剿"时采取的"长驱直入"的作战方式，而是在根据地四周广筑碉堡和封锁线，不断地蚕食、挤压中央苏区的空间。在这样的情况下如何打破敌人的"围剿"，包括彭德怀在内的红军将领，曾建议在敌人的碉堡封锁线还没有完全修筑好前，先跳出敌人的包围圈以调动敌人。特别是第五次反"围剿"进行两个月后，驻守福建的国民党军第十九路军将领因不满蒋介石的不抵抗政策，发动了反蒋的福建事变，这时"红军主力无疑地应该突进到以浙江为中心的苏浙皖赣地区去，纵横驰骋于杭州、苏州、南京、芜湖、南昌、福州之间，将战略防御转变为战略进攻，威胁敌之根本重地，向广大无堡垒地带寻求作战"②。这样迫使进攻中央苏区的国民党军势必回去救援，就可能在运动中歼灭一部分敌人，打破这一次"围剿"。

毛泽东就此在会上批评说，用这种方法，就能迫使进攻江西南部福建西部地区之敌回援其根本重地，粉碎其向江西根据地的进攻，并援助福建人民政府——这种方法是必能确定地援助它的。此计不用，第五次"围剿"就不能打破，福建人民政府也只好倒台。

① 杨尚昆：《坚持真理，竭忠尽智——缅怀张闻天同志》，《人民日报》1985 年 8 月 9 日。

② 《毛泽东选集》第一卷，人民出版社 1991 年版，第 236 页。

毛泽东说，敌人采取堡垒主义，是企图避免和我们打运动战，迫使我们与其进行我们不占长处，甚至处于相当劣势的阵地战。敌人到处建筑堡垒，必然分用兵力，而且总不能老是待在堡垒里，更不可能在全国各地都建筑起堡垒来。红军可以在堡垒线的前后左右、四面八方打游击，也可以待敌前进时在运动中消灭他，或转到堡垒线外广大无堡垒的地带活动，迫使敌人不得不同我们打运动战。第五次反"围剿"的运动战的机会很多，十九路军发动福建事变就是一个打运动战的好机会。但这些极好的机会都被白白地放弃了。单纯防御路线取消运动战，以堡垒对堡垒，并用所谓"短促突击"的战术来和敌人死打硬拼，这就使敌人堡垒主义战术达到了目的。"短促突击"的结果，使红军的有生力量受到了极大的损失，每次战役总要死伤两三千人，使自 1933 年 5 月到 1934 年末扩大来的 15 万以上的新战士，除了因为政治工作的薄弱、动员扩大红军时工作上的错误而使一部分减员外，都在这个战术下损失了。

　　第二个错误是分散兵力。第五次反"围剿"中，敌人分东西南北四路向根据地进攻。红军兵力比敌人少，应采取诱敌深入的方针，用次要兵力吸引和牵制敌人，而把主力隐蔽集结，待机突击。但博古、李德却要"御敌于国门之外"，搞全线突击，分兵把口，节节抵御。广昌失守以后，又命令红军"六路分兵""全线抵御"。毛泽东批评说，分兵抵御使我们兵力分散，不能集中优势兵力打击敌人的弱点。相反，使我们的力量往往被敌人在某一方向上的"佯攻"所调动，处于被动的地位。许多军事指挥员对此提出过很多不同意见，建议集中红军主力打运动战。可惜完全不被采纳，失去了很多胜利的机会。

　　第三个错误是军事上没有利用第十九路军福建事变这一有利条

件。福建事变刚开始时，作为中共临时中央的主要负责人博古原是主张联合第十九路军的，但随后因共产国际致电中共临时中央，警示应与第十九路军保持足够的距离，于是，中共临时中央对第十九路军的立场立即发生转变，断定福建人民政府"不会同任何国民党的反革命政府有什么区别，那它的一切行动，将不过是一些过去反革命的国民党领袖们与政客们企图利用新的方法来欺骗民众的把戏"[①]。结果，中共临时中央不但没有将红军主力东调去配合第十九路作战，反把主力西调永丰地区，继续劳而无功地攻打国民党军的堡垒阵地。第十九路军在失去以红军为后援的情况下，蒋介石利用军事和政治两手，迅速将福建人民政府摧垮。蒋介石在摧垮福建人民政府后，又集中兵力向中央苏区大举进攻，因为失去福建人民政府的援助，加之"左"倾教条主义者采取错误的战略战术，导致第五次反"围剿"战争失败，中央红军主力被迫进行战略。毛泽东对此指出：博古、李德认为利用敌人内部的矛盾与冲突使自己转入反攻或进攻是冒险的行动，拒绝集中红军主力向东北突击的正确建议，相反，却把红三军团由福建西调至江西去攻打永丰等敌人的堡垒，坐等蒋介石在解决"闽变"后，重整部队，对红军重新发动进攻。这样，便失去了粉碎第五次"围剿"的好机会。

第四个错误是在战略转变上迟疑不决，在实施突围时仓促出击。毛泽东认为1934年4月广昌战役后，红军在内线作战已经失去取胜的可能性，这时应坚决地实施战略退却，将红军转移到广大无堡垒地区，寻求有利时机，转入反攻。可是博古、李德却犹豫不决，直到制定《八、九、十三个月战略计划》，这时才提出战

---

① 中央档案馆编：《中共中央文件选集》第9册，中共中央党校出版社1991年版，第451、453页。

略转移的问题和做出退出苏区的直接准备。然而，这一计划却依然要求红军死打硬拼，以求得重大胜利。结果，又使红军消耗了大量有生力量。在实施突围时，指挥无章，行动无序，部队出动仓促，使红军的战略突围行动变成了一种惊慌失措的逃跑和搬家式的行动。庞大的后方机关使行军作战受到困难，使所有部队变成掩护队，从而使整个红军处于被动挨打的地位，红军减员到空前的程度。①

参加过遵义会议的陈云后来回忆说："会上，博古作了报告，周总理作了报告，李德也讲了话。会议讨论的内容主要是军事问题。只记得当时毛主席在会上讲得很有道理，内容就是《中国革命战争的战略问题》那篇文章里讲到的那些。毛主席说：'路是要用脚走的，人是要吃饭的。'博古在会上说：'要考虑考虑。'毛主席说：'我赞成你考虑。但你要考虑的不是继续留下，而是把职务交出来。'会上大家都发了言，一致拥护毛主席。"②

依照遵义会议的决定，会后张闻天根据毛泽东的发言内容，起草了《中共中央关于反对敌人五次"围剿"的总结的决议》，经中央政治局通过后印发各支部。《决议》指出："政治局扩大会认为一切事实证明，我们在军事上的单纯防御路线，是我们不能粉碎敌人五次'围剿'的主要原因"；"这种军事上的单纯防御路线，是一种具体的右倾机会主义的表现。他的来源是由于对于敌人的力量估计不足，是由于对客观的困难，特别是持久战堡垒主义的困难，有了过分的估计，是由于对于自己主观的力量特别是苏区与红军的力量

① 中共中央党史研究室第一研究部：《红军长征史》，中共党史出版社 2017 年版，第 92—93 页。

② 《陈云文集》第三卷，中央文献出版社 2005 年版，第 435 页。

估计不足，是由于对于中国革命战争的特点不了解"。①《决议》同时充分肯定了毛泽东在历次反"围剿"中总结的符合中国革命战争规律的积极防御的战略、战术原则。

紧接着发言的是王稼祥，"他表示完全赞同毛泽东的意见，严厉批评了博古、李德违反民主集中制原则，在军事指挥上个人专断的作风。并且提议，撤销李德在军事上的指挥权，毛泽东应参与军事指挥"②。王稼祥后来回忆说："我是带着伤发着烧参加会议的。毛泽东同志发言完后，我紧接着发言。我首先表示拥护毛泽东同志的观点，并指出了博古、李德等在军事指挥上的一系列严重错误，尖锐地批判了他们的单纯防御的指导思想，为了扭转当前不利局势，提议请毛泽东同志出来指挥红军部队。"③

王稼祥发言后，朱德也明确表示赞同毛泽东的意见，"以切身感受批评博古、李德在军事指挥上的错误，并提出改变错误领导，说：'如果继续这样错误的领导，我们就不能再跟着走下去！'"④与会的刘伯承、李富春、聂荣臻、李卓然等也都表示赞同张闻天的"反报告"和毛泽东的发言。对于会议的情况，这年 10 月，与会的陈云在共产国际书记处作报告时说："扩大会中恩来同志及其他同志完全同意洛甫及毛王的提纲和意见，博古同志没有完全彻底的承

---

① 中共中央文献研究室、中央档案馆编：《建党以来重要文献选编（一九二一——一九四九）》第 12 册，中央文献出版社 2011 年版，第 62—63 页。

② 中共中央党史研究室第一研究部：《红军长征史》，中共党史出版社 2017 年版，第 93 页。

③ 中国工农红军长征史料丛书编审委员会编：《中国工农红军长征史料丛书·回忆史料（2）》，解放军出版社 2016 年版，第 19 页。

④ 中共中央文献研究室编：《朱德年谱（1886—1976）》（新编本）上，中央文献出版社 2006 年版，第 450 页。

认自己的错误，凯丰同志不同意毛张王的意见，Ａ（即李德——引者注）同志完全坚决的不同意对于他的批评。"①

凯丰原名何克全，与博古一样在莫斯科中山大学学习过，经博古介绍由团员转为党员，曾任团中央书记，在1934年1月的中共六届五中全会上当选为中央政治局候补委员。在遵义会议上，唯有他明确反对毛泽东的意见，甚至对毛泽东说："你懂得什么马克思主义，你顶多是知道《孙子兵法》！"并且在会上表示保留自己的意见。后来毛泽东说："有人讲我的兵法靠两本书，一本是《三国演义》，一本是《孙子兵法》。《三国演义》我是看过的，《孙子兵法》当时我就没有看过。在遵义会议上，凯丰说：你那些东西，并不见得高明，无非是《三国演义》加《孙子兵法》。我就问他一句：你说《孙子兵法》一共有多少篇？第一篇的题目叫什么？请你讲讲。他答不出来。我说：你也没看过，你怎么晓得我就熟悉《孙子兵法》呢？凯丰他自己也没看过《孙子兵法》，却说我用的是《孙子兵法》。"②虽然凯丰在遵义会议上同毛泽东唱了反调，但在后来认识到毛泽东的正确后，改变了态度，在过草地时坚决地同张国焘的分裂主义作斗争，支持毛泽东的正确领导。

在遵义会议上，虽然博古"没有完全彻底的承认自己的错误"，但至少表明他对大家的批评总体上还是听得进去的，没有坚持自己那些观点。至于李德尽管不接受别人对他的批评，但此时虽然大家在批评他时没有直接点他的名，但实际上是通过对博古的批评而批评他，现在已完全处于孤立的状态。他的翻译伍修

---

① 《陈云文选》第一卷，人民出版社1995年版，第43页。

② 《毛泽东文集》第八卷，人民出版社1999年版，第263页。

权回忆说："会议一开始，李德的处境就很狼狈，别人都是围着桌子坐的，他却坐在会议室的门口，完全是个处在被告席上的受审者。我坐在他旁边，别人发言时，我把发言的内容一一翻译给他听，他一边听一边不断地抽烟，一支接一支地抽，垂头丧气，神情十分沮丧。""会议过程中李德也曾为自己和王明等人在军事上的'左'倾教条主义错误辩护，说自己本来只是作为顾问提提建议，是中国同志自己搞坏了。他把责任推到临时中央及别人身上，不承认自己的错误，但毕竟是理不直、气不壮，没有说出什么东西。"①

经过3天的报告与讨论，遵义会议通过如下决定：

——选举毛泽东为中共中央政治局常委；

——指定张闻天起草会议决议，委托中央政治局常委审查后，发到支部讨论；

——中央政治局常委中再进行适当的分工；

——取消"三人团"，仍由最高军事首长朱、周为军事指挥者，而恩来同志是党内委托的对于指挥军事上下最后决心的负责者。

## "遵义会议是一个关键"

对于遵义会议的历史意义，在中共历史上的三个关于历史问题的决议中都作了高度的评价。1945年4月中共六届七中全会通过的《关于若干历史问题的决议》强调："遵义会议集中全力纠正了当时具有决定意义的军事上和组织上的错误，是完全正确的。这次会议开始了以毛泽东同志为首的中央的新的领导，是中国党内最有

---

① 伍修权：《我的历程（1908—1949）》，解放军出版社1984年版，第85页。

历史意义的转变。"①

1981 年中共十一届六中全会通过的《关于建国以来党的若干历史问题的决议》亦强调:"一九三五年一月党中央政治局在长征途中举行的遵义会议,确立了毛泽东同志在红军和党中央的领导地位,使红军和党中央得以在极其危急的情况下保存下来,并且在这以后能够战胜张国焘的分裂主义,胜利地完成长征,打开中国革命的新局面。这在党的历史上是一个生死攸关的转折点。"②

2021 年 11 月中共十九届六中全会通过的《中共中央关于党的百年奋斗重大成就和历史经验的决议》,对遵义会议也有类似评价:"一九三五年一月,中央政治局在长征途中举行遵义会议,事实上确立了毛泽东同志在党中央和红军的领导地位,开始确立以毛泽东同志为主要代表的马克思主义正确路线在党中央的领导地位,开始形成以毛泽东同志为核心的党的第一代中央领导集体,开启了党独立自主解决中国革命实际问题新阶段,在最危急关头挽救了党、挽救了红军、挽救了中国革命,并且在这以后使党能够战胜张国焘的分裂主义,胜利完成长征,打开中国革命新局面。这在党的历史上是一个生死攸关的转折点。"③

这三个历史决议对于遵义会议意义的表述,虽然文字上有所不同,但总的意思是基本相同,核心词就是"转折"或"转变",而且这种转折或转变是"最有历史意义""生死攸关"。

遵义会议之所以重要,就在于它"挽救了党、挽救了红军、挽

① 《毛泽东选集》第三卷,人民出版社 1991 年版,第 969 页。
② 《十一届三中全会以来重要文献选读》上册,人民出版社 1987 年版,第 296 页。
③ 《中共中央关于党的百年奋斗重大成就和历史经验的决议》,人民出版社 2021 年版,第 6 页。

救了中国革命"。事实也是如此。第五次反"围剿"开始之后，由于博古、李德执行错误的政治路线和军事路线，不但导致中央苏区第五次反"围剿"失败，其他根据地红军的反"围剿"也都先后受挫，主力红军不得不放弃原有根据地进行战略转移。中央红军在转移时虽然也做了一些准备，但总的来说还是比较仓促，加上把战略转移看成是搬家，没有开辟新的革命根据地的自觉，而是计划前往湘西，因为那里有现成的根据地可以去坐享其成，于是8万余人的队伍加上各种坛坛罐罐浩浩荡荡西行，结果湘江一战损失惨重，不但中央红军损失过半，更重要的是前景不明。如果按照博古、李德的计划前往湘西，而蒋介石已经判明中央红军的意图，做好了充分准备，以逸待劳而扎好"口袋"等待红军往里钻，前往湘西只能说是自投罗网。

在这样的情况下，在通道会议上毛泽东极力主张改向敌人力量相对薄弱的贵州进军，随后在黎平会议上又作出不去湘西而到遵义为中心的黔北建立根据地的决策。虽然在遵义会议放弃了在黔北建立根据地的设想，但通道转兵和黎平决策为遵义会议的召开创造了条件。这个条件不单是占领了遵义及周边大片地区，为会议的召开提供了比较稳定的环境和较为充足的时间。更重要的是经过前后的对比，使领导层感到不能再按博古、李德的办法来了，也不能再让他们来指挥红军了，而毛泽东就顺理成章地成了取代他们来指挥红军的最合适人选，这就为遵义会议实现领导人的更换打下了基础。

在遵义会议上，虽然与会者批评的矛头是对向博古，但实际上李德成了众矢之的，由于取消了"三人团"，实际上等于取消了李德对红军的指挥权，停止了李德的瞎指挥。这是红军能够转危为安的关键一步。李德作为一个外国人，一来到中央苏区，仅仅因为他有共产国际背景，就被博古授予红军最高指挥权，这本身就是中共当时自身不成熟、缺乏独立自主能力的表现。李德来到中央苏区的时候，中央红军正处在最强盛的之时，然而在李德的指挥之下，毛泽东、朱德等一点点开辟出来的中央苏区被迫放弃，一点点发展起来的中央红军由最多时的 10 多万人到渡过湘江时剩下 3 万人，如果再任由李德折腾下去，就会有全军覆没的危险。到遵义会议时，全军上下对李德的指挥能力已经充满失望，甚至连博古恐怕也有所怀疑了，因而在遵义会议上很顺利地取消了"三人团"，红军由朱德、周恩来指挥。由于猴场会议已经决定把军事指挥权置于中央政治局的领导之下，而毛泽东已经是政治局常委，意味着毛泽东已经能够参与红军的指挥。遵义会议取消"三人团"，不但为毛泽东重新指挥红军创造了条件，也表明中国共产党已经能够处理好与共产国际的关系，具备了独立自主能力，这也是党走向成熟的重要标志。

既然遵义会议"挽救了党、挽救了红军、挽救了中国革命"，那么，是谁在做这样的挽救呢？首先应该说还是中国共产党自己挽救了自己。道理很简单，遵义会议的成功离不开毛泽东的努力、周恩来的支持，更离不开原教条主义阵营中的领导人特别是张闻天和王稼祥的转变。毛泽东在中共七大上曾对张闻天、王稼祥在遵义会议上的作用有过充分的肯定。毛泽东说："遵义会议是一个关键，对中国革命的影响非常之大。但是，大家要知道，如果没有洛甫、王稼祥两位同志从第三次'左'倾路线分化出来，就不可能开好遵义会议。同志们把好的账放在我的名下，但绝不能忘记他们两个人。当然，遵义会议参加者还有好多别的同志，酝酿也很久，没有那些同志参加和赞成，光他们两个人也不行；但是，他们两个人是从第三次'左'倾路线分化出来的，作用很大。从长征一开始，王稼祥同志就开始反对第三次'左'倾路线了。"①

第一个转变的是王稼祥。他和王明、博古都是莫斯科中山大学的学生，1930年回国后被分配到中央宣传部任干事，立三路线统治党的那段时间，王稼祥因与王明、博古指责李立三右倾，违背国际路线，受到严重警告处分，调到香港任中共中央机关报《红旗日报》驻港记者。不久回到上海，任中央党报委员会秘书长、《红旗日报》主笔。王稼祥参加了1931年1月召开的中共六届四中全会，会后以中共中央代表团成员身份进入中央苏区，任中共苏区中央局委员、中国工农红军总政治部主任、中革军委副主席。在1934年1月召开的中共六届五中全会上被增选为中央委员，并当选为中央政治局候补委员，成为中央苏区和中央红军的重要领导人。据他自己说："我在第四次反'围剿'胜利结束时，腹部受重伤，长征开始，伤口尚未痊愈，只得坐担架随军委纵队行进。一路上我有充裕的时间来思考问题。五次反'围剿'时，我曾为作战指挥上的问题和李德发生过多次争论。我认为，'御敌于国门之外''短促突击'是打不破敌人'围剿'的，还是要采取诱敌深入、隐蔽部队、突然袭击、先打弱敌、后打强敌、各个击破等战法。但是，李德不听我的意见，结果是使苏区和红军遭受重大损失，不得不进行战略转移。当前情况又万分危急，我对局势非常焦虑，想来想去只有向毛泽东同志表白自己的看法。""我向毛泽东同志表示：目前形势已非常危急，如果再让李德这样瞎指挥下去，红军就不行了！要挽救这种局面，

---

① 《毛泽东文集》第三卷，人民出版社1996年版，第424—425页。

必须纠正军事指挥上的错误，采取果断措施，把博古和李德'轰'下台。毛泽东同志听后十分赞同。他考虑了当时的情况，又担心地说：'你看能行吗？支持我们看法的人有多少？'我说：'必须在最近时间召开一次中央会议，讨论和总结当前军事路线问题，把李德等人轰下台去。'毛泽东同志高兴地说：'好啊，我很赞成。'并要我多找几位同志商量商量。"① 王稼祥产生了要将博古和李德"轰"下台的想法后，先找张闻天谈了自己的想法，得到了张闻天的赞同。当时，红一军团政委聂荣臻因腿伤感染化脓也坐担架随军委纵队行动，王稼祥与之有机会交谈，得到了聂荣臻的支持。

张闻天曾留学日本和美国，亦是莫斯科中山大学的学生，也曾在红色教授学院学习和工作过，他这种学习经历在中共领导人中比较少见。1931 年初回国后，担任过中共中央宣传部部长、中央党报委员会书记。1931 年 9 月王明去莫斯科前，因为在上海的中央委员和政治局成员不够半数，决定成立中共临时中央政治局，指定博古负总的责任，张闻天增补为中央委员、中央政治局委员和常委。1933 年初进入中央苏区，在次年 1 月的中共六届五中全会继续当选为中央政治局委员、中央书记处书记（相当于常委），在随后召开的中华苏维埃共和国第二次全国代表大会上，取代毛泽东当选为中央政府人民委员会主席。在博古为首的中共临时中央和中共六届五中全会组成的中共中央中，张闻天的地位仅次于博古。他也回忆过自己在长征前后与毛泽东接近、进而支持毛泽东的经历："在出发以前，最高'三人团'要把我们一律分散到各军团去（后因毛泽东同志提议未分散）。我当时感觉我已经处于无权的地位，

① 中国人民解放军历史资料丛书编审委员会编：《红军长征——回忆史料（1）》，解放军出版社 1990 年版，第 247—248 页。

我心里很不满意。记得在出发前有一天，泽东同志同我闲谈，我把这些不满意完全向他坦白了。从此，我同泽东同志接近起来。他要我同他和王稼祥同志住在一起——这样就形成了以毛泽东同志为首的反对李德、博古领导的'中央队'三人集团，给遵义会议的伟大胜利打下了物质基础。""长征出发后，我同毛泽东、王稼祥二同志住一起。毛泽东同志开始对我们解释反五次'围剿'中中央过去在军事领导上的错误，我很快接受了他的意见，并且在政治局内开始了反对李德、博古的斗争，一直到遵义会议。"①

王稼祥、张闻天原本都是王明、博古阵营的重量级人物，在一定程度上也是中共六届四中全会的受益者。在当时的党内高级干部当中他们相对年轻，基本上都是入党（或入团）不久就前往莫斯科学习，在中共六届四中全会前后回国，并且回国后很快成为党的重要干部。很显然，没有中共六届四中全会造成的中央领导层的改组，他们都难以从一般干部迅速进入中央领导层。而且他们来到中央苏区之后，一开始同毛泽东在一些问题上认识并不一致，甚至参与过对毛泽东的排挤。但是，他们和毛泽东一样都是坚定的革命者，在要不要革命的问题上，他们是完全一致的，并无分歧。因为有这个共同的思想基础，才会有他们的转变。

正因为张闻天、王稼祥都是坚定的革命者，当他们在来到中央苏区后，对于革命已不再是书斋里的论道，而是开始具体的革命实践，他们也开始了从书生式的革命家到革命实践家的转变，开始了真正的理论与实践的结合，而在他们没有到中央苏区之前，可以说基本上是从理论到理论。于是，在与毛泽东的交往中，在中央苏区

---

① 中国人民解放军历史资料丛书编审委员会编：《红军长征——回忆史料（1）》，解放军出版社1990年版，第245页。

第五次反"围剿"前后胜利与失败的对比中，发现了毛泽东之长与自己之短，认识到毛泽东主张的正确性，从而认识到他们过去有的做法不对，尤其是认识到博古仍然坚持以往"左"的那一套东西危害的严重性之后，能够坚定站立到毛泽东正确路线一边，成为毛泽东的坚定支持者，从而也改变了中共六届四中全会派来的中央代表团组成中共苏区中央局之后，毛泽东在一个较长的时间内比较孤立的状态。没有他们的支持，在湘江战役后的通道会议、黎平会议上，毛泽东的主张就难以成为多数人的共识，也就不会有遵义会议的成功。因此，从他们的身上能够看到什么是共产党人的党性。虽然他们都曾程度不同地犯过"左"倾教条主义错误，但当他们觉悟之后能够坚定地站到正确的一方，这是因为他们知道唯有如此才对革命有利。这也是他们值得后人敬仰的地方。

据时任红一军团第二师第四团团长的耿飚回忆，当时随军指挥的红一军团参谋长左权和总参谋长刘伯承，相继告诉了他一件事：1934 年 12 月中央纵队已渡过清水江，抵达黄平一带时，由于张闻天身体不太好，所以行军时坐着担架；王稼祥因为有伤也坐着担架，两副担架走在一起。王稼祥问张闻天这次转移的最后目标，中央究竟定在什么地方？张闻天回答说："没有个明确的目标。看起来这个仗这样打下去不行。"接着又说："毛泽东同志打仗有办法，比我们有办法，我们是领导不了啦，还是要毛泽东同志出来。"王稼祥表示同意张闻天的意见，当天晚上首先打电话把它告诉彭德怀，然后又告诉别的将领。①

当时博古是中共中央主要领导人，李德是有共产国际背景的军

①　《耿飚回忆录》，中华书局 2009 年版，第 403 页。

事顾问，是红军实际上的最高指挥者，虽然此时上下对他们一片抱怨，觉得再这么坚持下去党与红军前途堪忧，必须改变这种局面，改由毛泽东担负更重要的责任。但是，毛泽东自己作为当事人，不便出面从事这样的活动，而王稼祥与张闻天不但担任重要职务，而且与博古都有过在莫斯科学习的经历，都是中共临时中央成立后担任重要职务的干部，由他们出面做工作，更容易得到大家的认同。

同时也要看到，遵义会议的成功召开，毛泽东在党内领导地位的确立，如果没有周恩来的支持是难以想象的。周恩来在党内长期担任重要职务，有很强的组织协调能力，同时他又是一个纪律意识和大局意识很强的人。宁都会议后他兼任红一方面军总政委，实际上取代毛泽东成为中央红军最高统帅。李德抵达中央苏区被博古委任为中共中央军事顾问后，获得了红军的最高指挥权，周恩来成为具体执行者，尽管他内心也对博古、李德不满，但严格的组织纪律观念使得他只得在具体执行中搞变通。

长征前和长征初期，博古、李德和周恩来组成的最高"三人团"，取代了中共中央政治局和中革军委，成为党和红军的最高领导机关。通道会议周恩来对毛泽东西进贵州主张的认同与支持，表明最高"三人团"已开始分化，周恩来与博古、李德由此渐行渐远，与毛泽东则日益接近。事过多年，李德回忆说："毛泽东这次他不仅得到洛甫和王稼祥的支持，而且还得到了当时就准备转向'中央三人小组'一边的周恩来的支持。因此毛的建议被通过了。"①

周恩来为人好，处事周全，能为各方所接受，又长期担任重要职务，但甘当配角，从不揽权，在党内有很高的威望。1931年底

---

① ［德］李德（奥托·布劳恩）：《中国纪事（1932—1939）》，现代史料编刊社1985年版，第125页。

他刚到中央苏区之时，中央苏区一片欣欣向荣景象，然而自从中共临时中央和李德到来之后，中央苏区开始走下坡路，不但未能打破蒋介石的第五次"围剿"，长征以来又一路损失惨重，这不得不使周恩来为党和红军的前途担忧，而这前后几年的经历使他认识到毛泽东是党内不可多得的军事统帅人才，蒋介石在湘西南布置重兵的现实，使他意识到确实不能往蒋介石布置好的"口袋"里钻，毛泽东西进贵州的建议是红军摆脱目前困境的唯一出路，因而成为毛泽东意见的支持者。从通道会议、黎平会议到遵义会议，周恩来都对毛泽东的意见予以明确支持，这对毛泽东进入中央领导核心十分重要。

在遵义会议上，博古自然是被批判的对象，但遵义会议能够成功召开，与他的态度亦有很大的关系。伍修权回忆说："博古同志虽然是会上主要批判对象之一，但是，他的态度也是比较端正的。他主持会议，却不利用职权压制不同意见，表现了一定的民主作风和磊落态度。会后，他又坚决服从和执行中央的决定，并严正地拒绝了别人的挑拨性意见……这些都体现了一个共产党人的应有品质。"①用陈云在共产国际作报告时的话说，博古是"没有完全彻底的承认自己的错误"，但这也说明他已部分认识到自己的问题所在，这对他来说也是不容易的。

博古虽然犯过错误，对于第五次反"围剿"的失败和湘江战役的失利负有严重责任，但他没有成心将革命引向失败的主观故意。当时，他不过是一个20多岁的年轻人，遵义会议时也只有28岁。因为机缘巧合，在王明离开国内后一跃而成为党的主要领导人，这

---

① 中共中央党史资料征集委员会、中央档案馆编：《遵义会议文献》，人民出版社1985年版，第121页。

对他来说是一个巨大的挑战。因为年少而一下位居高位，一开始难免心高气盛，加之在领导团中央工作时得到过共产国际的肯定，又在莫斯科系统地学习过马克思主义理论，有一定的理论功底，觉得自己领导全党也没多大的问题。但现实警醒了他，中国革命在他的手里沦入如此困难境地，是他没有想到也是不愿意看到的，因而在湘江战役失败后表现出极度的沮丧，在通道会议上也没有坚持北上湘西，后来虽然出现过反复，但总体来说没有以职务、以权力压人，最后服从了多数人的意见。

在遵义会议上，博古的职务没有变动。2月5日，中央红军来到川、滇、黔三省交界的云南威信县扎西一个叫"鸡鸣三省"的地方，张闻天提出变换中央领导的问题。周恩来后来回忆说："当时

扎西会议之水田寨花房子会议旧址。1935年2月5日，中共中央政治局常委在这里分工，决定由张闻天接替博古在党内负总的责任，由博古任红军总政治部代理主任

博古再继续领导是困难的，再领导没有人服了。本来理所当然归毛主席领导，没有问题。洛甫那个时候提出要变换领导，他说博古不行。我记得很清楚，毛主席把我找去说，洛甫现在要变换领导。我们当时说，当然是毛主席，听毛主席的话。毛主席说，不对，应该让洛甫做一个时期。毛主席硬是让洛甫做一做看。人总要帮嘛。说服了大家，当时就让洛甫做了。"① 刘英也回忆说："由闻天接替博古负总的责任（习惯称为总书记）。当时还有人在背后鼓捣，叫博古不要交权。所谓'交权'，就是把几副装有中央重要文件、记录、印章的挑子交出来。博古没有听，他说，应该服从集体的决定。这样他就把权交给了闻天，那几副挑子，就跟闻天走了。"② 这样，党内本来负总责的博古改任红军总政治部代理主任。

"应该服从集体的决定"这一句话，表明博古的组织原则性。正是这种组织原则，保证中央主要领导职务的顺利更替，也保证了遵义会议精神的顺利贯彻。尤其难能可贵的是，此后半年多的时间，党内发生了张国焘分裂党和红军的严重事件，在此关键时刻，博古能够坚定地站到以毛泽东为代表的正确路线一边，与张国焘的分裂主义进行坚决的斗争，体现了一个共产党员跟着真理走的党性原则。

### "把问题处理得非常得体"

遵义会议在中国共产党的历史上是一个重要的转折点。中国共产党在民主革命时期的历史总共是 28 年，以遵义会议作为一个分界线的话，正好前面 14 年，后面也是 14 年。总的来说，遵义会议

---

① 中共中央党史资料征集委员会、中央档案馆编：《遵义会议文献》，人民出版社 1985 年版，第 68 页。

② 《刘英自述》，人民出版社 2005 年版，第 62—63 页。

前的 14 年，发展得不是十分顺利，经历的挫折较多，甚至出现过大革命失败和第五次反"围剿"失利这种全局性的严重挫折；遵义会议后的 14 年，发展得比较顺利，没有经历过大的挫折，也没有出现过全局性的错误，取得了抗日战争和解放战争的胜利。这当中自然有许多的原因，但其中有一个不可忽视的原因，遵义会议前中国共产党没有形成一个成熟的领导集体，是遵义会议开始逐步形成了以毛泽东同志为核心的中央领导集体。

自然，在遵义会议的人事变动中，毛泽东只是从中央政治局委员变成了政治局常委，既没有成为中共中央总书记，也不是中革军委主席（主席为朱德），从名义上，毛泽东既不是中共中央最高领导人，也不是红军最高统帅。毛泽东在党内的分工负责军事，还是大半年后过草地时的沙窝会议决定的，成为中革军委主席是 1936 年底三大主力红军会师后，至于正式担任党的主席还是 1943 年 3 月中央领导机构改组时。但是，遵义会议后，不论是指挥中央红军摆脱国民党军队的围追堵截，还是在过草地前后与张国焘的分裂主义作斗争，以及到达陕北后建立抗日民族统一战线由国内战争转变为抗日战争，毛泽东都发挥了他人无法替代的作用。

遵义会议的成功召开，还得益于会议巧妙地避开一时难以说得清楚的政治路线问题，而集中精力解决当时最迫切、最关键，也容易引起共鸣、达成共识的军事路线和军事指挥问题。周恩来曾指出："遵义会议的主旨是纠正军事路线错误，因为当时是在惊涛骇浪中作战，军事路线最紧迫。"[1] 第五次反"围剿"失败自然有很多原因，如实行"左"倾土地政策与经济政策，肃反扩大化，攻打大

---

[1] 中共中央党史资料征集委员会、中央档案馆编：《遵义会议文献》，人民出版社 1985 年版，第 67 页。

城市，统一战线上的关门主义等，但最直接的原因还是打了败仗。中共临时中央来到中央苏区一系列的挫折，首先是从军事上的失利开始的，第五次反"围剿"战争越打越被动，不得不放弃中央苏区，而长征路上虽然比较顺利地通过了蒋介石的三道封锁线，但过第四道封锁线时却在湘江战役遭受重大损失，若不是毛泽东极力主张转兵贵州，中央红军就有全军覆没的危险。只有解决军事路线问题，红军才能变被动为主动。在这个问题上党内军内形成了共识。

如果在遵义会议上讨论并试图解决政治路线问题，就会涉及许多的事与许多的人，不但耗时长，而且牵涉的人多。周恩来说过，遵义会议"先解决军事路线，这就容易通，很多人一下子就接受了。如果当时说整个都是路线问题，有很多人暂时会要保留，反而阻碍党的前进"①。黄克诚就此评价说："遵义会议上毛泽东同志把问题处理得非常得体，表现了他的雄才大略和政治远见。假使遵义会议上提出解决政治路线是非问题，短时期内肯定解决不了，形势又不容许长时间争论不休，久拖不决。当时面对的主要问题是战争，解决军事路线问题是当务之急，刻不容缓。另外，暂时不谈政治路线是非，只解决军事路线问题，也便于为原在中央执行错误路线的同志所接受，有利于党中央的团结一致。事情的发展，证明了这样做确实是英明之举。后来张国焘搞分裂，党中央的同志形成了一个坚强的整体，团结一致同张国焘的分裂主义作斗争；而张国焘则完全陷于孤立，其阴谋分裂党和红军的企图终未得逞，使红军又一次转危为安。"②

---

① 中共中央党史资料征集委员会、中央档案馆编：《遵义会议文献》，人民出版社1985年版，第68页。

② 黄克诚：《我在红三军团的经历》（下），《中共党史资料》1987年第3期。

遵义会议的成功，也与当时同共产国际联系中断有一定的关系。李德的一段话也许可以作为反证。他在其《中国纪事》一书中说："特别是 1934—1935 年，党的领导完全同外界隔绝，此事造成的后果尤其严重。他们从国际共产主义工人运动那里，具体地说就是从共产国际方面，既不能得到忠告，也不能得到帮助。所以，以毛泽东为代表的小资产阶级农民的、地方性的和民族主义的情绪，就能够不顾马列主义干部的反对而畅行无阻，甚至这些干部本身也部分地和暂时地为这种情绪所左右。"① 中国共产党作为共产国际的一个支部，重大问题需要向其请示报告。共产国际在遥远的莫斯科，对中国的具体情况并不十分了解，由其指导中国革命，甚至对许多具体问题进行决策，在当时通信、交通落后的情况下，不但不能及时，更重要的是共产国际难免按照其主观想象来谋划中国革命，严重地束缚了中共的手脚。由于长征途中与共产国际电讯联系中断，遵义会议的召开自然无法请示共产国际，这客观上有利于中国共产党独立自主地解决自身的问题，促成其自身尽快地成熟。

遵义会议在中共的历史书写中具有重要意义，说它"挽救了党、挽救了红军、挽救了中国革命"，这种挽救就是遵义会议使中国共产党从错误中走了出来，确立了正确的军事路线，而且在事实上确立了正确的政治路线和思想路线。从此，中国共产党摆脱了教条主义的束缚，破除了长期以来将共产国际指示教条化和将苏联经验神圣化的倾向，能够从中国的实际出发解决中国革命中遇到的问题。

遵义会议撤销了最高"三人团"，解除了李德对于红军的指挥

---

① ［德］李德（奥托·布劳恩）：《中国纪事（1932—1939）》，现代史料编刊社 1985 年版，第 119 页。

权，毛泽东第一次成为中央政治局常委，虽然名义上他还不是党和红军的最高领导人，但从实际发挥的作用来看，从这时起，毛泽东在红军中已经开始起到统帅作用。当时党对各项工作的领导，最关键也是最主要的就是对军队的领导。作为遵义会议的亲历者、时任红三军团政治委员的杨尚昆回忆说：遵义会议"最大的功劳是在实际上确立了毛主席在全党的领导地位。闻天同志是个书生，对'左'倾错误的认识和觉醒比博古早，但实际工作经验不足，所以，一切大事都要经过毛主席。遵义会议后，全党的领导核心实际上已是毛主席了"①。张闻天自己也说："从此以后，长征的军事行动就完全在毛主席指挥下进行。四渡赤水，佯攻昆明，巧渡金沙江，迂回穿插，打得十分主动，牵着蒋介石的鼻子走，红军跳出了包围圈。实践证明毛主席的指挥是正确的，而且完全称得上是英明的。"② 因此，遵义会议事实上确立了毛泽东在中共中央的领导地位，开始形成以毛泽东同志为核心的党的第一代中央领导集体，这就为中国革命的胜利提供了组织保证。

## （三）会理会议：领导地位的巩固

### "不干就不干"

遵义会议后，中央红军踏上了新的征程。按照遵义会议决定的放弃在黔北地区建立根据地的计划，中央红军将渡过长江前往川北或川西北地区方针，1935 年 1 月 19 日，中央红军开始逐次向北转

---

① 《杨尚昆回忆录》，中央文献出版社 2007 年版，第 119 页。
② 《刘英自述》，人民出版社 2005 年版，第 73 页。

移，在川黔交界处的赤水、土城（属习水县）地区集中。第二天，中革军委下达《渡江作战计划》，决定在宜宾、泸州之间北渡长江，进入川西北，同红四方面军会合，创立新的根据地。

1935 年 1 月 27 日，中央红军全部推进到赤水河以东地区，并在土城以东的青杠坡与川军郭勋祺师展开激战。由于事先掌握的情报有误，驻守这里的敌军不是 4 个团 6000 余人，而是 6 个团 1 万余人，而且川军的战斗力远比黔军强，激战几个小时，朱德和刘伯承亲临前线指挥，也没有取得较大的战果，而此时各路国民党军正向黔北地区赶来，因此在这一带北渡长江已不可能。当天晚上，根据毛泽东的提议，中共中央政治局召开会议，决定立即撤出战斗，作战部队和军委纵队迅速轻装渡赤水河西进，开始了红军长征中举

扎西会议之大河滩庄子上会议。1935 年 2 月 6 日，中共中央政治局在这里召开会议，总结土城战役得失，讨论今后的行动方针

世闻名的四渡赤水之战。

1月29日凌晨，中央红军除少数部队阻击川军外，主力分三路从猿猴场（今元厚）、土城南北地区一渡赤水河，进入川南古蔺、叙永地区。这时，川军潘文华部30多个团已部署在长江南岸的赤水、古蔺、叙永一带，防止中央红军从这里北渡长江。针对这种情况，毛泽东和朱德、周恩来等人认为不宜在此地与川军纠缠，而应避实就虚，摆脱川军，随即指挥中央红军进入云南威信县扎西地区。2月8日，中共中央政治局在扎西镇召开扩大会议，总结了土城战斗失利的教训，毛泽东提出回师东进、再渡赤水，重占遵义的主张。于是，中央红军于2月20日前后二渡赤水河，回师黔北。2月25日，中央红军集中兵力进攻娄山关以南之黔军，攻克娄山关，并于28日重占遵义。此役先后击溃和歼灭国民党军队2个师又8个团，俘敌约3000人，取得长征以来最大的一次胜利。

遵义会议后，毛泽东结束了宁都会议后"靠边站"的状态，实际上开始指挥红军，但从领导职务上来说，他只是中央政治局常委。当时，朱德是中革军委主席兼红军总司令，周恩来是中革军委副主席兼红军总政委，同时根据遵义会议的决定还是党内对军事指挥下最后决心的负责者，王稼祥是中革军委副主席，博古为红军代理总政治部主任。3月4日，中革军委"为加强和统一作战起见"，决定设立前敌司令部，任命朱德为前敌司令员，毛泽东为前敌政治委员。这是毛泽东自宁都会议被免去中央红军总政委以来第一次在军队有了具体职务。

中央红军第二次占领遵义后，蒋介石采取南守北攻的部署，命令川军潘文华部3个旅由桐梓向遵义进攻，滇军孙渡部4个旅进至大定、黔西地区防堵；中央军周浑元纵队主力3个师进至仁怀、鲁班场地区，黔军王家烈部集结于金沙、土城等地，阻止红军向西发展；中央军吴奇伟纵队4个师位于乌江南岸，策应其他纵队作战，企图围歼红军于遵义、鸭溪地区。

3月10日1时，红一军团军团长林彪、政治委员聂荣臻急电朱德，建议红军主力应向打鼓新场（今贵州金沙县城）、三重堰前进，消灭西安寨、打鼓新场、三重堰之敌。此敌为黔军犹禹九部，战斗力不强。朱德收到电报后，认为这个建议可行，于是交给张闻天、周恩来、毛泽东传阅。

当日，张闻天在遵义县的苟坝主持召开中央政治局扩大会议，讨论是否进攻打鼓新场的问题。与会的大多数人主张打，毛泽东坚决主张不打。毛泽东的理由是打鼓新场虽然只有敌人的一个师，但地形易守难攻，对红军进攻不利，而且中央红军12日才能赶到打鼓新场，那时滇军也会赶到那里同黔军会合，同时川军可侧击红军，所以反对打。他认为如果打，将是一场硬仗，由攻坚战打成消耗战，得不偿失，应该发挥红军运动战的特长，采取灵活机动的战略战术，争取在运动战中消灭敌人。但是，毛泽东的意见未能为与会多数人所接受，于是他以不当前敌司令部政治委员的职务力争，不料引起了一些人的不高兴，有人发言说："少数服从多数，不干就不干。"于是，"主持会议的张闻天按照一般的组织原则，少数服从多数，作出打的决定，并且要彭德怀暂代前敌司令员"。[1] 毛泽东的前敌司令部政治委员的职务被取消，他担任这个职务也就6天时间。

虽然会议决定进攻打鼓新场，但毛泽东在会议结束后，还是觉

---

[1] 《杨尚昆回忆录》，中央文献出版社2007年版，第133页。

得这是一件关系到中央红军前途命运的大事，打鼓新场无论如何不能打，于是夜里提着马灯去找周恩来，因为周恩来是党内委托对军事指挥下最后决定的负责人，也就是说，在打还是不打的问题上他有最后决定权。毛泽东来到周恩来住处的时候，中革军委电台已经侦察到敌情，黔军1个旅、滇军3个旅，以及中央军的周浑元纵队正在向打鼓新场开进，证明毛泽东预先对敌情的判断是正确的，周恩来同意不再打打鼓新场。接着，他们又说服朱德，暂缓发出攻打打鼓新场的命令。当晚21时，中革军委发出命令：部队在平家寨、枫香坝、花苗田地域集中，以便寻求新的机动。

第二天一早，张闻天再次主持会议讨论，毛泽东、周恩来说服了大家，会议决定放弃攻打打鼓新场的计划。同一天，中革军委发出《关于我军不进攻新场的指令》，其理由和毛泽东前一天的分析基本一致，强调"我主力进攻新场已失时机"[1]。对于这件事，刘英回忆说："大家主张攻打打鼓新场，毛主席不赞成，以去就前敌总指挥之职力争。闻天主持会议，鉴于以前负责人专断不好，他看大家争得不可开交，也不表态，就来了个民主表决，少数服从多数，将毛主席前敌总指挥（应为政治委员——引者注）的职务表决掉了。当晚，毛主席又同周恩来、朱德商量，在恩来、朱德支持下，说服大家，结果还是没有进攻打鼓新场。"[2]

## "三人小组指挥作战"

遵义会议鉴于"军委的一切工作为华夫同志（即李德——引者注）个人所包办，把军委的集体领导完全取消，惩办主义有了极大

---

① 《文献与研究》（1985年汇编本），人民出版社1986年版，第135—136页。

② 《刘英自述》，人民出版社2005年版，第72页。

的发展，自我批评丝毫没有，对于军事上一切不同意见，不但完全忽视，而且采取各种压制的方法，下层指挥员的机断专行与创造性是被抹杀了"，"政治局更认为过去书记处与政治局自己对于军委的领导是非常不够的"。① 因而决定加强在中革军委的领导。因此，遵义会议后在作战问题上，仍按照猴场会议规定的"作战方针，以及作战时间与地点的选择，军委必须在政治局会议上做报告"。作为在党内负总责的张闻天，为加强对中革军委和军事问题的领导，决定作战问题由中央政治局讨论决定。由于当时严酷的战争环境，情况瞬息万变，采取中央政治局会议这种集体决定具体作战问题的方式并不适合。

从苟坝会议的情况来看，一是与参会人员多，达 20 余人，难以统一意见；二是会议的时间长，持续了一天的时间，这样容易贻误战机；三是简单采取少数服从多数的原则，而政治局委员中许多人并不熟悉军事工作。因此，这样的军事决策体制不适合战争环境，特别是红军在国民党军围追堵截的情况下，必须随时调整行进路线和作战部署，因而有必要改变红军的指挥体制。为此，毛泽东、周恩来提议成立一个几个人组成的军事小组，具体负责军事指挥问题。中共中央接受了他们的意见，决定成立由周恩来、毛泽东、王稼祥组成的三人军事指挥小组，即新"三人团"，全权指挥军事。

周恩来后来在回顾这一段历史时说："从遵义一出发，遇到敌人一个师守在打鼓新场那个地方，大家开会都说要打，硬要去攻那个堡垒。只毛主席一个人说不能打，打又是啃硬的，损失了更不应该，我们应该在运动战中去消灭敌人嘛。但别人一致通过要打，毛

---

① 中共中央文献研究室、中央档案馆编：《建党以来重要文献选编（一九二一——一九四九）》第 12 册，中央文献出版社 2011 年版，第 63 页。

主席那样高的威信还是不听，他也只好服从。但毛主席回去一想，还是不放心，觉得这样不对，半夜里提马灯又到我那里来，叫我把命令暂时晚一点发，还是想一想。我接受了毛主席的意见，一早再开会议，把大家说服了。这样，毛主席才说，既然如此，不能象过去那么多人集体指挥，还是成立一个几人的小组，由毛主席、稼祥和我，三人小组指挥作战。"① 刘英也说："闻天也认识到这件事处理失当。由此更觉得军事领导要改变办法。战场情况瞬息万变，必须临机决断，靠开中央会议来决定会贻误战机，而且他自己对打仗也不熟悉，自认是外行，觉得过多地参与军事指挥不合适，所以就接受了毛主席的建议，决定成立军事三人小组统一指挥。"②

随着新"三人团"的成立，红军的作战指挥由新"三人团"负责，从而改变了猴场会议规定的政治局集体领导军事的体制，形成的"集中军事领导"的体制，便于快捷、灵活、高效地指挥，也有利于根据军情适时决策和进行调整，避免了由中央政治局讨论具体军事行动和作战部署等而带来的各种问题，同时加强了毛泽东的军事领导地位，使他有了明确的军事领导职务。由于他坚持不同意打打鼓新场，结果被免去了前敌司令部政治委员之职，还是由于他的坚持，产生了新"三人团"作为党的最高军事指挥机关，全权指挥作战。虽然他在新"三人团"只是成员，但他由此成为中共中央领导军事工作的主要领导人之一。在随后新"三人团"的实际运行中，毛泽东是其核心人物，周恩来和王稼祥给予他密切的配合。从这时起，毛泽东已经成为红军实际上的最高统帅，从而也进一步加强了

---

① 中共中央党史资料征集委员会、中央档案馆编：《遵义会议文献》，人民出版社 1985 年版，第 69 页。

② 《刘英自述》，人民出版社 2005 年版，第 72—73 页。

他在中共中央的领导地位。

新"三人团"组成后，毛泽东指挥中央红军于 3 月 16 日至 17 日从仁怀县的茅台附近三个渡口第三次渡过赤水河，向西进入川南古蔺地区，迫使国民党各路军队大举西调。随后，中央红军立刻掉头再次返回贵州，于 3 月 21 日至 22 日第四次渡过赤水河。3 月 31 日，中央红军南渡乌江，跳出国民党军队的合围圈，前锋直逼贵阳。

当时，蒋介石正在贵阳督战，得知中央红军逼近贵阳，急调滇军前来"保驾"，又令薛岳的中央军和湘军向东往余庆、石阡等地布防，防止中央红军东进与红二、红六军团会师。毛泽东声东击西策略达到了预想的效果。随着滇军东进贵州，云南敌人兵力空虚，中央红军放开大步，掉头西进，连克贵州定番（今惠水）、广顺、兴义等县城，并渡过了北盘江，于 4 月下旬分三路向云南进军。这时由于滇军主力已全部东调，只有一些战斗力不强的地方团队担任守备，也纷纷集中前往昆明守城。毛泽东指挥中央红军装出进攻昆明的架势，随即朝西北方向金沙江边挺进，至 5 月 9 日全部渡过金沙江，到达四川西南部、金沙江北岸的会理，把一直紧紧围追堵截的敌军远远抛在后面，摆脱了自长征以来国民党军队一直在围追堵截红军的不利局面。

### "这确是相当严重的事情"

1935 年 5 月 12 日，中革军委决定在会理及附近休整 5 天，进行休息与补充。到达会理后，中共中央政治局在这里召开扩大会议，即会理会议。这是一次巩固毛泽东在党和红军领导地位的会议。之所以要召开这次会议，与林彪等人对毛泽东在四渡赤水中所采取的军事指挥艺术不理解有关。

遵义会议后，毛泽东为了摆脱国民党军队的围追堵截，指挥红军四渡赤水，随后在贵州、云南、四川采取兜大圈子、机动作战的方针，一时部队极为疲劳，减员很多，"在当时，毛主席既没有后来那样的绝对权威，大家对毛主席的战略思想也还没有完全领会，所以上上下下虽然服从命令听指挥，但对四渡赤水这一段也有不同意见，主要是围绕着走路还是打仗"①。林彪当时对毛泽东这种战术尤其有意见，认为这是"走弓背路"，说："这样会把部队拖垮的，像他这样领导指挥还行?!"② 林彪还给中革军委写信，大意是建议毛泽东、朱德、周恩来随军主持大计，由彭德怀任前敌指挥，迅速北进与红四方面军会合。5月11日，也就是在会理会议的前一天，林彪又打电话给彭德怀，认为此地不能久留，提出要由彭德怀指挥全军迅速北进。彭德怀当时回答说："我怎能指挥北进，这是中央的事。"③

当然，对毛泽东这种打法不理解的红军将领并非只有林彪一人。就是"在三人小组里，稼祥对毛主席的办法就有意见。他向闻天反映，说老打圈圈不打仗，可不是办法。稼祥要求开会讨论这个问题。军队里意见也不少，说只走路不打仗，部队没有打垮倒要拖垮了"。张闻天作风民主，听到这些反映，认为应该拿到会上去讨论。④

---

① 《刘英自述》，人民出版社 2005 年版，第 73 页。

② 《聂荣臻回忆录》上，战士出版社 1983 年版，第 252 页。

③ 彭德怀传记组：《彭德怀全传》（一），中国大百科全书出版社 2009 年版，第 302 页。

④ 《刘英自述》，人民出版社 2005 年版，第 73 页。

5月12日，中共中央政治局在会理城外的铁厂召开扩大会议。会议由张闻天主持，毛泽东在发言中说，从3月下旬我们又往返两次渡赤水，调动了敌人，弄得他们疲于奔命，让老蒋在贵阳惊慌失措，感到岌岌可危。我们南下威逼贵阳，又狠将了他一军，为给自己保驾，他又急调滇军出援。滇军一出来，我们这盘棋就活了，争取了主动，有了现在这样的局面。说到这里，毛泽东批评说，可是却有人对于新的作战方针、多跑些路有意见，发牢骚，还给中央写信，要求改换领导，这是右倾机会主义行为。改变中央军事领导的意见，是违背遵义会议精神的。

　　会前彭德怀正在指挥攻打会理城，是突然接到通知来参加会议的，连早饭也没有来得及吃，没想到毛泽东提出这个问题，于是在发言中说："我军采取穿插战术，从贵阳城之西北绕至城东，然后又从南向西进，摆脱了敌四面包围形势，顺利地渡过金沙江，把所有敌军抛在后面，这是很大的胜利。"彭德怀的话还没有讲完，毛泽东又说："彭德怀同志，你对失去中央苏区不满，是在困难面前动摇，是右倾。林彪给中央写信，是你鼓动起来的……"毛泽东的话音刚落，会上一直低头不语的林彪抬起头来说："我给中央写信，没有什么想法，主要因为老跑路，心里烦得慌……"[1] 毛泽东打断林彪的话说："你是个娃娃，懂得什么！"[2]

　　对于林彪给中革军委写信一事，彭德怀事先并不知情，"觉得毛泽东对他的批评与实际情况不符，但考虑到大敌当前应以团结为重，不宜计较个人得失，特别维护中央领导威信尤为重要"。他在

---

① 彭德怀传记组：《彭德怀全传》（一），中国大百科全书出版社2009年版，第301页。

② 《聂荣臻回忆录》，解放军出版社1984年版，第261页。

第二次发言中批评林彪:"遵义会议才刚刚换了领导,你给中央写信提出改变前敌指挥,当然是错误的,特别提出我,则更不适当,我也不能胜任。"并且表示"我们应当坚决拥护新领导,在新领导指挥下继续北上,争取早日与四方面军靠近"。最后,彭德怀声明:"林彪给中央写信,事先我不知道,更不是我鼓动他写的"。①

关于会理会议的情况,参加过会议的聂荣臻、彭德怀、杨尚昆和刘英等都有具体的回忆。刘英回忆说:"会议由闻天主持。他先请稼祥讲,稼祥说还是你先讲吧。这样,闻天就简略地把他听到的各处反映,对军事指挥上的不同意见提出来,请大家讨论。彭德怀把意见倒了出来,林彪也讲了。在这之前已有林彪的信,加上会上这些意见,毛主席听了大发脾气,批评彭德怀右倾,说林的信是彭鼓动起来的。我印象中会上争得面红耳赤,搞得很僵。"②

在会理会议上毛泽东之所以发脾气,批评彭德怀等人右倾,可以说是事出有因。遵义会议后,他虽然成为中共中央主要领导人之一,并且在苟坝会议上成为新"三人团"成员,中央红军实际上开始在他的指挥之下。正因为如此,毛泽东战略家的气质得以充分发挥,指挥中央红军忽东忽西,威逼贵州,佯攻昆明,赢得战略主动,摆脱国民党军的围追堵截。也正因为如此,红军长时间处在紧张的强行军之中,每天行军上百里成为常态,这就难免造成大量非战斗减员。四渡赤水时,敌情侦探发挥了重要作用,红军电台能够破译国民党军的密码,了解敌人的兵力布置与调动情况,为毛泽东

① 彭德怀传记组:《彭德怀全传》(一),中国大百科全书出版社2009年版,第300—302页。

② 《刘英自述》,人民出版社2005年版,第74页。

指挥红军大踏步进退提供了重要帮助，但这样的情况不便向前方指战员说明。当时毛泽东刚刚复出，党内军内的职务与过去相比有了提升，但毕竟名义上还不是最高领导，树立威信也还需要一个过程。在这样的情况下，造成一些指挥员一时也难以理解毛泽东的战略意图和作战方针。其中尤以林彪为甚，不但对毛泽东的军事指挥不满，甚至提出要更换军事领导人。

反过来，前方指挥员这样的情绪反映到毛泽东处，也难免引起毛泽东的不高兴。特别是彭德怀与林彪，都是与他共事多年之人。林彪1928年4月随朱德上井冈山后，就在毛泽东的领导下；彭德怀1928年底上井冈山后就开始与毛泽东合作，他领导的红五军、红三军团与毛泽东领导的红四军、红一军团密切配合，1930年8月红一方面军成立后，毛泽东任总政委，朱德任总司令，彭德怀任副总司令。在毛泽东看来，别人对他指挥四渡赤水这样的打法不理解尚属于情理中事，而彭德怀、林彪不理解就属于不应该。另外，在此之前，是否打打鼓新场的问题上，毛泽东又一次成为少数派，以至于将他没当几天的前敌司令部政治委员被免除，改由彭德怀任前敌指挥，会理会议前林彪又主张再由彭德怀任前敌指挥，而毛泽东、朱德、周恩来等领导人则"随军主持大计"，就是不参与具体作战指挥。因为这两件事都涉及彭德怀，这也难免使毛泽东对彭德怀产生一些误解。直到1959年庐山会议重提会理会议的旧事时，林彪明确表示，那封信与彭德怀无关，他写信彭并不知道，事情才得以澄清。

许多事情需要事后回顾才能看得更清楚，而事情发生之时未必能够看得那么明白。虽然四渡赤水确实是毛泽东的指挥杰作，被后人称之为"神来之笔"，"毛主席用兵真如神，四渡赤水出奇兵"被广为传诵，但当时整天大踏步强行军，既不打仗又不休整，非战斗减员大，因为只跑路不打仗还没有战场缴获，对此红军指战员难免有情绪。此外，一渡赤水前的土城战斗就没有打好。毛泽东自己也讲过，真正的常胜将军是没有的，打三个仗，两个打胜了，一个打败了，就算好的将军，这本是正常现象，可是，当时却有人说过"看来狭隘经验论者指挥也不成"之类风凉话。① 加之还在贵州时刘少奇曾向中共中央建议，现在革命正处于低潮时期，应该改变方针，不能再在贵州一带打圈子。② 由于当时白区中共组织遭到严重破坏，中央红军过北盘江前，中共中央讨论决定派一位负责人出去恢复白区工作，设法同中断半年的共产国际恢复联系，张闻天曾自告奋勇愿意去，大家没有同意（会理会议后派了陈云去上海）。因此，"把这几件事联系起来，可以看到：遵义会议后，毛主席刚出来担负重任不久，中央领导层和主要战将中就有人嘲讽，有人想离开红军，有人发展到正式上书要求改换军事领导人，这确是相当严重的事情。毛主席所以恼火是可以理解的"③。

在会理会议上，周恩来和朱德在发言中支持毛泽东的意见，赞成毛泽东的军事指挥，指出在危急情况下，由于采取兜大圈子、机动作战的方针，才摆脱了敌人的重兵包围。会议要求维护遵义会议确立的政治领导和军事领导，克服右倾情绪，并决定立即北上，同红四方面军会合。张闻天作为中共中央负总责者，态度很关键，而张闻天的信条是真理在谁手里就跟谁走。"那时确实是毛主席手中有真理，他的意见高明、正确，所以闻天总是支持毛主席。会理

---

① 《杨尚昆回忆录》，中央文献出版社 2007 年版，第 132 页。

② 黄克诚：《我在红三军团的经历》（下），《中共党史资料》1987 年第 3 期。

③ 《杨尚昆回忆录》，中央文献出版社 2007 年版，第 131 页。

会议也是如此。最后闻天做结论，肯定毛主席的军事指挥是正确的，批评了林彪和彭德怀，决定部队继续北进，到川西北创建新苏区。"①会理会议还着重总结了中央红军自四渡赤水的作战和渡过金沙江的行动，进一步统一了思想，增加了团结，巩固了毛泽东在红军和中共中央的领导地位。陈云在这年10月向共产国际作报告时说："在会理城我们休整了五天，政治局召开了会议。这次会议总结并肯定了红军的领导是正确的。会议指出，新的领导班子指挥有方。政治局的决议传达到广大红军战士并得到广泛的拥护。"②

## （四）维护党和红军团结的努力

### 两军会师后张国焘的企图

会理会议后，中央红军继续北上，于5月底6月初强渡大渡河，打破国民党军的天全、芦山、宝兴防线，翻越海拔4000多米终年积雪的夹金山，向懋功（今小金）前进。6月12日，中央红军先头部队在北进懋功的达维镇途中，同红四方面军一部会合。6月17日，毛泽东与周恩来、朱德、张闻天等中央领导人至达维镇，并于次日到达懋功，中央红军和红四方面军胜利实现会师。

两支主力红军会师时，中央红军经过一路转战，减员严重，但仍有两万之众，虽然总人数比湘江战役后有所减少，但大批的高中级干部和红军骨干保存下来。而此时的红四方面军更是发展到8万余人。两军总兵力达到10万余人。这时，川军已经屡遭红军重创，

---

① 《刘英自述》，人民出版社2005年版，第75页。

② 《陈云文集》第一卷，中央文献出版社2005年版，第16页。

减员严重，士气低落，"追剿"中央红军的国民党中央军薛岳部还在川西地区，北面的胡宗南部还没有全部集结。中央红军和红四方面军远离国民党统治中心，可以向东向北方向发展，存在使中国革命在川陕甘地区开创新局面的有利条件。然而，两军会师没有多长时间，就发生了张国焘分裂党和红军的严重事件，毛泽东在与张国焘作斗争的过程中发挥了至关重要的作用。

6月25日，在懋功的两河口，毛泽东等中央领导人与张国焘进行两军会师后的第一次会面，并于6月26日在两河口召开中央政治局扩大会议，通过了《中共中央政治局决定——关于一、四方面军会合后的战略方针》，确定的战略方针是集中主力向北进攻，在运动战中大量消灭敌人，首先取得甘肃南部，以创造川陕甘根据地。为了实现这一战略目标，"战役上必须首先集中主力消灭或打击胡宗南军，夺取松潘与控制松潘以北地区，使主力能够胜利地向甘南前进"①。对此，张国焘并没有明确提出反对意见。在6月29日的中央政治局常委会会议上，增补张国焘为中革军委副主席，红四方面军总指挥徐向前、总政委陈昌浩增补为中革军委委员。这样，解决了两军会师后的战略方针问题与统一指挥的问题。但是，对于这个职务安排张国焘并不满意。

在两河口会议讨论两军会师后的战略方针时，"张国焘明里不好反对打松潘，实际上又不愿当先锋。他怕四方面军同胡宗南碰，要保持实力。张国焘这个人长得挺富态，讲起话来半天一句，绕圈子，脸上看不出春夏秋冬。毛主席很耐心，同他慢条斯理讲道理，说得他没有办法。最后他同意中央的决策，并同意由四方面军负责

_____

① 中央档案馆编：《中共中央文件选集》第10册，中共中央党校出版社1991年版，第516页。

打松潘"①。

就在两河口会面期间，张国焘向周恩来询问中央红军的实力。周恩来坦率地告诉他，遵义会议时有3万多人，现在可能不到了。②会面的当天晚上，朱德与张国焘住在一起，两人作了彻夜长谈。据张国焘在其自述《我的回忆》中说："朱德这位老战士详细叙述了红一方面军的奋斗经验，叹息着向我说：'现在一方面军是不能打仗了，它过去曾是一个巨人，现在全身的肉都掉完了，只剩下一副骨头。'他在说明这一点时，指出八个月前一方面军由江西西行，人数约九万，中经数不尽说不清的险阻艰难，到达懋功时只剩一万人了。林彪的第一军团人数最多，约为三千五百人，彭德怀的第三军团约三千人，董振堂的第五军团不到两千人，罗炳辉的第三十二军（即红九军团——引者注）只剩下几百人了。再加上中央各直属部队，总计约一万人。而且所有的炮都丢光了，机关枪所剩无几，又几乎都是空筒子。每枝步枪平均约五颗子弹（少的只尚有两三颗，多的也不过上十颗罢了）。"③张国焘个人回忆自然有贬低中央红军、抬高自己的成分，但此时的红四方面军从人数上讲大大多于中央红军确是事实。

当时，红二方面军还没有组成。红一方面军原来的力量要超过红四方面军，第五次反"围剿"时一度达到十余万人，仅仅参加长征的主力就多达8万余人，但由于李德、博古的错误指挥，导致湘江战役中遭受重大损失，加上此前此后的战斗及非战斗减员，到两

---

① 《刘英自述》，人民出版社2005年版，第79—80页。

② 中共中央党史研究室第一研究部：《红军长征史》，中共党史出版社2017年版，第200页。

③ 张国焘：《我的回忆》（第三册），东方出版社1990年版，第211—212页。

军会师时，红一方面军人数只有两万人左右，而且一路转战，重武器都已轻装，长期得不到休整，已是一支疲惫之师。而此时的红四方面军刚从川陕苏区撤出，兵强马壮，人数是中央红军的数倍。于是，张国焘内心的军阀主义思想被激活，野心迅速膨胀，认为自己的力量远远大过中央红军的力量，谁的人多谁就该当老大，谁领导谁应凭实力说话，不应由中央领导他，而应由他来领导中央，这是典型的用枪指挥党的思维。黄克诚曾分析说："这次两大主力红军会师时，由于中央红军大大削弱了，不仅人数不及四方面军多，而且服装不整，人疲马乏。红四方面军的一些同志一见这种情形，大失所望。当时红四方面军正处于鼎盛时期，兵力有八九万，人强马壮枪多。张国焘则不再把中央红军放在眼里了。"① 而在两河口会议上，他只是增补为中革军委副主席，仅与王稼祥在军队的地位相当，对此他很不满足。

张国焘公然伸手要官要权，除了认为自己有本钱，此时红四方面的人数远远大于中央红军外，也自恃自己在党内资历老，有资格有能力当党和红军的领袖。张国焘是中国共产党的第一批党员、中共一大代表并当选为中央局成员，此后长期在中共中央担任领导职务，而且是第五届和第六届中央政治局常委。1931 年到鄂豫皖革命根据地后，任中共鄂豫皖苏区中央分局书记兼军事委员会主席，成为鄂豫皖根据地的最高领导人，而鄂豫皖是仅次于中央苏区的第二大根据地，红四方面军也是仅次于中央红军的中共第二大武装力量。在当时的中共中央政治局成员中，只有他和毛泽东是一大代表，而在遵义会议前，张国焘在党内的职务长期高于毛泽东。加之

---

① 黄克诚：《我在红三军团的经历》（下），《中共党史资料》1987 年第 3 期。

两军会师后，"一方面军中也确有人从一种不正确的动机出发，歪曲地把一方面军的情况和遵义会议的情况，偷偷地告诉了张国焘，也使张国焘起了歹心，认为中央红军不团结，他有机可乘。"①"与此同时，凯丰、博古他们，则指责四方面军撤离鄂豫皖和退出通南巴是'逃跑主义'，还有什么'军阀主义'啦，'土匪作风'啦，'政治落后'啦，甚至公开写文章抨击。他们这种'左'的做法，与当初刚到中央苏区时，对待毛主席和一、三军团差不多，只能激起四方面军干部的反感。许多指战员想不通，憋着一肚子气。这也给了张国焘以挑拨的借口。"②

于是，一方面，张国焘在红四方面军大肆散布对中共中央和中央红军的不满。据徐向前回忆："张国焘从两河口回返茂县途中，经下东门见到了我。他对会见中央领导及两河口会议的情况不愿多谈。只是说：中央红军一路很辛苦，减员很大，和我们刚到通南巴时的情形差不多。"并且开始否认两河口会议确定的北出平武、松潘，向甘南发展的方针，认为还是南下川西南为好。③陈昌浩则回忆："张国焘在前面开了两河口会议，打回来个电报，内容大意是情况不妙，可能是说中央红军留下不多了，埋藏好久的篡党思想可以公开了。会后中央派刘伯承和张国焘回来传达，但张国焘在路上把刘伯承留下了，只是他一个人回来，完全用他自己的观点来解释，好多都是他臆造的。张国焘走之前我内心对毛主席还是钦佩的，感到中央红军发展很大。但张国焘回来后谈的一切都是为了攻击党中央以毛主席为首的领导，曲解遵义会议，好像中央都不对，

---

① 《聂荣臻回忆录》，解放军出版社1984年版，第278页。

② 徐向前：《历史的回顾》，人民出版社2016年版，第248页。

③ 徐向前：《历史的回顾》，人民出版社2016年版，第247页。

遵义会议前是错了，遵义会议后也不行，唯一的证明是部队垮了，只剩下几千人。并以此为其脱离通南巴苏区做辩护（当时有些干部对离开有意见）。证明他的领导正确，保存了力量，成了红军的主力，一方面军是不行了。中央好的东西一点也没谈，谈的都是攻击中央特别是攻击毛主席的东西，把遵义会议之前的错误领导和遵义会议之后毛主席的正确领导混为一谈。"①

张国焘在红四方面军内部贬低中共中央和中央红军的同时，开始对中央红军的干部实施拉拢之策。中央红军长征开始时共有5个军团，分别为红一、红三、红五、红八和红九军团，湘江战役后，因为红八军团原本就是长征前刚组建不久的新部队，在湘江战役中损失较大，这个军团随后被撤销，人员并入其他军团。两军会师后中央红军的4个军团中，红一军团和红三军团是中央红军的两大主力，张国焘很快将手伸向这两个军团。在两河口会议结束的第二天，张国焘就请红一军团政委聂荣臻和红三军团军团长彭德怀吃饭，并提出要拨两个团给他们补充部队。张国焘了解到彭德怀在会理会议上受到了批评，特地派他的秘书黄超前去慰问，还送去了几斤牛肉干和几升大米，并送去二三百块银元，这事引起了彭德怀的警惕，觉得张国焘此举"完全是旧军阀卑鄙的手段"②。

另一方面，张国焘使用各种手段公然向中共中央伸手要官要权。1935年7月1日，张国焘致电中共中央，提出"我军宜速解决统一指挥的组织问题，反对右倾"，暗示否则不能"以坚决的意

---

① 转引自刘统：《北上——党中央与张国焘斗争始末》，生活·读书·新知三联书店2016年版，第39页。

② 《彭德怀自述》，人民出版社1981年版，第201页。

志，迅出主力于毛儿盖东北地带，消灭胡敌"，甚至会使部队调动"参差零乱"，"而给敌人先机之利及各个击破或横截的可能"。① 几天后，张国焘又向中央慰问团成员、中央红军总政治部副主任李富春提出改组充实红军总司令部的建议，并推荐徐向前担任红军副总司令，陈昌浩担任总政委，"军委设常委，决定战略问题"②。李富春感到事情重大，立即将情况报告了中共中央。

对于张国焘提出的人事安排，中共中央一开始没有立即回应。张国焘一看没有达到目的，于是自己不出面，改由别人代言。7月9日，中共川陕省委致电中共中央："依据目前情况，省委有下列建议：为统一指挥，迅速行动，进攻敌人起见，必须加强总司令部。向前同志任副总司令，昌浩同志任总政委，恩来同志任参谋长，军委设主席一人，仍由朱德同志兼任，下设常委，决定军事策略问题，请中央政治局速决速行。并希立复。"③ 一个省委竟全然不顾政治纪律，向中央提出这样的人事安排要求，在党的历史上可以说是绝无仅有，这显然是张国焘在背后指使的。

对中共川陕省委的电报中共中央仍然不置可否，张国焘见没有动静，就让陈昌浩于7月16日致电朱德、张国焘、周恩来、徐向前等："阿坝应速取。浩甚望指挥统一，大振士气，提高军纪、党纪，坚决反右、肃反，争此大胜。一切可见代呈。惟浩只在中央及军委

---

① 中国人民解放军国防大学党史党建政工教研室编：《中共党史参考资料》第15册，1986年编印，第467页。
② 中国人民解放军历史资料丛书编审委员会编：《红军长征·文献》，解放军出版社1995年版，第559页。
③ 中国人民解放军历史资料丛书编审委员会编：《红军长征·文献》，解放军出版社1995年版，第564页。

领导下坚决工作，但决不敢问，且无能另当大任也。如何？盼复。"①
话虽然说得委婉，但实际上是以"指挥统一"为名索取职权。7月
18日，陈昌浩又致电张国焘、徐向前并转朱德："职坚决主张集中
军事领导，不然无法顺利灭敌，职意仍请焘任军委主席，朱德任总
前敌指挥，周副主席兼参谋长。中政局决大方针后，给军委独断决
行。"②明确无误地提出要张国焘担任中革军委主席。

与此同时，张国焘还派人找中央红军的人了解遵义会议、会
理会议的情况，在公开或私下的谈话中散布"中央政治路线有问
题""一方面军的损失和减员应由中央负责""遵义会议是不合法
的""军事指挥不统一"等言论，以贬低中共中央的威信，树立自
己的权威，达到个人的目的。

### "目前开展斗争是不适宜的"

张国焘一而再、再而三地提出"指挥统一"、人事安排问题，
中共中央为了团结、共同北上这个大局，不能不有所考虑。7月18
日，中共中央政治局常委会在黑水县的芦花召开有张国焘参加的扩
大会议，专题讨论组织人事问题。会议开始时，张闻天首先提出关
于人事安排的初步方案："军委设总司令，国焘同志任总政治委员，
军委的总负责者。军委下设小军委（军委常委），过去是四人，现
增为五人，陈昌浩同志参加进来，主要负责还是国焘同志。恩来同
志调到中央常委工作，但国焘同志尚未熟习前，恩来暂帮助之。这

---

① 刘统：《北上——党中央与张国焘斗争纪实》，生活·读书·新知三联书店
　 2016年版，第71页。

② 中国人民解放军历史资料丛书编审委员会编：《红军长征·文献》，解放军出
　 版社1995年版，第583页。

是军委的分工。关于总政治部本是稼祥主任，因病实际是博古，现决定博古主任。"会议讨论中，张国焘提出要提拔新干部，有的"可到军委"。毛泽东说，提拔干部是需要的，但不需要集中这么多人到军委，下面也需要人。[①] 对张国焘的不合理要求委婉地予以抵制。

同一天，根据中共中央决定，中革军委发出通知：红一、红四方面军会合后，一切军队均由中国工农红军总司令、总政委直接统率指挥。仍以中革军委主席朱德兼总司令，并任命张国焘为总政治委员。

当时，毛泽东、张闻天等人考虑，为了争取红四方面军一道北上，维护红军团结，对张国焘必须做出必要的让步，但让步应以坚持党对军队的绝对领导为前提，不能让张国焘以为人多势众就可以要挟中央、以枪来指挥党的企图得逞。据刘英回忆："毛泽东、张闻天等同志一直商量怎样使一、四方面军团结一致，统一行动，认为关键就在张国焘。恩来同志发高烧，病中仍为此事烦心。我听到毛主席和闻天反复商量，谈得很具体。毛主席说：'张国焘是个实力派，他有野心，我看不给他一个相当的职位，一、四方面军很难合成一股绳。'毛主席分析，张国焘想当军委主席，这个职务现在由朱总司令担任，他没法取代。但只当副主席，同恩来、稼祥平起平坐，他不甘心。闻天跟毛主席说：'我这个总书记的位子让给他好了。'毛主席说：'不行，他要抓军权，你给他做总书记，他说不定还不满意，但真让他坐上这个宝座，可又麻烦了。'考虑来考虑去，毛主席说：'让他当总政委吧。'毛主席的意思是尽量考虑他的要求，但军权又不能让他全抓去，同担任总政委的恩来商量，恩来

---

① 张培森主编：《张闻天在1935—1938（年谱）》，中共党史出版社1997年版，第19页。

一点也不计较个人地位，觉得这么安排好，表示赞同。"① 彭德怀曾评价说："毛主席在同张国焘的斗争中，表现了高度的原则性和灵活性。在黑水寺开中央会议时（我没参加），张国焘要当总政委，洛甫提议把总书记交给张国焘，毛主席不同意。宁愿交出总政委，不能交总书记。张国焘当时不要总书记，他说，总书记你们当吧，现在是打仗呗。如果当时让掉总书记，他以总书记名义召集会议，成立以后的伪中央，就成为合法的了。这是原则问题。"②

7月21日，中革军委又发出《关于一、四方面军组织番号及干部任免致各军首长电》：组织前敌总指挥部，以徐向前兼总指挥，陈昌浩兼政治委员，叶剑英兼参谋长。中央红军原第一、三、五、九军团番号依次改为第一、三、五、三十二军，红四方面军第四、九、三十、三十一、三十三军的番号不变。

根据芦花会议的决定，张国焘担任了原由周恩来担任的红军总政委，成为"军委的总负责者"，获得了红军的指挥大权，前方的作战也由红四方面军的将领负责。但是，对这样的安排张国焘并不满意，他的目标是中革军委主席，并且置党和红军于他的个人领导之下。芦花会议后，张国焘又提出要解决所谓政治路线问题，其目的在于"要中央承认自己的路线完全错了"，他才是正确的政治路线代表，这样，他就可以顺理成章地成为党和红军最高领导者。既然张国焘提出了政治路线问题，中共中央不能不有所回应。于是，中共中央政治局在芦花召开扩大会议，集中讨论红四方面军的工作，"会议在指出张国焘领导红四方面军工作中存在某些错误的同时，肯定红四方面军英勇奋斗的成绩，肯定红四方面军是执行中央

---

① 《刘英自述》，人民出版社2005年版，第81—82页。

② 《彭德怀自述》，人民出版社1981年版，第204页。

路线的"①。

8月初，中革军委制定《夏洮战役计划》，将中央红军和红四方面军分成左右两路军，以中央红军的第五、第三十二军和红四方面军的第九、第三十一、第三十三军组成左路军，由朱德、张国焘率领；以中央红军的第一军和红四方面军的第四、第三十军组成右路军，由徐向前、陈昌浩率领；以彭德怀率领的第三军和第四军一部作为总预备队，掩护中央机关前进。随后，各军开始做北上的准备。

可是，就在这个时候，张国焘又节外生枝，再次提出要解决所谓政治路线问题。不得已，中共中央政治局只得于8月4日至6日，在松潘县毛儿盖的沙窝寨召开扩大会议。这次会议通过了《中共中央关于一、四方面军会合后的形势与任务的决议》，针对张国焘要求清算中央政治路线的问题，决议重申了遵义会议对这个问题的结论，强调"党中央的政治路线的正确"，第五次反"围剿"的失败，"是由于党在军事上犯了单纯防御的错误"，不但这个错误对于总的政治路线说来是个别的错误，而且这个错误遵义会议已经纠正。②使张国焘利用所谓政治路线做文章的企图破了产。

沙窝会议的第二项内容是讨论人事安排问题。张国焘以"提拔工农干部"为由，要求一下增加红四方面军的9名干部进入中央政治局，使红四方面军的干部在政治局里占多数。会前，红四方面军一位干部"拿了一个名单来，上面写着四方面军哪些人进中委，哪

---

① 中共中央党史研究室第一研究部：《红军长征史》，中共党史出版社 2017 年版，第 207 页。

② 中共中央文献研究室、中央档案馆编：《建党以来重要文献选编（一九二一——一九四九）》第 12 册，中央文献出版社 2011 年版，第 278 页。

些人进政治局，说是张国焘提出的名单"。毛泽东提出，中央委员可以增加几个，政治局委员不能增加那么多。张闻天同意毛泽东的提议，"又同他们来回商量，基本上取得一致以后，才拿到会上讨论"[1]。毛泽东和张闻天、周恩来经过研究，在会上提出一个人事方案：增补红四方面军的干部3人为中央委员，3人为中央候补委员，1人为政治局委员，1人为政治局候补委员。张国焘在会上提出可以多提拔几个工农干部，毛泽东解释说："四方面军有很多好的干部，而我们只提出这几个同志，是很慎重的。本来政治局不能决定中委，是在特别情形下这样做的。其他部队也有很多好的干部，可以吸收他们到各军事政治领导机关工作。"张国焘仍坚持说："本来要提出（四方面军）9个同志都到政治局，以便提拔工农干部和学习领导工作。"毛泽东说："国焘同志的意见是很好的，将来可以吸收到中央机关及其他部门来。"[2]把张国焘的无理要求巧妙地顶了回去。毛泽东坚持中央政治局人不能太多，因为"还有二方面军和全国白区的秘密党的组织"。会议议决定：增补陈昌浩、周纯全为中央委员、政治局委员，徐向前为中央委员，何畏、李先念、傅钟为中央候补委员；陈昌浩任红军总政治部主任，周纯全任副主任。[3]同时恢复红一方面军司令部，由周恩来任红一方面军司令员兼政治委员。

中共中央在沙窝会议上对张国焘作了一些让步，但张国焘没有

① 《刘英自述》，人民出版社2005年版，第82页。

② 中共中央文献研究室编：《毛泽东年谱（1893—1949）》（修订本）上，中央文献出版社2013年版，第464页；程中原：《张闻天传》（修订本），当代中国出版社2016年版，第162页。

③ 中共中央文献研究室编：《毛泽东年谱（1893—1949）》（修订本）上，中央文献出版社2013年版，第466页。

达到预定的目的，于是反对中共中央北上方针。他回到毛儿盖后，立即召开军以上干部会议，提出要西出阿坝，占领青海、甘肃边远地区，而不是从阿坝东出，甚至提出要抽兵南下，出击抚边、理番。8月15日，中共中央致电张国焘，明确表示"目前应专力北向，万不宜抽兵回击无〔抚〕边、理番之敌"①。

8月19日，中央政治局常委会召开会议，研究常委分工，同时讨论对待张国焘的错误的问题。这时，因为周恩来患了重病，决定由毛泽东负责军事工作。会上，有人提出要同张国焘斗争的问题，毛泽东说，斗争是需要的，但目前开展斗争是不适宜的。目前我们应采取教育的方式。写文章，不指名，不引证。可指定专人搜集材料，研究这个问题。② 这样做的目的，是为了尽可能地避免与张国焘矛盾的激化。

8月20日，中央政治局通过《关于目前战略方针之补充决定》，提出要迅速夺取以岷州为中心的洮河流域，依据这个地区向东进攻，以取得陕甘广大地区，并且明确指出主力西渡黄河进入青海宁夏新疆是不适当的。这次会议后，右路军开始出动，兵分两路，向北进发，中共中央和中革军委随之行动。经过六七天的行军，走过了茫茫草地，到达了松潘县的班佑（今属若尔盖县）。

在右路军进入草地的同时，左路军的先头部队于8月21日占领了阿坝。可是，张国焘到了阿坝后却按兵不动。8月底，在中共中央的一再催促和徐向前、陈昌浩的劝告下，张国焘才开始下令左

---

① 中国人民解放军历史资料丛书编审委员会编：《红军长征·文献》，解放军出版社1995年版，第625页。

② 中共中央文献研究室编：《毛泽东年谱（1893—1949）》（修订本）上，中央文献出版社2013年版，第466页。

路军向班佑行动。9月2日，张国焘率左路军到达葛曲河（今名白河）。这条河本来不深，由于下了一场暴雨正在涨水，一时显得水势滔滔。草地的雨水来得快停得也快，过河根本不是问题，张国焘却以此为由，拒绝继续穿过草地到班佑与右路军会合。9月3日，他以"朱、张"名义（朱德没有在电报上签字）给中共中央发电报说，"上游侦察七十里，亦不能徒涉和架桥，各部粮只能吃三天"，"茫茫草地，前进不能，坐待自毙，无向导，结果痛苦如此，决于明晨分三天全部赶回阿坝"。① 其实，红四方面军有一支100多人组成的造船队就在左路军，就算水大也可以架桥造船过河，阿坝的粮食比毛儿盖多，粮食也不会有问题，何况已过草地的右路军还一再表示可以派部队带粮食去接应。葛曲河涨水不能过完全是他的借口，也是他野心的进一步暴露。

此时的张国焘，不但继续拒绝中共中央北上的方针，而且于9月8日22时在朱德没有签字的情况下，以"朱、张"的名义电令徐向前、陈昌浩，"一、三军暂停向罗达进，右路军即准备南下，立即设法解决南下的具体问题"②。同一天同一时间，中共中央和徐向前、陈昌浩等致电张国焘，强调"目前红军行动，是处在最严重关头"，"左路军如果向南行动，则前途将极端不利"，要求张国焘"立下决心，在阿坝、卓克基补充粮食后，改道北上"。③9月9日，中共中央又致电张国焘，重申"北上方针绝对不应改变，左路军应

---

① 中国人民解放军历史资料丛书编审委员会编：《红军长征·文献》，解放军出版社1995年版，第659页。

② 中国人民解放军历史资料丛书编审委员会编：《红军长征·文献》，解放军出版社1995年版，第666页。

③ 中国人民解放军历史资料丛书编审委员会编：《红军长征·文献》，解放军出版社1995年版，第667—668页。

速即北上"①。然而，尽管中共中央一再要求张国焘率左路军立即北上，但张国焘一意孤行，不但自己按兵不动不北上，而且要求已经北上的右路军南下，9月9日24时，张国焘致电徐向前、陈昌浩并转中共中央，讲了一通北上的困难和南下的好处，再次提出要"乘势南打"②。徐向前和陈昌浩原本是赞成北上的，在张国焘一再要求南下的情况下，"陈昌浩改变了态度，同意南下。徐向前不愿意把红四方面军的部队分开，也只好表示南下"③。

在这样的情况下，9月10日凌晨，中共中央率红三军和军委纵队离开驻地巴西、阿西等地，向俄界（属甘肃迭部县）进发，并于9月11日到达俄界，与先期到达这里的红一军会合。9月12日，中央政治局在俄界召开扩大会议。毛泽东在会上说，向北发展的战略方针是政治局批准的，有人反对这个方针，有他机会主义的方针，代表是张国焘。中央同张国焘作过许多斗争，想了许多办法与他接近，纠正其军阀主义倾向，但是没有结果。对于张国焘，要尽可能做工作，争取他。最后作组织结论是必要的，但不应马上作。中央应继续坚持北上的方针。一、四方面军会合后，是应该在川、陕、甘创建苏区。④

会议通过《关于张国焘同志的错误的决定》，指出：张国焘与

① 中国人民解放军历史资料丛书编审委员会编：《红军长征·文献》，解放军出版社1995年版，第672页。
② 中国人民解放军历史资料丛书编审委员会编：《红军长征·文献》，解放军出版社1995年版，第674页。
③ 中共中央党史研究室第一研究部：《红军长征史》，中共党史出版社2017年版，第231页。
④ 中共中央文献研究室编：《毛泽东年谱（1893—1949）》（修订本）上，中央文献出版社2013年版，第308—310页。

中共中央的争论，"其实质是由于对目前政治形势与敌我力量对比估计上有着原则的分歧"，张国焘夸大敌人的力量，轻视自己的力量，以致丧失了在抗日前线的中国西北部创造新苏区的信心，主张向川、康边界地区退却。张国焘"对于中央的耐心的说服、解释、劝告与诱导，不但表示完全的拒绝，而且自己组织反党的小团体同中央进行公开的斗争，否认党的民主集中制的基本组织原则，漠视党的一切纪律，在群众面前任意破坏中央的威信"，"这种倾向的发展与坚持，会使张国焘同志离开党"。《决定》提出，必须采取一切具体办法去纠正张国焘的错误，并同这种倾向作坚决的斗争，以巩固党与红军。① 尽管如此，中共中央和毛泽东还是竭力争取张国焘，决定中仍将张国焘称为同志，也没有给什么处分。直到这年 12 月，在张国焘已经另立"中央"的情况下，才将这个决定在中央委员的范围内公布，在红一方面军的高级干部中作了口头传达。

俄界会议在讨论张国焘的错误时，与会者都很气愤，有人主张开除张国焘的党籍。毛泽东说："还是希望他们出来。你们这样就做绝了，开除了张的党籍，后面没有文章可做了。要知道，他虽然已经没有共产党员的气味了，但还控制着四方面军啊！"在张国焘另立"中央"时，又有人主张开除其党籍，毛泽东仍然没有同意。事后看，毛泽东这样处理张国焘的问题是非常正确的。"当时，如果沉不住气，后果就将不堪设想。"②"如果当时开除了张国焘的党籍，以后争取四方面军过草地，就会困难得多。就不会有以后二、四方面军在甘孜的会合，更不会有一、二、四方面军在陕北的大会

---

① 中共中央文献研究室、中央档案馆编：《建党以来重要文献选编（一九二一——一九四九）》第 12 册，中央文献出版社 2011 年版，第 308—310 页。

② 《杨尚昆回忆录》，中央文献出版社 2007 年版，第 146 页。

合了。"① 历史证明，当时毛泽东对张国焘问题的处理是正确的。

俄界会议决定：红一军、红三军、军委纵队编为中国工农红军陕甘支队，彭德怀为司令员、林彪为副司令员，毛泽东为政治委员，王稼祥为政治部主任、杨尚昆为副主任。俄界会议后，中共中央率陕甘支队迅速北上，突破天险腊子口，继续北进，越过岷山，在甘肃南部岷县的小镇哈达铺（今属宕昌县）确定到陕北去，然后渡渭河，翻六盘山，于 10 月 19 日到达陕甘根据地的吴起镇，宣告历时一年，纵横十一个省，行程二万五千里的中央红军长征胜利结束。

### "实际上是在党内搞统一战线"

1960 年 10 月 22 日，美国著名记者斯诺时隔 21 年来到中国。早在 1936 年 10 月，斯诺曾访问过陕甘苏区，毛泽东多次与之交谈，斯诺把他在陕北访问得到的材料写成了《红星照耀中国》（即《西行漫记》）公开出版，第一次向世界系统地介绍中国共产党和中国红军，极大地扩大了中国共产党和红军的影响。通过访问，斯诺与毛泽东也结下了深厚的友谊。

这一次，斯诺问毛泽东："在你一生中，当你观察中国革命的命运时，哪个时期使你感到是最黑暗的时期？"毛泽东回答说："我们是有过那样的时候的，比如，打败仗的时候，当然不高兴。我们打过败仗的。在长征中，我们的人员减少了，当然也不高兴了。但是总的来说，我们觉得是有希望的，不管怎样困难。那时的困难主要不在外部，而是在内部。张国焘闹分裂，那是最大的困难。那个

---

① 《彭德怀自述》，人民出版社 1991 年版，第 204 页。

困难我们也克服了。我们用适当的政策，把张国焘率领的部队争取过来了。"① 长征途中张国焘分裂党与红军的行为极其恶劣，是典型的企图以枪指挥党，把党的武装当作实现个人权力的工具。那段时间，中共中央与张国焘的斗争可以说是惊心动魄，是决定党和红军命运的关键时刻。如果当时按照张国焘南下的主张，而不是坚持北上的方针，就不可能有后来中国革命的新局面。

当时，中央红军和红四方面军会师于川西北地区，虽然获得了暂时的休整机会，这里也远离国民党的统治中心，四川军阀经过红军的连续打击已经实力大减，蒋介石的中央军离川西北还有一段距离。但是，川西北地处高原，人口稀少，物产不丰，又是少数民族聚居地，不具备长期屯兵发展的条件，10余万红军如果长期坚守在这里，就必定出现与民争食的情况。当时红军的发展方向，往西是山更高、人更少的少数民族地区。向东向南是以成都为中心四川盆地，这里虽然物产丰富、人口众多，号称天府之国，但它是四川军阀的"钱袋子"和"米袋子"，是他们必须死守的地方。中央红军长征到达陕北后，红四方面军曾经南下，张国焘也以"打到成都平原吃大米"为进军动员，结果遭到四川军阀的拼死抵抗，红四方面军遭受重大损失，在成都平原西部边缘的百丈（亦叫百丈关，属于雅安名山县）战斗中，红四方面军虽然歼敌15000余人，但自身也伤亡近万人。经过张国焘近一年时间的折腾，红四方面军的总人数由8万余人减少到4万人，而蒋介石的中央军还在源源不断地开进川西，张国焘在南下失败后不得不退回川西北的甘孜、阿坝。所以，当时红军唯一的发展方向只能是北上。

---

① 《毛泽东文集》第八卷，人民出版社1999年版，第213页。

事实证明，北上的方针是完全正确的。1935 年日本制造了旨在蚕食华北地区的华北事变，中日民族矛盾更为尖锐，全国人民停止内战一致抗日的呼声更为强烈。随着国内主要矛盾的变化，中国革命的重心开始由南方转向北方，红军只有北上陕甘，然后开赴华北抗日第一线，才能引领全民族抗日。因此，北上与南下之争，关系中国共产党和红军的前途命运。张国焘并非不清楚北上还是南下对革命的利害，但为了一己之利，坚持南下的错误方针，并且要求已经过了草地的左路军也南下。在这样的情况下，如果中共中央和毛泽东不果断地率领左路军中的中央红军先行北上，后果不堪设想。在南下还是北上的问题上，中共中央和毛泽东坚持原则的坚定性，成功地实现了中国革命重心的转移。

中共中央与毛泽东对张国焘采取了既斗争又团结的方针，既坚决反对他南下的主张与分裂党和红军的行为，同时又采取斗而不破的方针，在团结争取的前提下与之进行斗争，为了团结做出必要的妥协与让步，甚至在后来张国焘另立"中央"的情况下，也采取各种方式进行耐心的争取，在解决党内矛盾的框架内与张国焘展开斗争，与张国焘始终没有撕破脸。

在中共中央率陕甘支队先行北上后，张国焘于 1935 年 10 月 5 日公然在四川省理番县的卓木碉（今马尔康县足木脚），另立"中共中央""中央政府""中央军委""团中央"。12 月 5 日，他竟然要求中共中央"不得再冒用党中央名义"，只能称北方局，中华苏维埃共和国中央政府、红一方面军也只能称陕甘政府和北路军。[①] 在如此严重的情况下，中共中央一方面严厉批评张国焘分裂

---

① 中共中央文献研究室、中央档案馆编：《建党以来重要文献选编（一九二一——一九四九）》第 12 册，中央文献出版社 2011 年版，第 520 页。

党的错误行为，强调这种"成立第二党的倾向，无异于自绝于党，自绝于中国革命"①。电令张国焘立刻取消他的一切"中央"，放弃一切反党的倾向，并且向党内公开 9 月 12 日中共中央政治局俄界会议的决定。另一方面，中共中央"以最大的耐心、采取恰当的方法教育、挽救他"②。除了一再发电劝诚张国焘取消他的所谓"中央"，通过留在红四方面军的朱德、刘伯承等做张国焘的工作外，还决定由这年 11 月从共产国际回来的林育英（张浩），以"共产国际代表"的身份出面做张国焘的工作。在中共中央与张国焘的组织关系上，采取变通的办法处理，提出在张国焘取消其另立的"中央"后，可以成立西南局，直属中共驻共产国际代表团，暂时与陕北的中共中央发生横的关系。

1936 年 7 月，原来活动在湘鄂川黔革命根据地的红二、红六军团，在任弼时、贺龙的率领下，经过长途跋涉在四川的甘孜与红四方面军会师。随后，红二、红六军团合编为红二方面军。由于中共中央与张国焘的分裂主义作了灵活而又坚决的斗争，经过留在红四方面军的朱德、刘伯承及任弼时、贺龙等的力争，加之得到徐向前等广大红四方面军指战员的支持，红二、红四方面军终于共同北上。1936 年 10 月，红一方面军和红二、红四方面军分别在宁夏的将台堡和甘肃的会宁会师，历时两年的红军长征全部结束，标志着中国革命的新阶段即将到来。

毛泽东曾说过，"同张国焘的斗争，实际上是在党内搞统一战

---

① 中共中央文献研究室、中央档案馆编：《建党以来重要文献选编（一九二一——一九四九）》第 13 册，中央文献出版社 2011 年版，第 8 页。

② 中共中央党史研究室第一研究部：《红军长征史》，中共党史出版社 2017 年版，第 352 页。

位于四川松潘的红军长征纪念馆

线"①。当时的中央政治局常委中，周恩来自 1935 年 8 月上旬的沙窝会议（即中央政治局会议）后积劳成疾最后病倒，一段时间甚至昏迷不醒，无法工作；项英留在南方坚持游击战争；陈云在会理会议后根据中共中央的决定前往共产国际汇报工作；博古刚刚离开中共中央总负责岗位；张闻天没有军事工作的经历与经验。在与张国焘的斗争中，毛泽东起到了关键作用。

中共中央和右路军过草地后，在等待张国焘和左路军前来的过程中，红军总政治部办了一份《干部必读》的油印刊物，由张闻天主编，陈昌浩、凯丰等人为编委。出版前，每篇文稿都要在编委会宣读通过。"有一次，张闻天写了一篇叫《北上南下是两条路线斗争》的文章，内容是阐述行动方针的，说北上是正确路线，南下川

① 《杨尚昆回忆录》，中央文献出版社 2007 年版，第 140 页。

康没有出路。文章还没有念完，陈昌浩就拍桌子大骂，话说得非常粗鲁，还说你要是敢发表这篇文章，我就发动四方面军的干部和战士来斗你。闻天同志虽然坚持自己的观点，但为了避免冲突，还是把文章抽了下来。"毛泽东知道后对张闻天说："现在写这个文章干什么，一点用处也没有。"① 这也从一个侧面反映毛泽东在这场斗争中的重要性。张闻天、博古、凯丰等人是靠写文章起家的，正因为如此，他们多少带有一点书生气，而与张国焘这样具有军阀主义思想的人作斗争，写文章不但无助于问题的解决，反而会激发矛盾。彭德怀在其自述中曾讲到，在两军会师后，张国焘的秘书黄超与彭德怀谈话时说，"实际主事人是毛而不是张闻天（当时张闻天是总书记，他们并没有放在眼下）。这话当然不是一个年不满三十的黄超所能理解的，而是老奸巨猾的张国焘口里吐出来的"② 。由此不难看出毛泽东在与张国焘作斗争中所具有的分量。

为了维护党和红军的团结，毛泽东在与张国焘作斗争时，坚持斗争的原则性和灵活性相结合，做到了斗而不破，为后来三大主力红军胜利实现会师、开创中国革命新局面创造了条件。

---

① 《杨尚昆回忆录》，中央文献出版社 2007 年版，第 141 页。
② 《彭德怀自述》，人民出版社 1981 年版，第 202 页。

结束语

　　1927 年由于国民党内的右派集团背叛革命，生气蓬勃的中国大革命被葬送了。"从此以后，内战代替了团结，独裁代替了民主，黑暗的中国代替了光明的中国。但是，中国共产党和中国人民并没有被吓倒，被征服，被杀绝。他们从地下爬起来，揩干净身上的血迹，掩埋好同伴的尸首，他们又继续战斗了。他们高举起革命的大旗，举行了武装的抵抗，在中国的广大区域内，组织了人民的政府，实行了土地制度的改革，创造了人民的军队——中国红军，保存了和发展了中国人民的革命力量。"[①] 中国共产党真正独立领导武装斗争，是从创建中国工农红军开始的。红军成为土地革命战争时期中国革命的象征，甚至是中国共产党的象征。

　　红军是中国历史上第一支真正为人民打天下的军队。这支军队之所以被称为人民军队，这支军队的将士之所以被称为人民子弟兵，不只是因为其官兵来自人民，更重要的是这支军队自觉地履行为人民服务的宗旨。毛泽东后来说："这个军队之所以有力量，是因为所有参加这个军队的人，都具有自觉的纪律；他们不是为着少数人的或狭隘集团的私利，而是为着广大人民群众的利益，为着全民族的利益，而结合，而战斗的。紧紧地和中国人民站在一起，全

---

① 《毛泽东选集》第三卷，人民出版社 1991 年版，第 1036 页。

心全意地为中国人民服务，就是这个军队的唯一的宗旨。"① 党领导的人民军队，在不同的历史时期名称虽然不同，但这个宗旨始终没有变。抗日战争时期的八路军、新四军及党领导的其他抗日武装力量，解放战争时期及以后的人民解放军，虽然不再使用红军的称号，但都继承发扬了红军的优良传统，赓续了红军的血脉。可以说，没有红军就没有人民军队。

毫无疑问，毛泽东是中国工农红军的重要创立者和领导人，他与朱德领导的红四军、红一军团、红一方面军，是中国工农红军的中坚力量。他率领的红军开辟的井冈山革命根据地、中央革命根据地，标志着中国共产党探索出了崭新的革命道路即农村包围城市道路。在创造与发展红军的过程中，毛泽东以政治家的视角去建军统军治军，始终确保一个根本原则——坚持党对军队的绝对领导。这是红军成为革命军队、人民军队的根本保证。

在领导秋收起义之前，毛泽东除了辛亥革命时短暂几个月的列兵生活外，几乎没有从事过军事工作。因为反动派用反革命军队残酷地屠杀人民，共产党人不得不组建自己的军队开展武装斗争，以武装的革命反对武装的反革命，毛泽东也由此开启了他真正的军旅生涯。在毛泽东的领导下，红军打破了敌人一次又一次的"进剿"、"会剿"和"围剿"，由小到大地发展起来，根据地从无到有地开辟出来。经过第五次反"围剿"战争前后胜利与失败的对比，他的军事才能逐渐为全党所认可，从而确立了他在党和红军中的领导地位。遵义会议后，毛泽东和中共中央根据中日民族矛盾上升为国内主要矛盾的实际，大力倡导建立抗日民族统一战线，促成西安

---

① 《毛泽东选集》第三卷，人民出版社 1991 年版，第 1039 页。

事变和平解决，为党和红军从国内战争转变到抗日民族战争创造了条件。

红军创建和发展时期，毛泽东在战争中学习战争，逐渐认识和掌握中国革命战争的规律，形成了自己独特的军事斗争理论和武装斗争思想。在这个过程中，毛泽东显现出突出的军事才能，从一介书生成长为中国共产党内最杰出的军事家。没有毛泽东，就没有中国工农红军的发展壮大。本书并不是全面梳理毛泽东是如何创建和发展红军，如何领导与指挥红军，仅仅是选取红军时期的几个历史片段，试图再现毛泽东对红军、对人民军队早期发展所作出的特殊贡献。自然，这种再现并不全面，好在学界已经有许多的相关研究成果。

策划编辑：房宪鹏

责任编辑：王世勇

装帧设计：顾杰珍

**图书在版编目（CIP）数据**

毛泽东与红军的创建发展 / 罗平汉 著 . — 北京：人民出版社，2023.12

ISBN 978 - 7 - 01 - 026002 - 0

I.①毛…　 II.①罗…　 III.①毛泽东（1893—1976）- 生平事迹
　②中国工农红军 - 史料　 IV.① A752 ② E297.2

中国国家版本馆 CIP 数据核字（2023）第 210248 号

**毛泽东与红军的创建发展**
MAOZEDONG YU HONGJUN DE CHUANGJIAN FAZHAN

罗平汉　著

人民出版社 出版发行
（100706　北京市东城区隆福寺街 99 号）

北京盛通印刷股份有限公司印刷　新华书店经销

2023 年 12 月第 1 版　2023 年 12 月北京第 1 次印刷
开本：710 毫米 ×1000 毫米 1/16　印张：23.5
字数：285 千字

ISBN 978 - 7 - 01 - 026002 - 0　定价：118.00 元

邮购地址 100706　北京市东城区隆福寺街 99 号
人民东方图书销售中心　电话（010）65250042　65289539